U0583516

遵义蓝皮书

BLUE BOOK OF
ZUNYI

遵义发展报告
（2018）

ANNUAL REPORT ON DEVELOPMENT OF ZUNYI
(2018)

主　编／邓　彦　程劲松　龚永育

社会科学文献出版社
SOCIAL SCIENCES ACADEMIC PRESS（CHINA）

图书在版编目（CIP）数据

遵义发展报告.2018／邓彦，程劲松，龚永育主编
.――北京：社会科学文献出版社，2018.10
（遵义蓝皮书）
ISBN 978－7－5201－3382－1

Ⅰ.①遵…　Ⅱ.①邓…　②程…　③龚…　Ⅲ.①区域经
济发展－研究报告－遵义－2018②社会发展－研究报告－
遵义－2018　Ⅳ.①F127.733

中国版本图书馆 CIP 数据核字（2018）第 204945 号

遵义蓝皮书

遵义发展报告（2018）

主　　编／邓　彦　程劲松　龚永育

出 版 人／谢寿光
项目统筹／丁　凡
责任编辑／丁　凡

出　　版／社会科学文献出版社·区域发展出版中心（010）59367143
　　　　　　地址：北京市北三环中路甲 29 号院华龙大厦　邮编：100029
　　　　　　网址：www.ssap.com.cn
发　　行／市场营销中心（010）59367081　59367018
印　　装／三河市龙林印务有限公司

规　　格／开本：787mm×1092mm　1/16
　　　　　　印张：23　字数：348 千字
版　　次／2018 年 10 月第 1 版　2018 年 10 月第 1 次印刷
书　　号／ISBN 978－7－5201－3382－1
定　　价／89.00 元

皮书序列号／PSN B－2014－433－1/1

遵义蓝皮书编委会

主　　任　郑　欣

主　　编　邓　彦　程劲松　龚永育

副 主 编　雍思强　冷学民　徐　勇　卢丽萍　杨再芬

编　　辑　江志平　徐　懿　李宜淑　伍　勤　卢　莹
　　　　　　张一清　郑　颖

英文翻译　曾凡真　王　青

主要编撰者简介

邓 彦 苗族，1973 年 8 月生，贵州正安人，中共党员，研究生学历。现任中共遵义市委讲师团团长、遵义市社科联主席、遵义市社科院院长。在市、县、乡镇党政机关多个岗位工作过，曾担任市人民政府办公室秘书一科科长、市委政研室副主任、市委副秘书长。长期从事党委、政府决策研究和重大文稿起草工作，致力于决策服务，多次组织、参与党代会、全会等工作报告撰写及重大课题研究。

程劲松 仡佬族，1970 年 2 月出生，贵州道真人，中共党员，大学学历，现任中共遵义市委副秘书长、遵义市委政策研究室主任，市全面小康办主任、市委改革办（市委依法治市办）常务副主任。在市、县、镇、管理区、村等各个层级工作过，先后担任过村支部副书记、管理区党支部副书记、县委办公室副主任、镇党委副书记、镇长、市委办公室秘书一科科长、市委政研室业务科科长、市委政研室副主任、凤冈县委常委、组织部长等职务。长期从事党委决策研究和重大文稿起草工作，主笔起草了市第三次党代会工作报告、牵头起草了市第四次党代会工作报告，起草三届、四届市委全会十余个主体文件，主持起草了市委五届五次全会《中共遵义市委关于建设黔川渝结合部中心城市的决定》。组织起草的省委重大课题多次获得一等奖。策划并组织编印了《谋事之基 成事之道》（2009～2013 年，2016～2017 年）、《市第三次党代会文件汇编》、《市第四次党代会文件汇编》以及《同步小康在行动》（2013 年、2014 年）。

龚永育 1966 年 4 月生，贵州绥阳人，法学学士。现任遵义市人民政府研究室主任。遵义市政协第四届委员、常委。主编了《科学发展之路——遵义》、《遵义市统筹城乡综合配套改革试验实践与探索（2008～2012年)》、《谋事之道成事之基——遵义市重点课题调研文集（2012)》、《率先小康在行动——遵义市全面小康创建资料汇编（一）》和《遵义小康创建工作手册》、《遵义市全面小康创建统计监测分析报告汇编（2013)》等，并先后在省市报纸杂志上发表文章数十篇。

摘　要

　　本书是遵义市社科院联合遵义市委政研室、遵义市政府研究室推出的第五本遵义蓝皮书，由总报告、城市篇、行业篇、旅游篇、社会篇和专题篇6个部分组成，共25个研究报告。

　　总报告基于2017年经济和社会发展的现状分析指出，2017年，遵义市坚持稳中求进总基调，坚持以脱贫攻坚统揽经济社会发展全局，以深化供给侧结构性改革为主线，深入践行新发展理念，牢守生态和发展两条底线，深入实施大扶贫、大数据、大生态三大战略行动，狠抓第三产业发展，着力建设黔川渝结合部中心城市，统筹做好稳增长、促改革、调结构、惠民生、防风险各项工作，全市经济发展呈现出总体平稳、转型加快、质量向好、民生改善的良好态势，顺利完成了年度各项目标任务，增比进位评比继续位居全省第二位，各项工作成效显著。但也存在经济下行压力加大，经济发展方式仍然比较粗放，开放不足、创新不足，农业基础薄弱，投资增长乏力，新的消费热点不多，一些领域仍存在风险隐患，转方式、调结构、促变革的难度加大等问题，务必高度重视，直面问题，不辱使命，勇于担当，采取切实可行的措施积极加以解决。预测2018年全市完成地区生产总值3120亿元，一般公共预算收入238亿元。总报告提出了遵义在经济社会发展中亟须解决的问题，并提出了解决问题的政策建议。

　　城市篇由5篇报告组成，内容包括遵义市打造"黔川渝结合部中心城市"研究报告，遵义市打造黔川渝结合部中心城市农业支撑体系建设研究，遵义市营商环境建设调查研究，遵义市经济发展实现增比进位新突破对策研究，遵义、赣州、延安高新技术产业开发区发展比较研究。这些报告系统地分析了遵义市经济发展的现实情况，系统分析了遵义打造黔川渝结合部中心

城市可行性报告，对遵义市农业体系、营商环境、增比进位和高新技术产业开发区等提出了相关的对策建议。

行业篇由4个报告组成，内容包括遵义市商贸服务业发展的调查与思考、推动遵义市属国有企业重组及转型发展研究报告、遵义市第三产业发展对策研究和推动遵义农产品入沪研究。

旅游篇由6个报告组成，内容包括全域旅游视角下遵义市乡村旅游发展探讨、渝贵铁路的开通对遵义旅游业的影响研究、挖掘遵义立体气候优势助推遵义全域旅游发展、遵义市旅游扶贫典型经验及保障体系研究、遵义市旅游产业与城镇化耦合协调发展研究、遵义市"旅游＋"战略发展构想。这些研究报告针对遵义市全域旅游的有关问题展开研究，对全市的生态与旅游发展具有指导意义。

社会篇共分4个报告。内容主要包括遵义市医院人文环境调查研究、新常态下城乡养老服务平衡发展研究、关于缓解遵义市中心城区停车难的建议、"互联网＋"背景下赤水河流域民宿业的发展研究，这些研究报告从养老、缓解停车难、民宿业、医院人文环境等方面分析了遵义社会问题。

专题篇共分5个报告。内容包括遵义"县域经济"发展研究、基于空间计量的遵义市县域经济空间格局演变、赤水市老年人生活现状及养老需求的调研报告、推动汇川区农村"三变"改革落地见效 助力脱贫攻坚的几点思考、务川仡佬族苗族自治县构树—肉羊产业发展实践与探索研究。

关键词： 中心城市 营商环境 全域旅游 商贸服务业 县域经济 遵义

Abstract

This book is the fifth blue book published by the joint work of Zunyi Academy of Social Sciences, Policy Research Office of Zunyi and Government Economic Research Office of Zunyi. The whole book consists of six parts: General Report, City Chapter, Industry Chapter, Tourism Chapter, Social Chapter and Thematic Chapter, and in a total amount of 25 research reports.

According to the analysis of the current economic and social development in 2017, Zunyi City adheres to the overall tone of steady progress and strives to overcome the poverty and strengthen the overall situation of economic and social development, and deepen the supply – side structural reform as the main line. Carrying out the new development concept, sticking to the two bottom lines of ecology and development, deepening the implementation of the three major strategic actions of poverty alleviation, big data and big ecology, paying close attention to the development of the tertiary industry, and focusing on building the central city of the three provinces and cities, and coordinating We will do a good job in stabilizing growth, promoting reform, restructuring, benefiting people's livelihood, and preventing risks. The city's economic development has shown a good overall situation, accelerated transformation, good quality, and improved people's livelihood. It successfully completed the annual goals and tasks. The increase in the ratio continues to rank second in the province, and the results of various work have been remarkable. However, there are also downward pressures on the economy. The economic development mode is still extensive, lack of openness, insufficient innovation, weak agricultural foundation, weak investment growth, and few new consumption hotspots. There are still hidden risks in some areas, transfer methods, restructuring, If the difficulty of promoting change is increased, we must attach great importance to it, face the issue, do not humiliate history, take the courage to take responsibility, and take practical measures to

actively solve it. It is predicted that the city's regional GDP will be 312 billion yuan in 2018, and the general public budget revenue will be 23.8 billion yuan. The general report puts forward the problems that Zunyi urgently needs to solve in economic and social development, and puts forward policy recommendations for solving problems.

The city chapter consists of five reports, including Zunyi to build a research report on the central city of the integration of the Sichuan – Chongqing – Guizhou Department, the research report on the construction of the agricultural support system in the central city of Zunyi City, and the survey on the business environment construction in Zunyi City. Research on the new breakthrough countermeasures for Zunyi City's economic development to increase ratio. Comparative study on the development of Zunyi, Gangzhou and Yan'an high – tech industrial development zones. These reports systematically analyzed the actual situation of Zunyi's economic development, systematically analyzed the feasibility report of Zunyi's construction of the central city of Guizhou – Sichuan – Chongqing junction, and put forward relevant countermeasures and suggestions on Zunyi's agricultural system, business environment, ratio advancement and high – tech industrial development zone.

The industry chpater consists of four reports, including the investigation and thinking of the development of business services in Zunyi City, the research report on promoting the restructuring and transformation of state – owned enterprises in Zunyi City, Study on the Countermeasures for Accelerating the Development of the Third Industry in Zunyi City , the research on the development of Zunyi City to accelerate the development of tertiary industry and the promotion of Zunyi agricultural products into Shanghai.

The tourism chapter consists of six reports, including the development of Zunyi rural tourism in the context of global tourism, the impact of the opening of the Chongqing – Guizhou Railway on Zunyi tourism, the exploration of Zunyi's three – dimensional climate advantage, the promotion of Zunyi's tourism development and the poverty alleviation of Zunyi City Research on typical experience and security system, research on the coordinated development of tourism industry and urbanization in Zunyi City, and the concept of " tourism + "

strategic development in Zunyi City. These research reports on the issues related to the whole area of tourism in Zunyi City, and have guiding significance for the city's ecology and tourism.

The social chapter is divided into 4 reports. The main contents include the investigation of humanistic environment in Zunyi City Hospital, the research on the balanced development of urban and rural aged care services under the new normal, the suggestions on relieving the difficulty of parking in the downtown area of Zunyi, and the development of the housing industry in the Chishui River Basin under the background of "Internet +". The Zunyi social problem was analyzed from the aspects of pension, ease of parking, housekeeping, hospital human environment.

The thematic chapter is divided into 5 reports. The content includes Zunyi's "County Economy" development research, spatial measurement of Zunyi City's county economic spatial pattern evolution, ChishuiCity's elderly living conditions and pension needs research report, Some reflections of promoting the "three changes" helping to get rid of poverty reform in rural areas of Huichuan District. Some reflections research reports on the practice and exploration of the construction of the Wuchuan Autonomous County.

Keywords: Central City; Business Environment; Global Tourism; Business Service Industry; County Economy; Zunyi

目 录

Ⅲ 行业篇

Ⅳ 旅游篇

Ⅴ 社会篇

Ⅵ 专题篇

皮书数据库阅读**使用指南** ☞

CONTENTS

I General Report

II Cities and Districts

Ⅲ Industry Reports

Ⅳ Tourism Articles Reports

V   Social Analysis

VI   Special Topics

总报告

General Report

B.1

2017年遵义市经济社会形势
及2018年展望

遵义市发展和改革委员会

摘　要：　2017年，遵义市深入贯彻习近平总书记治国理政新理念、新思想、新战略和党的十九大精神，全面落实贵州省第十二次、遵义市第五次党代会和全市经济工作会议决策部署，坚持稳中求进总基调，坚持以脱贫攻坚统揽经济社会发展全局，以深化供给侧结构性改革为主线，深入践行新发展理念，守牢生态和发展两条底线，深入实施大扶贫、大数据、大生态三大战略行动，狠抓第三产业发展，着力建设黔川渝结合部中心城市，统筹做好稳增长、促改革、调结构、惠民生、防风险各项工作，全市经济发展呈现出总体平稳、转型加快、质量向好、民生改善的良好态势，顺利完成了年度各项目标任务，增比进位继续居全省第二位，各项工作成效显著。但也

存在经济下行压力加大，经济发展方式仍然比较粗放，开放不足、创新不足，农业基础薄弱，投资增长乏力，新的消费热点不多，一些领域仍存在风险隐患，转方式、调结构、促变革的难度加大等问题，务必高度重视，直面问题，不辱使命，勇于担当，采取切实可行的措施积极加以解决。预测2018年全市完成地区生产总值3120亿元，一般公共预算收入238亿元。

关键词： 遵义　经济形势　社会形势

一　2017年遵义市经济社会形势分析

2017年，遵义市深入贯彻习近平总书记治国理政新理念、新思想、新战略和党的十九大精神，全面落实贵州省第十二次、遵义市第五次党代会和全市经济工作会议决策部署，坚持稳中求进总基调，坚持以脱贫攻坚统揽经济社会发展全局，以深化供给侧结构性改革为主线，深入践行新发展理念，守牢生态和发展两条底线，深入实施大扶贫、大数据、大生态三大战略行动，狠抓第三产业发展，着力建设黔川渝结合部中心城市，统筹做好稳增长、促改革、调结构、惠民生、防风险各项工作，遵义市经济发展呈现出总体平稳、转型加快、质量向好、民生改善的良好态势，顺利完成了年度各项目标任务，增比进位继续居全省第二位，各项工作成效显著。

（一）千方百计稳增长，综合实力登新高

遵义市坚定不移贯彻新发展理念，积极应对经济下行压力，精准发力加强经济运行调度，精准施策力保经济增长，全市经济总量突破2700亿元，继续稳居全省第一方阵。据统计，2017年遵义市完成地区生产总值2748.59亿元，为计划的100.7%，同比增长12.1%；其中第一产业产值增长6.8%、

达到402.34亿元，第二产业增长11.9%、达到1241.1亿元，第三产业增长14.3%、达到1105.2亿元。三次产业结构比为14.6∶45.2∶40.2，全面建设小康社会实现程度达到92.5%，比上年提高3.5个百分点。完成500万元以上固定资产投资2523.6亿元、同比增长22%，为计划的101.6%；规模以上工业增加值1102.87亿元、同比增长11.7%，为计划的92%；一般公共预算收入216.4亿元、同比增长17.9%，为计划的108%；社会消费品零售总额811.7亿元、同比增长12.2%，为计划的99.7%；招商引资到位资金2650亿元、同比增长15.8%，为计划的100.2%；金融机构存款余额4661.2亿元、同比增长8.3%；各项贷款余额2792.3亿元、同比增长23.3%。城镇居民人均可支配收入29617元、同比增长9.3%，为计划的99.4%；农村居民人均可支配收入11130元、同比增长10.1%，为计划的99.2%；人口自然增长率7.14‰。能源消费总量、能源消耗强度、二氧化碳排放强度、安全生产事故起数和死亡人数等均控制在省下达目标范围内。

（二）全力以赴抓"三农"，脱贫攻坚结硕果

一是脱贫攻坚成效明显。深入实施大扶贫战略行动，扎实开展脱贫攻坚春季攻势、夏季大比武和秋季攻势，2017年遵义市减少农村贫困人口15.33万人，318个贫困村脱贫出列，赤水市顺利通过国家脱贫验收第三方评估，在全省率先脱贫退出。二是专项扶贫精准有效。围绕产业、易地搬迁、基础设施、教育、社会保障等方面扎实推进专项扶贫，发展"一长两短"到户产业，基本实现已脱贫户全覆盖；实施产业扶贫项目542个，扶持贫困户7.5万户；易地扶贫搬迁10.2万人；建成"组组通"公路4316公里，改造农村危房5.7万户；下达教育精准扶贫资金12亿元，资助学生93万人；补偿健康扶贫保障对象13.39万人，"四重医疗保障"补偿费用4.07亿元。投向精准扶贫贷款余额292亿元，比上年增长59.86%。三是农业综合效益显著提升。深入开展农业增效、农民增收、农村增绿工作，第三次全国改善农村人居环境工作会议在遵义召开；大力实施绿色农产品"泉涌工程"，遵品入沪、入京、入渝等绿

色农产品"泉涌"天下活动成效明显,"遵义红"走进人民大会堂,成为党的十九大会议专用茶之一。全年粮食总产量294.87万吨,油菜产量24.32万吨,农产品加工业产值超过410亿元;农林牧渔业增加值为422.05亿元,比上年增长6.7%。建成农旅一体化示范点100个、林旅一体化示范点31个。新增市级产业化经营龙头企业67家、农民专业合作示范社90家;170个农业园区完成投资180亿元,实现产值260亿元,销售收入230亿元。

(三)凝神聚气抓工业,数字经济显成效

一是大数据服务集聚区加快建设。扎实推进大数据战略行动,已集聚大数据三大业态企业450余家,大数据产业规模总量达到808亿元,实现主营业务收入380亿元。以智能手机、平板电脑、可穿戴设备、智能家居为重点的智能终端全产业链基本形成。建成云端号等一批特色云、专业云,大数据在各领域应用日益广泛。二是工业基础更加坚实。开工工业项目400个,建成投产130个,凯星液力大功率液力变速器、中航电梯和航天精工异地技改搬迁、赤天化纸业年产30万吨原浆纸一期、遵义铝业节能环保技改、盛世国泰智能终端等重大项目建成投产。务川氧化铝项目实质性启动建设。新引进投资亿元以上"千企引进"项目367个,47个"千企改造"企业挤进全省"双百强"。新建标准厂房350万平方米、污水处理厂5座,全年新增规模工业企业150户。园区资产总额达到1300亿元,同比增长30%。三是产业升级步伐加快。军民融合产业园、医药产业园、新能源汽车产业园加快建设;成功完成首届"遵义十大名酒"评选;仙人山等一批风电场并网发电。正安在全国率先敲响页岩气勘查区块拍卖第一槌,"两头在外"的吉他产品畅销海外。大力实施"遵义智造2025""互联网+"行动计划,航天精工等4户企业入选全国"两化融合"贯标试点企业。

(四)持久发力抓生态,城乡面貌大提升

一是成功创建全国文明城市。以规划为引领,召开全市城市工作会专题研究城市发展,着力建设"黔川渝结合部中心城市";总投资350余亿元、

总里程100多公里的21条"动脉型"中心城区路网改造工程开工建设；全国文明城市成功创建，海绵城市、地下管廊建设等逐步推进，城市精细化长效化管理水平不断提升，更加宜居宜业宜游。实施10.1万户城镇棚户区改造；新增城镇人口18万人，常住人口城镇化率49%以上。二是生态文明走向新时代。第二届赤水河流域保护治理发展协作研讨会成功举办，赤水河流域生态经济示范区创建迈出新步伐；对全市416条长度10公里以上河流全面推行河长制，启动了湘江干支流污染整治。建设乌江流域污水处理厂56座，治理中小河流14条。治理水土流失面积70余平方公里。加强生态环境建设，全市共完成造林面积128.4万亩，抚育森林2.5万亩，改造低效林24.49万亩。育苗1.36亿株，在全省率先实现"灭荒"目标。制定印发《遵义市生态文明建设目标管理考核办法（试行）》《遵义市2017年度"大生态战略行动"管理考核办法》等，源头严防、过程严控、后果严惩的生态文明制度逐步完善。节能降碳、大生态项目建设等工作有序推进，全面整改中央环保督察交办的31个突出问题。中心城区环境空气质量优良率达到93.5%左右，县城以上集中式饮用水源地水质达标率100%，城镇污水处理率91%，森林覆盖率59%，中心城区建成区绿地率40%。三是美丽乡村结硕果。四在农家·美丽乡村创建，六项小康行动计划使95%的农村人口受益。改造国省干道300公里、县乡道100公里，硬化撤并建制村道路5003公里，100%的建制村实现通公路、通客运。贫困县通信盲点加快消除，95%以上建制村实现通电话、通宽带；推动25个传统村落人居环境改善，鸭溪、永兴入选国家特色小镇，全市农村面貌焕然一新。四是促进区域协调发展。下达四大区域重点工作特色发展计划，实行差异化指导和推进考核，区域特色指标标准厂房建设、"新三板"上市企业、学校建设、山体公园、酒店建设等工作有序推进。全年中部、北部、东部、西部分别实现经济增长13%、13.5%、11%、13%。

（五）精准发力抓"三产"，转型升级调结构

一是高起点谋划推进。市委审时度势，科学决策，召开五届三次全会专

题研究全市第三产业发展，坚持高规格部署、高标准推进、高起点谋划，全力建设黔川渝结合部旅游康养集聚区、金融集聚区、大数据服务集聚区和商贸物流中心、会展中心、文化中心。并搭建机构、建强班子、构建体系，加强项目储备和要素保障，强力推进第三产业发展。目前，共收集汇总第三产业发展重大工程项目 975 个，项目总投资 7710 亿元。二是旅游业持续井喷发展。成功举办全市第七届、八届旅发大会，帝景世尊、格兰云天等一批酒店建成投用，赤水丹霞旅游区申报国家 5A 级景区通过景观质量评价，创建工作有序进行；绥阳双河洞、汇川海龙囤等 5 个景区成功创建国家 4A 级景区，高铁新城五星级酒店、枫香温泉休闲小镇等 3＋3＋N 工程项目加快推进，"醉美遵义·四季主题游"活动持续开展，建成旅游厕所 182 座，市政府获得旅游厕所革命综合推进先进单位称号，全域旅游示范区创建扎实推进。全市接待游客 1.15 亿人次，可实现旅游综合收入 1151.8 亿元，分别同比增长 39.5% 和 44.2%。三是消费市场持续火热。遵义先后举办茶博会、辣博会、物博会、汽车文化节、家博会、房交会等大型展会 60 余场次；黔北现代物流新城、遵义传化公路港等 22 个重点商贸项目稳步推进，中国辣椒城综合物流园、奥特莱斯城市综合体一期建成运营，全市新增限上商业企业 100 家。电子商务快速发展，全市开设地方特产馆 22 个，特色网店 1512 家，培育电商骨干企业 28 家；电子商务交易额 513 亿元，同比增长 35%；网络零售额 12.3 亿元，同比增长 45%。快递业迅猛发展，投递量达 1.2 亿件，同比增长 53%。

（六）凝心聚力抓项目，扩大投资促发展

一是投资保持较快增长。遵义紧紧围绕大扶贫、大数据、大生态三大战略行动抓项目化落实，以项目促投资、以投资促发展，有力支撑经济增长。2017 年完成工业投资 620 亿元，城乡建设和房地产投资 1976 亿元，公路水运投资 350 亿元，铁路机场投资 40 亿元，农业园区基础设施投资 40 亿元，水利投资 50 亿元，三区三中心等第三产业投资 120 亿元。二是重点项目建设进展顺利。共组织筹办省市级项目观摩会 4 次，项目集中开工 4 次，先后开展各类重点项目调度 20 余次，倒逼重点项目加快建设。全市 835 个重大

工程项目完成投资 1801 亿元；四次集中开工项目 1357 个，完成投资 1058 亿元；十件民生实事完成投资 485 亿元；创文十大工程完成投资 275 亿元。全力推进基础设施建设，茅台机场正式通航开启遵义"双机场"模式，渝贵铁路通车在即，遵义迈入"高铁"时代；瓮马铁路延伸线启动建设，川黔铁路外迁工程即将建成投用，通用航空事业加快推进；遵贵高速复线、道南高速、江习古高速建成通车，渝遵高速复线、湄石高速等开工建设，遵义高速迈入新时代；新开工水库 10 座，治理病险水库 11 座，习水大茅坡、正安杨柳溪等 9 座骨干水源工程下闸蓄水，遵义茅坡、正安新洲等 8 座水库完成大坝主体建设。三是融资力度继续加大。争取到中央及省级预算内投资 34 亿余元，获国家发改委核准的企业债券 5 只 57.6 亿元，初步确定设立 5 只母基金，共计 1350 亿元（遵义市脱贫攻坚引导基金、贵州生态文明建设基金、遵义市旅游产业发展基金、遵义市大健康产业发展基金、遵义市工业产业发展基金）；全市招商引资累计到位资金 2639 亿元，同比增长 15.3%。积极扩大民间投资，编制完成《遵义市 PPP 项目规划》，推广 PPP 模式，涵盖能源、交通运输、水利、环境保护、农业、林业以及重大市政工程等基础设施领域。

（七）多措并举抓改革，开放创新上水平

一是重点领域改革扎实推进。遵义强力推进大统战、大督查、大市场、大科室、大轮岗、高中中职学校和公立医院去行政化、承担行政职能的事业单位改革试点、综合行政执法等改革；市属 26 家国有企业优化重组为四大集团；统筹推进供给侧结构性改革，电力直接交易降低用电成本 9 亿元，减费降税 139 亿元；关闭煤矿 25 个，去煤炭产能 402 万吨。全面推进"三变"改革，试点村达 187 个，参与"三变"农民达 30 万人，其中贫困人口 51829 人，入股农民达 16 万人（贫困人口 29807 人）；继续深化商事制度改革，全市新增市场主体 11.5 万户。新增 5 家金融机构，农信社改制走在全省前列，组建了融资担保公司 4 家。新增新三板企业 4 家，贵州省股权交易中心、贵州省阳光产权交易中心在遵义设立分支机构，区域性股权交易市场初步构建。二是对

外开放水平显著提升。遵义综合保税区获得国家批复，近期即将封关运营；新舟机场临时航空口岸开通越南、泰国、新加坡等境外航线，出入境人数3.2万人次。遵义国家经济技术开发区、遵义高新技术产业开发区等加紧建设，沪遵、渝遵合作等有序推进，与美国新泽西州纽瓦克市等缔结为友好城市，全市进出口完成11.5亿美元、增长114%，外贸企业突破800家，引进500强企业17家。三是创新能力显著提升。扎实推进科技创新体系建设，国家创新型城市建设试点目标提前实现。遵义院士工作中心正式成立，5个院士专家团队30名高科技人才汇聚名城，遵义国家高新技术产业开发区通过专家组评估验收。全市新增市级科技创新平台11个、省市级科技创新人才团队11个、省级工程技术研究中心3个。新增科技型企业备案216家、科技型种子企业41家。高新技术企业总量突破100家。申请发明专利1200件，连续三年获省科技进步一等奖，综合科技进步水平指数达70.7%。

（八）全力以赴惠民生，奏响共享最强音

一是就业形势总体稳定。千方百计做好就业创业工作，全市共举办"春风行动"和日常招聘会443场次，全市新增就业岗位13.35万个，转移农业劳动力13.24万人，城镇登记失业率控制在4.2%以内。成立了遵义市就业创业联盟，创建创业孵化基地（示范园）8个，全市新增创业担保贷款3.5亿元。汇川区成功举办全国"双创"工作会，获批国家双创示范基地。二是教育文化事业快速发展。制定完成中心城区教育布局规划，城乡教育资源不断优化，中心城区新增学位2.18万个，"大班额"问题有效缓解。贵州航天职院新蒲校区一期工程实现第一批新生入驻，7万师生入驻遵义大学城；完成学前教育项目120个、"全面改薄"项目100个、新（改、扩）建中心城区学校11所，市青少年示范性综合实践基地建设有序推进，红花岗区等6个县域内义务教育基本均衡发展已通过省级评估验收，中国足球学院西南分院落户遵义。三是卫生计生工作有序推进。基层医疗卫生服务能力大幅提升，基本医保和新农合大病保险实现跨省异地就医即时结算。乡镇卫生院远程医疗实现全覆盖，健康扶贫"四重医疗保障"有效落实，智慧医疗

构建基本形成；全面两孩政策稳妥实施，人口出生率14.4‰、自然增长率7.43‰，医疗救助9.7万人次1.6亿元。四是社会保障体系逐渐完善。遵义连续三年被表彰为全国厕所革命先进市。建成应急避难场所11个、农村幸福院15个。农村低保年保障标准提升至3562元，城市低保月保障标准提升至559元，分别比上年增长15.3%、10%。城乡低保对象33.15万人，做到应保尽保。启动中心城区49个"问题楼盘"产权办理，惠及群众24280人；全市新增公共停车位1.4万个。完成100个社区排污管网改造。燃气综合普及率88%，城乡燃气普及率63%。改造城市公厕58座。五是社会治理取得实效。严厉打击非法集资。安全生产、食药品安全、社会治安形势稳定向好，连续第4次蝉联"长安杯"。

二　2018年经济社会发展的增长因素分析

2018年是贯彻党的十九大精神的开局之年，是改革开放40周年，是决胜全面建成小康社会、实施"十三五"规划承上启下的关键一年，安排好2018年国民经济和社会发展计划意义重大。

遵义市2018年经济工作的总体要求是：深入学习贯彻党的十九大精神，以习近平新时代中国特色社会主义思想为指导，坚持稳中求进工作总基调，坚持新发展理念，紧扣社会主要矛盾变化，按照高质量发展要求，统筹推进"五位一体"总体布局，协调推进"四个全面"战略布局，以深化供给侧结构性改革为主线，全面抓好稳增长、促改革、调结构、惠民生、防风险各项工作，大力推动质量变革、效率变革、动力变革，全力打好三大攻坚战，深入实施三大战略行动，守好发展和生态两条底线，促进经济社会持续健康发展，为2020年与全国同步建成小康社会奠定更加坚实的基础。

（一）需要方面

一是脱贫攻坚需要。遵义市欠发达、欠开发，民生短板多、脱贫任务还较为繁重，补齐民生短板和决战脱贫攻坚等亟须加快经济发展来解决。二是

全面小康需要。全市要决胜以县为单位的全面小康社会，特别是东部、北部县份在人均 GDP、城乡居民收入等核心指标上差距不小，需保持较快增长。三是"十三五"规划需要。从对标"十三五"规划来讲，要实现经济年均13%的增长也需要我们保持较高的增速。四是提高全要素生产率需要。全市经济发展必须坚持质量第一、效益优先，以供给侧结构性改革为主线，推进经济发展质量变革、效益变革、动力变革，提高全要素生产率，促使全市经济由高速增长阶段转向高质量发展阶段。五是壮大市域产业体系的需要。遵义作为贵州省第二大城市，工业、农业经济总量保持全省领先位置，省委对遵义提出"坚持红色传承，推动绿色发展，奋力打造西部内陆开放新高地"的发展要求，遵义要为全省发展做贡献、走前列，经济增速必须继续保持高于全国、高于西部、高于全省的较好态势。六是打造 500万人口中心城市需要。全市城市工作会提出要着力构建承载 500 万人口的黔川渝结合部中心城市，需要全力推进三次产业发展，做强产业体系来支撑城市发展，保持经济在较高水平上的增长。七是增比进位需要。遵义市所有县（市、区）没有一个纳入生态县范畴，经济发展指标分值占比较大，初步了解，遵义要维持增比进位不落后，仍处于全省第一方阵，需保持 12% 左右的增长水平。

（二）挑战方面

一是当前我国经济已由高速增长阶段转向高质量发展阶段，正处在转变发展方式、优化经济结构、转换增长动力的攻关期，处在建设现代化经济体系的跨越关口，党的十九大开启的新征程对遵义市发展提出了新的更高要求。怎样在保持可实现的较快经济增长基础上，进一步提升发展的质量和效益已成为遵义市经济发展必须面临和思考的问题。二是遵义市面临既要稳增长，也要转方式，更要调结构的多重压力，从当前发展形势看，2017 年遵义市经济增长一直未达到年初 12.5% 的预期目标，煤炭、电力、化工、卷烟等传统重点行业的不景气及新兴产业发展放缓导致工业持续增长的压力较大，投资受前期工作滞后及国家进一步收窄政府融资渠道影响经济增长后劲明显不足，经济下行明显，全市经济仍处于稳增长的筑底阶段，经济保持高速增长的压力较大、支撑也不足。三是遵义市经济发展方式比较粗放，开放不足、创新不足，农业基础薄弱，投资增长乏力，新的消费热点不多，一些领域仍存在风险隐患，部分企业生产经营困难，融资难融资贵问题突出，稳增长难度加大。对上述这些问题，我们将高度重视，直面问题，不辱使命，勇于担当，采取切实可行的措施积极加以解决。

（三）产业支撑方面

第一产业方面：预计增长 6%，产值总量达到 430 亿元。

一是狠抓结构调整。在 2017 年全市玉米种植面积调减 65.41 万亩的基础上，2018 年再调减籽粒玉米种植面积 40 万亩，进一步推动茶、辣椒、蔬菜、食用菌、中药材、生态家禽等主导产业以及酒用高粱等高附加值区域特色产业快速发展。茶种植面积 200 万亩，投产面积新增 15 万亩达 180 万亩，产量 13.5 万吨，产值 105 亿元；辣椒种植面积 225 万亩，产量 280 万吨，产值 84 亿元；蔬菜种植面积 260 万亩，产量 440 万吨，产值 95 亿元；食用菌 18000 万棒，产量 11 万吨，产值 15 亿元；生态畜牧业，全市 2017 年肉类总产量为 73 万吨，禽蛋产量 8.5 万吨，水产品产量 9.5 万吨，畜牧渔业产值 200 亿元；粮食总产量稳定在 260 吨以上；油菜籽总产量稳定在 24 万吨左右。二是推动农业"接二连三"发展。2018 年，全市拟创建县级以上农业园区 170 个以上，完成投资 150 亿元，实现产值 220 亿元，销售收入 200 亿元以上；建成农旅一体化示范点 100 个；培育市级以上农业产业化龙头企业 50 家，新增市级示范合作社 100 家；新增土地流转 100 万亩开展新型经营，全市土地流转面积超过 310 万亩；2018 年农产品加工业产值新增 70 亿元、达 450 亿元。

第二产业方面：预计增长 12%，产值总量为 1400 亿元。其中，纳入 GDP 核算口径的工业增加值 1100 亿元、增长 11%；建筑业预计保持 16% 左右增长，增加值预计达到 256 亿元。

规模工业增加值增长 11.5%，总量达到 1320 亿元。主要判断：

一是白酒行业保持稳定增长。据了解，2018 年茅台集团制酒方面将新

增15栋生产厂房60个班组投产，制曲方面将新增10栋生产厂房投产，新增产能3000吨，2018年茅台基酒产量或突破4.5万吨；茅台王子酒6400吨技改工程将建成投产形成新的产能。随着"遵义十大名酒"品牌建设和营销创新的加强，预计2018年白酒行业将保持较快增长。二是材料行业增长贡献增强。在电解铝的带动下，材料企业如绥阳煤电锰项目投产形成新的增量，2018年产量会呈现先高后低的增长态势。三是能源行业恢复性增长趋势明显。2018年煤炭、电力生产行业持续下降，预计2019年将呈现一定程度的恢复性增长。桐梓松南、正安茶林堡、务川青龙等3对煤矿将竣工投产，全市地方煤矿生产原煤1200万吨。四是卷烟行业发展预计保持低位平稳态势。由于2018年卷烟受生产计划减少影响，全行业呈现下滑趋势，虽然2019年上半年卷烟异地技改项目建成投产，但争取增加生产计划仍是关键，预计卷烟行业保持低位增长。五是电子信息制造、新能源汽车等新兴产业将保持较高增速，但是随着企业基数增大，增速将回落、增长贡献将进一步减弱，预计全市电子信息制造业产值达到480亿元、同比增长20%以上。六是茶叶、食品、医药等行业将继续保持平稳较快增长态势，但是总量仍然偏小，增加值占比不足8%，对全市工业增长的拉动作用有限。七是工业投资方面。开工建设"千企改造"项目100个，建成投产40个，重点培育新增规模以上企业100户；开工建设3000万元以上项目400个，建成投产120个以上，确保全年完成投资500亿元，新建标准厂房200万平方米以上，建成污水处理厂3座，园区总产值实现3000亿元。

第三产业方面：预测遵义市第三产业将保持15%左右的快速增长，增加值达到1290亿元。

一是市委五届三次全会专题研究第三产业发展，提出以建设黔川渝结合部中心城市为目标，全力建设黔川渝结合部康旅集聚区、金融集聚区、大数据服务集聚区和商贸物流中心、会展中心、文化中心，第三产业对全市经济社会发展的支撑作用将进一步增强。2018年，全市预计培育发展新增限上商业企业100家，累计达到1100家；大力实施"创A工程"，确保赤水丹霞旅游区国家5A级景区申报成功，力争创建国家4A级景区16个，创建

3A 级景区 95 个，接待游客 1.57 亿人次，实现旅游综合收入 1511 亿元以上。二是渝黔快铁近期建成通车、新舟和茅台双机场模式开启，遵贵高速复线（遵义段）、德务高速（务川段）、江习古高速（习水段）将建成通车，渝遵高速等年底开工建设，县乡道路升级改造等工作推进，全市物流运输体系更加便捷高效，公路运输货运量、货物周转量将保持 30% 以上高速增长。三是随着地方金融机构全覆盖工作的推进，金融支撑地方实体经济发展的能力大幅提升。目前全市存款余额总量已超过 4600 亿元、占全省的 18% 左右（与贵阳市差距 6000 亿元左右，但大于毕节、六盘水、铜仁市三个地方之和），遵义市金融存贷比为 58% 左右，信贷空间较大。四是随着商事制度改革深入推进，市场准入环境更加宽松便捷。全年新增市场主体 6 万户以上，新增注册商标力争突破 4000 件，完成申报地理标志商标 2 件、贵州省著名商标 25 件、中国驰名商标 2 件。五是随着大数据战略深入实施，遵义依托院士工作中心等智库机构和平台，加快推进大数据应用示范城市云平台建设、政府数据共享交换平台和数据开放平台建设，2018 年全市实现城域网带宽达 1500Gbps。实现政府大数据融合集聚，全年新入库限上商业企业 100家，电子商务交易额和网络零售额均增长 35% 以上。六是全力拓展消费。以"消费促进月"等活动为载体，组织开展年货节、汽车文化节、家装文化节、特色商品展等大型展销会和节庆活动，全年举办各类大型消费促进活动 100 场次以上。

综合三次产业分析，2018 年全市 GDP 可达到 3120 亿元左右，增速为12% 左右。

三 2018年经济社会发展的主要目标和工作重点

（一）2018年全市经济社会发展的主要目标

——地区生产总值增长 12% 以上，其中，第一产业增长 6%，第二产业增长 12%，第三产业增长 15%；

——规模工业增加值增长 11.5%；

——500 万元以上固定资产投资增长 21% 以上；

——社会消费品零售总额增长 12%；

——一般公共预算收入增长 10%；

——城镇居民人均可支配收入增长 9%；

——农村居民人均可支配收入增长 10%；

——金融机构存款余额增长 15%；

——金融机构贷款余额增长 20%。

（二）2018 年的工作重点

1. 更加聚焦大扶贫战略行动，着力实施乡村振兴战略

一是全力决战脱贫攻坚。以脱贫攻坚统揽经济社会发展全局，全力打好扶贫攻坚"四场硬仗"，做到脱真贫、真脱贫，全面推动脱贫攻坚再上新台阶。全年完成务川县、道真县脱贫摘帽任务，111 个贫困村摘帽出列，6 万以上农村贫困人口脱贫，确保习水、桐梓、湄潭、凤冈通过国家第三方评估，实现脱贫摘帽退出。全面启动新增 2.4 万人的搬迁任务。建成组组通公路 800 公里以上。二是加快农村产业融合发展。深入推进农业供给侧结构性改革，深化农村综合改革，着力打好产业扶贫硬仗，促进农村第一、第二、第三产业融合发展，加快遵义现代山地特色高效农业发展步伐。确保全市粮食总产量稳定在 260 万吨左右，油菜籽总产量稳定在 25 万吨左右；烤烟总产量 101.8 万担，辣椒种植面积 225 万亩，食用菌 3 亿棒，新增方竹笋种植面积 40 万亩；肉类总产量 72 万吨，禽蛋产量 8.5 万吨，生态畜牧渔业总产值 200 亿元；实现规模以上农产品加工业总产值 450 亿元。三是着力实施乡村振兴战略。按照产业兴旺、生态宜居、乡风文明、治理有效、生活富裕的总要求，因地制宜编制乡村振兴战略规划和三年行动计划；实施农村人居环境整治，打造"四在农家·美丽乡村"升级版，实现农业增效、农民增收、农村发展，建成农旅一体化示范点 100 个，探索打造余庆、湄潭、绥阳、赤水、凤冈 5 个遵义乡村振兴试点。

2. 强力推进大数据战略行动，促进工业转型升级

一是做强数字经济产业。以政府数据融合发展为突破点，着力实施信息基础设施提升、政府数据集聚融合发展、智能化产品制造引领、软件和信息技术服务业培育、大数据综合应用创新示范"五大工程"，推动互联网、大数据、人工智能和实体经济深度融合。2018年实现城域网带宽达1500Gbps，力争2018年底实现政府大数据融合集聚。二是巩固提升传统产业。坚定不移实施工业强市战略，加快产业转型升级，加强"遵义十大名酒"品牌建设和营销创新，整合提升白酒产业；推进绥阳煤电锰、务正道煤电铝等项目建设，推动实施贵州钢绳集团等企业"退城进园"，加快军民融合产业集聚区建设；完成新一轮煤矿兼并重组，实现原煤产量1200万吨。加快新能源开发，着力推进正安页岩气勘探开发，开工建设桐梓县黄莲坝、习水东星、赤水生物质能发电等3个新能源项目，建成投运播州区团溪、桐梓大顶山等2个风电项目。三是培育做大新兴产业。充分发挥财富之舟、富泰科技等龙头企业的引领带动作用，实现电子信息制造业产值400亿元；实施"遵义智造"行动计划和大数据+工业深度融合专项行动，打造一批"遵义智造"产品；重点扶持巴斯巴、航天凯特等新能源汽车企业加快发展，着力打造全产业链新能源汽车产业集聚区；开展工业领域生产性服务业发展三年行动，促进工业和第三产业、工业和旅游+、工业和互联网+等深度融合发展。积极申报"中国制造2025"国家级示范区，高新技术产业增加值增长20%。四是狠抓工业项目建设。加快建设"绿智园区"，确保全年完成工业投资730亿元，工业投资比重提高到20%，新建标准厂房200万平方米以上；深入开展"百千万""双服务"行动，开工建设"千企改造"项目100个、建成投产40个；大力推进贵州钢绳等十大技改项目和务川氧化铝等十大基本建设项目建设，建成投产遵义卷烟厂易地技改等一批重点项目，开工建设3000万元以上工业项目400个，建成投产120个以上。

3. 深入实施大生态战略行动，着力打造三宜生态城市

一是加强生态文明建设。继续深化推进生态环境保护的系列创新，持续

推进重点区域和流域污染防控与生态文明体制机制改革,深入实施"治污治水·洁净家园"五年攻坚行动,严格实行"河长制"管理,启动实施湘江干流整治保护工程;深入推进遵义市节水型城市创建工作;治理水土流失面积 60 平方公里;完成中心城区南部污水处理厂二期续建等污水处理基础设施建设,扎实推进县乡污水处理设施建管同步。全力推进造林绿化,完成90 万亩以上造林任务,确保森林覆盖率达到 60% 以上。积极应对气候变化,全力抓好节能降碳工作。扎实推进国家生态文明示范市创建工作,力争创建省级生态县(市、区)8 个。二是着力建设黔川渝结合部中心城市。坚定不移实施城镇化带动战略,扎实推进城市总规修编、专项规划编制,切实完成全市主体功能区划分,重点抓好棚户区改造项目、市政基础设施建设项目建设,加快中心城区与仁怀、湄潭、桐梓、绥阳组团式多中心同城化发展,积极推进绥阳、湄潭撤县设区和习水撤县设市工作,力争 2018 年全市常住人口城镇化率达到 51% 以上,新增城镇人口 18 万以上;以巩固创文成果、实施长效化管理为抓手,深入推进城市管理执法体制改革,推进"智慧遵义"建设,加强房地产市场监管,抓好 125 个特色示范小城镇建设,着力打造山水相望、宜居宜业宜游的生态城市。三是加快县域经济发展。深入实施县域经济"1355 行动计划",构建"一心一圈三带"区域发展布局,坚持下达区域发展特色指标,突出分类指导、差异化发展,确保中部、西部、东部、北部产值分别增长 12%、13%、12%、12%。四是大力发展生态经济。进一步推动"绿智园区"建设,加大工业废弃物的统筹整治力度,强力推进资源循环利用。科学配置区域生产力,积极做大做强生态产业,推动区域经济有序发展、和谐发展。

4. 大力推进第三产业发展,着力推动旅游业向更高质量发展

一是加速推进第三产业发展。突出"三区三中心"建设重点,通过联席会议、项目观摩会、现场调度会等方式,加快推进高铁新城、黔北现代物流新城、新蒲航空综合物流园区等重点项目建设;加强领导、健全机制,全力构建加快第三产业发展的保障体系,健全和完善第三产业统计工作机制、督察考核机制、联动互动机制,开拓创新,真抓实干,奋力开创遵义第三产

业发展新局面。二是促进旅游业持续"井喷"发展。以成功创建国家全域旅游示范区为目标,推动文化与旅游深度融合,狠抓市场营销、项目建设和行业规范,全力打造遵义旅游"升级版"。做好"3+3+N"行动的高星级酒店和温泉综合体项目调度,确保2018年成功申报2家5星级、4家4星级饭店;大力实施"创A工程",确保赤水丹霞旅游区国家5A级景区申报成功,力争创建国家4A级景区16个,创建3A级景区95个,接待游客数量和旅游综合收入分别增长30%和32%以上。启动"厕所革命"新三年行动计划,全市建设旅游厕所180座。三是全力建设健康遵义。抢抓国家建设"健康中国"机遇,围绕建设黔川渝结合部康养集聚区目标,大力发展健康水、养生养老、康体运动等大健康产业,加快构建"医、养、健、管、游、食"的大健康全产业链;加快汇川国际温泉康养城、播州硕泰温泉等旅游康养项目建设;推进医药企业兼并重组,建设健康养生特色发展集聚区。扎实推进桃花江全国首批健康旅游示范基地建设,打造国际知名、世界唯一的茶养生健康医疗旅游目的地和医疗高端人才集聚区。四是着力挖掘消费潜力。拓宽居民劳动收入和财产性收入渠道,以就业促进、技能提升、资产入股、投资理财、托底保障等方式,不断提升消费对经济增长的贡献率。深入推进"引金入遵"工程,新增金融机构4家以上;新增市场主体6万户以上,民营经济比重达到57%。制定会展业发展优惠政策,争取一批国内知名展览会、博览会落户遵义,争取中国(遵义)酒博会在遵义举办,推动商贸服务业加快发展。

5. 不断深化改革开放创新,着力提升发展动力活力

一是推进重点领域改革。围绕"三去一降一补",坚持质量第一、效益优先,扎实推进供给侧结构性改革;深化放管服改革,优化营商环境;深化投融资体制改革,发挥投资对优化供给结构的关键性作用;深化财税体制改革,推进经济持续健康发展;深化国有企业改革,发展混合所有制经济;推进金融体制改革,有效服务实体经济发展;深化户籍制度改革,推进农业转移人口市民化;坚持以改革推动发展,深化重点领域和关键环节改革,不断激发经济社会发展的内生动力。二是扩大对外开放。坚持以

开放支撑发展，把开放作为各项工作的主旋律，面向重庆挤进成渝经济区，借力上海冲向长三角，积极融入"一带一路"和长江经济带建设，加快打造西部内陆开放新高地。遵义综保区实现封关运营，积极推进关检合作"三个一"通关模式、跨境人民币贸易结算、网上电子支付等贸易便利化改革举措的落实；加快推进新舟机场二期改扩建工程，力争设立遵义新舟机场航空口岸；打造新蒲、汇川、南部新区等外向型经济集聚区，新增外贸企业 50 家以上，外贸进出口额增长 20%；新增新三板挂牌企业 10 家，招商引资到位资金增长 14%。三是推进创新驱动发展。坚持以创新引领发展，大力实施创新驱动发展战略，推进国家创新型试点城市建设，实施"五大创新行动计划"，促进科技与产业、文化、金融、人才的融合，构建"政产学研用"科技创新体系。加大遵义院士工作中心培育力度。遵义高新区、遵义国家经开区、新蒲新区创新体系基本建成。全年重点新建或提升 20 个科技创新平台创新能力；培育省级以上科技型企业 50 家；申请发明专利 1500 件以上。

6. 抓紧抓实重点项目建设，着力扩大投资稳定增长

一是着力做大投资规模。紧紧围绕"三大战略"行动、脱贫攻坚、产业发展、民生改善、重大基础设施建设等精选谋划、储备、开工、推进一批大项目好项目，全力扩大有效投资，保持投资强度，做大投资规模。全年产业投资比重提高 5 个百分点，实现工业投资 730 亿元，城市建设和房地产开发投资 2370 亿元，公路水运投资 385 亿元，民航铁路投资 50 亿元，农业园区基础设施投资 45 亿元，水利投资 60 亿元，"三区三中心"等第三产业投资 145 亿元。二是加快重点项目建设。坚持把扩大有效投资作为稳增长、调结构、促转型、惠民生的根本举措，集中精力聚焦重点项目建设，全年实施重大工程项目 858 个，年度计划投资 2228 亿元；建成川黔铁路外迁工程，加快遵义至泸州铁路前期工作。抓好务川至彭水、重庆至赤水、万盛至正安等高速公路前期工作，开工建设道真至务川、遵义至仁怀、金沙经仁怀至桐梓高速公路，力争开工道真至武隆高速公路，加快推进绥阳至正安、遵义至余庆、正安至习水、石阡经湄潭至遵义新舟机场、崇遵扩容等高速公路建

设，确保务川至德江、乐理至冷水坪高速公路建成通车。改造国省道 260 公里、县乡道 100 公里，建成撤并建制村硬化路 3000 公里以上。建成县级客运站 4 个，实现乡镇客运站全覆盖。加快桐梓河、芙蓉江等航运工程建设，开工建设三星港区码头、进港公路和余庆河等航运工程，确保构皮滩电站过船设施建成投用。推动新舟机场、茅台机场协调发展，加快茅台、赤水等通用航空机场建设前期工作。开工建设观音大型水库，启动凤冈德隆等 10 座中小型水库建设，实现道真沙坝等 10 座水库下闸蓄水，治理病险水库 5 座以上，发展灌溉面积 10 万亩。加快页岩气开发利用，稳步推进风电项目，建成一批重点输变电工程，新改建 10 千伏及以下线路 4488 公里。持续推进"无线网络·满格遵义"、宽带乡村、"三网融合"等信息基础设施建设，发展农村无线宽带用户 5 万户，持续抓好"多彩贵州"广电云户户用工程。三是全力做好资金保障。认真做好脱贫攻坚、生态文明建设、旅游产业发展、大健康产业发展、工业产业发展五大基金的设立工作；争取国家和省在企业债券、转移支付等方面给予遵义市更大支持，有序推进政府平台公司市场化转型；继续深化政金企合作，引导金融机构加大服务实体经济力度，大力开展招商引资，着力保障重大工程项目建设。四是多措并举做好服务。增加项目前期工作经费预算，分类有序推进重大工程项目建设；围绕项目审批、环境评价、规划选址、项目用地、项目招标、施工许可、征地拆迁等方面扎实推进项目前期工作，切实抓好问题解决，确保重大工程项目如期开工、序时推进、加快建成、立见成效。

7. 尽心尽力办好民生实事，不断增强人民群众获得感

一是优先发展教育事业。全面深化校长职级制、招生考试制度、教师管理和培训制度等基础教育综合改革，全面实施遵义市第三期学前教育三年行动计划，推动高中教育普及发展，加快职业教育发展，加快遵义大学城建设，完成 80 个"全面改薄"项目，新建、改扩建 100 所公办幼儿园，新建、改扩建中心城区学校 16 所。确保正安、绥阳 2 个县域内义务教育基本均衡发展通过国家评估认定。高标准办好省十运会，做好北京体育大学足球运动学院西南分院建设工作。二是狠抓创业就业工作。坚持就业优先战略和

积极就业政策，实现更高质量和更充分的就业。加快遵义市劳动用工监管综合服务云平台建设，做好国家就业、收入、社保信息共享及大数据监测分析合作试点前期工作。全年新增城镇就业12.6万人，转移农村劳动力10.5万人，城镇登记失业率控制在4.2%以内。三是抓好卫生计生工作。继续加大力度推进以"百院大战"为重点的基础设施建设，重点抓好市二医院、市三医院、市五医院、市公共卫生综合项目建设任务；深化医药卫生体制改革，健全现代医院管理制度，推进公立医院去行政化改革，加强基层医疗卫生服务体系和全科医生队伍建设，传承发展中医药产业，支持社会办医，全面取消药品加成，提升基层医疗卫生服务能力和水平。四是做好社会服务保障。进一步推进"全民参保计划"工作，继续推进跨省异地就医全国联网直接结算工作，城乡低保标准分别提升6%以上和9%以上；新建保障性安居工程7.9万套、改造农村危房3.2万户；建立实施进城落户农民工住房公积金制度。五是提升文化软实力。加大文化事业和文化产业投入，高标准承办全国第九届儿童合唱节，新建的市美术馆、市大剧院和市文化馆投用，新建黔北书院，市图书馆、市博物馆启动新馆建设，实施多彩贵州"广电云"户户用工程。

城 市 篇

Cities and Districts

B.2

遵义市打造"黔川渝结合部中心城市"研究报告

遵义市委重大课题调研组 *

摘　要：　　打造黔川渝结合部中心城市，是遵义市委立足新时代、顺应新形势提出的一项重大战略。本文重点研究并深入分析了区域性中心城市的理论和发展，黔川渝结合部中心城市的概念，遵义打造黔川渝结合部中心城市的重大意义、可行性、战略目标和路径，指出遵义应该守好发展和生态两条底线，着力构建城市、经济、交通、开放创新、文化和生态六大支撑体

* 调研组组长：程劲松，遵义市委副秘书长、市委政研室主任。调研组副组长：雍思强，遵义市委政研室副主任；张洪元，遵义市委政研室副主任。调研组成员：余飞，遵义委政研室科长；娄方进，遵义委政研室副科长；范德敏，遵义委政研室副科长；宋臣，遵义市委政研室跟班学习人员；杨淋钧，遵义市委政研室跟班学习人员；王威，遵义市委政研室跟班学习人员；郑刚，遵义市委政研室跟班学习人员；范宇旭，遵义市委政研室跟班学习人员。执笔：余飞、娄方进、范德敏、宋臣、杨淋钧、郑刚、范宇旭。

系，建设黔川渝结合部现代化都市圈、区域性经济中心、综合交通枢纽中心、开放创新高地、文化精神高地、生态文明高地。

关键词： 中心城市　黔川渝　遵义

　　打造黔川渝结合部中心城市，是遵义市委立足新时代、顺应新形势提出的一项重大战略，并将召开市委全会进行研究部署。为此，市委成立调研组，分3个外出考察组和15个专项课题组，对遵义打造黔川渝结合部中心城市这一课题进行了全面深入的调查研究。本文在认真吸纳3个考察报告和15个专项研究成果的基础上，重点就区域性中心城市的理论和发展，黔川渝结合部中心城市的概念，遵义打造黔川渝结合部中心城市的重大意义、可行性、战略目标和路径等进行深入研究并提出工作建议，供市委决策和领导参考。

一　区域性中心城市的基本理论和发展状况

（一）区域性中心城市的提出和由来

　　中心城市的概念，最早由瑞典经济学家、诺贝尔经济学奖获得者缪尔达尔提出，他认为在经济发展过程中存在集聚和扩散两种循环效应，这种效应的相互作用就展现出中心城市集聚和辐射两种基本功能。随着城市化发展，关于城市理论的研究更加趋于成熟，先后诞生经济增长极、中心地、核心-边缘、梯度转移、城市合作等理论，成为区域性中心城市发展及其功能发挥的理论支撑。中心城市的本质内涵明确地体现在其作为区域经济中心、集聚中心和辐射中心的功能中。20世纪80年代中期，国内开始提出"经济中心"概念，通常把对国家或省级地区经济社会发展起主要基地作用的大城市或特大城市称作中心城市，并以"城市影响力"作为标准将全国城市分成具有国际影响力的全国性城市、具有跨省影响力的地区性城市、省级中心城市、省内中心城市四个等级。2010年2月，住建部编制了《全国城镇体系规划（2010～2020年)》，提出打造10个国家中心城市和100个区域性中心城市，标志着作为中国城市体系中次于国家中心城市的区域性中心城市的概念正式提出，并成为国家区域协调发展的重要战略。

（二）区域性中心城市的定义、功能和特征

1. 定义

根据对其理论体系和发展形态的梳理，区域性中心城市可以定义为：在一定区域范围内的城市体系中处于核心地位，起着主导作用，具有重要功能节点的城市。从经济学上看，它是生产力集聚和扩散的结果；从地理空间上看，它是具有等级体系和追求整体效益最大化的一个网络系统；从城市体系上看，它是区域城市中经济比较发达、功能相对完善、能够渗透和带动周边城市的行政社会组织和经济组织的统一体。

2. 基本功能和特征

作为所属区域的中心城市，理论上应具有较强的服务、创新、协作、集聚、带动等基本功能。其中，带动功能是区域性中心城市的本质要求，由此表现出其经济集聚程度高、社会分工发达、产业结构优化、基础设施完善、行政文化中心和区域经济网络核心等基本特征。除此之外，区域性中心城市还应具备快捷的交通、快速的通信、良好的环境、方便的服务、合理的布局、鲜明的特色、深厚的潜力、较大的规模、强烈的开放意识等特点。

（三）发展历程及现状

1. 我国"区域性中心城市"的发展历程

我国"区域性中心城市"发展主要经历三个阶段：第一阶段，行政级别主导。在新中国成立以来的城市建制体系中，直辖市和省会城市是常见的两

类"塔尖"城市，天然就成为区域性中心城市，在这一阶段，区域性中心城市也往往出现在行政地理区域。第二阶段，经济实力引领。在这一阶段，经济实力和综合影响力成为中心城市的核心引领要素，主要是在一定区域范围内具有引领、辐射、集散等作用的主导性城市，它超越了原始的自然地理和行政级别范畴，体现现代资源、产业、交通、市场、信息、文化地理、政治地理等多层面的领带效应，部分非省会城市的发展已经超越省会城市。第三阶段，科学逐层分级。目前，国家层面已规划批复"长三角""珠三角""京津冀"等十二个城市群，其中西部地区有成渝城市群和关中城市群；在此基础上，中央批复了北京、上海、重庆、成都、西安等九个国家中心城市；国家区域中心城市是《全国城镇体系规划》中处于城镇体系第二层次的城镇层级，国务院在2016年12月批复《促进中部地区崛起"十三五"规划》中明确中部六省19个城市建设区域性中心城市。

2. 贵州省和遵义周边"区域性中心城市"的现状

当前，打造区域性中心城市已成为各地转变发展方式的重要战略。就贵州而言，国家发改委批复了黔中城市群，遵义市及部分县（市、区）位列其中，贵阳（贵安）是城市群的核心。根据贵州省"十三五"规划，贵阳为全省中心城市，遵义、六盘水、毕节、铜仁、凯里、都匀、兴义为省内区域中心城市，毕节、铜仁先后提出打造相应的区域性中心城市。就遵义毗邻的重庆、四川而言，国务院批复的《成渝城市发展规划》，明确提出要培育与加快发展成渝城市群区域性中心城市，根据该《规划》，万州、黔江、乐山、泸州、宜宾等先后提出建设相应的区域性中心城市。目前，住建部正在编制《全国城镇体系规划（2018~2030年)》，将会引来新一波的区域中心城市建设竞争热潮。

（四）典型案例分析及启示

1. 徐州市建设淮海经济区中心城市的做法

徐州地处苏鲁豫皖四省交界处，国土面积11258平方公里，现有人口1041万人。在1986年，徐州就提出并谋划和打造淮海经济区中心城市，淮海经济区涵盖苏鲁豫皖4省交界的20个地级市,徐州在经济规模、中心城区规模和城市人口等指标上长期处于领先地位。经过30多年的建设和争取,2017年国务院正式批复徐州为淮海经济区中心城市。徐州提出打造区域性经济中心、商贸物流中心、金融服务中心、科教文化中心的发展定位,建设淮海经济区中心城市,明确到2020年成为淮海经济区的"CBD"(经济发展中枢),到2025年经济总量跻身万亿元城市行列、"四个中心"基本建成,到2035年现代化的区域性中心城市基本建成。为此,徐州成立了市委、市政府主要领导为组长的工作领导小组,围绕发展定位,分别成立专项工作领导小组,确保工作有序推进和重点目标任务的实现。在推进过程中,每三年编制一次中心城市建设"三年行动纲要",根据工作推进情况和形势发展变化,不断修正调整发展目标和重点任务,2017年编制了《徐州市"十三五"后三年发展目标及"四个中心"建设行动纲要》;积极争取省级层面的认可和支持,主动融入国家区域重大战略,2017年淮海经济区中心城市列入江苏省的功能区战略布局,省委、省政府出台了《关于支持徐州建设淮海经济区中心城市的意见》,同年《徐州市城市总体规划》获国务院批复。

2. 襄阳市建设汉江流域中心城市的做法

襄阳位于鄂豫陕3省交界处,国土面积19728平方公里,现有总人口594万人。2011年襄阳提出建设区域性中心城市,2014年召开市委全会对区域性中心城市建设进行研究部署,并出台《关于建设汉江流域中心城市的实施意见》。汉江流域涵盖鄂豫陕3省14个地级城市,襄阳在经济总量、中心城区规模、城市人口等指标方面居前列,2016年湖北省明确把襄阳建设汉江流域中心城市作为省级发展战略并给予支持。在建设汉江流域中心城市中,襄阳以提升经济、产业、人口、文化、功能、生态"六个首位度"为目标,重点从六个方面推进:一是加快推进现代工业提质扩量、服务业提档增速、现代农业提效升级,打造更加完善的现代产业格局;二是突出规模化扩张、集约化发展、智能化管理、绿色化建设,打造更具特色的城乡发展示范区;三是引领区域开放合作、聚集优秀高质量人才、强化创新驱动引

擎，打造更高水平的开放开发高地；四是加强生态建设与修复、加强环境污染管控、推进生产生活方式绿色化、完善生态文明制度体系，打造更具优势的绿色发展引擎；五是实施脱贫攻坚工程、民生保障提档工程、社会治理创新工程，打造更高质量的民生保障网络；六是促进政策沟通、设施联通、文化相通、资金融通，打造更加紧密的发展共同体。

3. 思考与启示

打造区域性中心城市，一是必须规划"领路"。规划是龙头，高起点、高品位的规划决定着城市的品质和未来。必须规划先行，立足当前、着眼长远，立足本市、放眼全国，置身于全国和全省发展战略布局，大格局、大气魄、大手笔超前规划，并积极争取国家和省级层面政策支持。同时，要保持规划的严肃性，坚持"一张蓝图绘到底，一届接着一届干，一年接着一年抓"，并建立强有力的工作推进机制。二是必须经济"领跑"。经济是核心，是在区域内起到集聚、辐射、引领作用的关键。必须加速优化经济结构，壮大经济规模，提升经济在区域内的首位度，在经济总量和人均水平上成为名副其实的"领头羊"，在经济发展速度上成为遥遥领先的"领跑者"，真正在区域内发挥集聚磁吸的经济效应。三是必须产业"领头"。产业是支撑，产业不兴旺的城市缺乏生命力，难以可持续发展。必须振兴传统产业，培育新兴产业，壮大主导产业，打造一批优势产业集群，加快构建现代产业体系，提高产业竞争力，在区域内发挥集聚和辐射的引领作用。四是必须交通"领航"。交通是基础，是实现区域内外互联互通的根本保障。必须推进交通基础设施互联互通，建立公路、水路和铁路快捷通畅的综合交通体系，形成以区域中心城市为核心的"蛛网状"交通网络，增强区域性交通枢纽功能。五是必须功能"领先"。功能是关键，一个区域性中心城市能够成为人口和经济的集聚地，很大程度在于城市综合配套服务功能完善，在区域内领先于其他城市。必须按照"完善功能，满足需求，集聚人流"的要求，健全完善科技、教育、医疗、开放等城市功能体系，提高城市的综合承载力和集聚力，使城市真正成为人们心理上的向往和归宿，为打造区域性中心城市打牢基础。

二 "黔川渝结合部中心城市"的概念及重大意义分析

（一）"黔川渝结合部中心城市"的概念

根据对区域性中心城市的概念及发展情况研究，笔者认为，黔川渝结合部中心城市，就是以遵义为地理中心，在半径300公里以内的黔川渝结合部区域城市中（不含重庆市主城区和贵阳市），遵义成为经济、社会、文化、生态等方面具有绝对优势的城市，并在区域内起到集聚、辐射、引领等作用。具体区域范围包括16个城市：贵州省黔北地区（遵义市、毕节市、铜仁市）；四川省川南地区（泸州市、宜宾市、自贡市、内江市）；重庆市渝南地区（江津区、綦江区、万盛经开区、南川区），重庆市渝东南地区（武隆区、彭水县、黔江区、酉阳县、秀山县）。

（二）遵义打造黔川渝结合部中心城市的重要性分析

一是顺应国家战略布局的需要。遵义承东启西、连接南北，紧临长江上游最大中心城市——重庆，是连接黔中经济区和成渝经济区的经济走廊，是长江上游城市圈的重要城市，对贵州省向北开放融入"一带一路"、长江经济带等具有不可替代的作用。时任贵州省委书记陈敏尔曾指出：一定程度上讲，遵义的区位比贵阳还好，贵阳的区位就省内来讲是中心、是枢纽，但通过省级区域来看，贵州68%的省域面积属长江流域，而遵义全域都是，贵州只有依靠遵义才能更好地融入长江经济带。遵义在"一带一路"、长江经济带等国家重大战略布局中所处的特殊地位，要求遵义必须扛起责任、挑起担子，发挥应有示范效应和带动作用，通过打造区域性中心城市，促进各种资源要素在长江经济带合理流动，推动长江上游地区联动发展，在更大范围、更高水平上推进区域对外开放和经济合作。同时，遵义打造区域性中心城市，有利于推动生态环保体制机制创新，强化生态文明的引领性作用，构筑长江上游地区的重要生态屏障。

二是顺应区域协调发展的需要。党的十九大报告提出实施区域协调发展战略。区域协调发展，是新一轮城市竞争的趋势和方向。城市有其自身发展的优势及劣势，必须与其他城市相互作用，形成大范围内的协调，才能更好地均衡发展。遵义在黔川渝结合部的区位优势明显，把遵义建设成为黔川渝结合部中心城市，有利于强化其中心功能，辐射周边城市，带动区域发展，形成功能互补、产业集聚的城市格局，特别是推动遵义与泸州、毕节、南川、武隆等周边县市在资源开发、产业发展上的对接合作，在更大范围内形成协调有序、分工合理的区域产业体系和产业集群。同时，有利于充分发挥遵义深厚的文化优势和突出的生态优势，扩大同周边城市著名风景区的联系互动，形成旅游大市场，进一步提高市场化、开放化程度，提升整个区域在国内外的知名度和影响力。

三是顺应城市发展规律的需要。中央提出，要以城市群为主体形态，在中西部地区培育发展一批城市群、区域性中心城市，同时要求以城市群为主体构建大中小城市和小城镇协调发展的格局。可以看出，当前城市发展的重点在于城市群的发展，经济发展已进入由分散的块状经济向集聚的城市经济演进的重要阶段，以区域性中心城市为主的城市群经济发展已经成为新时代发展的重要方式。有关城市化发展理论认为，在从经济起飞到人均 GDP 达到 5000 美元的这个发展阶段中，农业剩余劳动力和农村人口转移的方向，也往往是以中心城市为主。有学者认为，在落后地区，大城市必然要首先发展，形成"极核"，然后带动中小城市的发展。遵义撤地设市 20 多年来，中心城区人口从 48.5 万增加到 130.5 万，中心城区建成区面积扩大了 5 倍，经济总量增加到 2700 多亿元，人均 GDP 增加到 44000 多元。根据国务院城市规模划分标准，遵义已经实现从中小城市到大城市的转变。从城市发展的规律看，不管是当前中央的要求，还是遵义所处的城市发展阶段，应该说，打造区域性中心城市都是正当其时，未来的方向就是着力构建承载 500 万人口的黔川渝结合部中心城市。

四是顺应群众美好生活向往的需要。党的十九大报告鲜明提出了"中国特色社会主义进入新时代，我国社会主要矛盾已经转化为人民日益增长的美好生活需要和不平衡不充分的发展之间的矛盾"。习近平总书记强调"要牢牢把握人民群众对美好生活的向往，提出新的思路、新的战略、新的举措"。城市发展的最终目的，是满足群众对美好生活的需求。区域性中心城市，是以人民为中心的城市，不仅要构筑快捷的交通、快速的通信，还要打造良好的环境、方便的服务等，可以说，是全方位、全领域做精、做细、做美城市，满足群众各方面的需求。遵义近年来各项社会事业全面进步，但与群众美好生活向往相比，在文化教育、医疗卫生等方面，都还有一定差距。遵义必须审时度势，加快打造区域性中心城市，全面构筑民生保障体系，真正让群众共享改革发展红利。

（三）遵义打造黔川渝结合部中心城市的紧迫性分析

一是从外部发展环境看，"刻不容缓"。遵义位于重庆和贵阳之间，渝贵快铁开通后，遵义到重庆约一个半小时车程，到贵阳不到一小时车程。这样的特殊区位，既是遵义发展的机遇，但更让遵义受到了两大城市的"挤压"。从区域发展格局看，遵义与重庆、贵阳在发展上存在较大差距，特别是成渝经济区是具有国际竞争力的区域经济增长极，贵阳—安顺都市圈是全省发展的政策高地，而且贵阳还是黔中经济圈的核心。两大城市在发展空间等方面具有更加突出的比较优势，必将吸引聚集大量的发展资源和要素。遵义如果不加快打造区域性中心城市，在未来一段时间内，大量的人才、资金、产业等资源将很有可能流向重庆和贵阳，面临被"虹吸"的严峻形势。因此，遵义必须打造区域性中心城市，全面提升遵义的竞争实力，缩小与重庆、贵阳的发展差距，与重庆、贵阳形成竞争格局，在区域发展中抢得一席之地。

二是从区域竞争态势看，"迫在眉睫"。中心城市是区域经济发展的"火车头"，中心城市强，则区域强。因此，全国许多城市都提出打造区域性中心城市，而且，这种区域性城市的竞争日趋激烈，可以说，百舸争流，不进则退。就遵义周边城市而言，毕节提出建设川黔滇三省交汇处区域性中心城市，铜仁提出建设武陵山区省级区域中心城市，泸州提出建设川黔滇渝

结合部中心城市。而且通过区域性中心城市的建设，这些地方都实现了发展大提速，对遵义造成了巨大的竞争压力。面对当前各地竞相加快发展的高压态势，遵义作为中心位置突出、发展基础较好的城市，绝不能错失良机，必须顺势而为、乘势而上，通过打造区域性中心城市加速提升城市竞争力，否则在区域内的发展相对优势地位岌岌可危。

三是从转型升级发展看，"势在必行"。以区域性中心城市建设为龙头，加快推进城市化进程，是转变发展方式的重要依托和平台。目前，遵义市三大产业呈现的是"二三一"的产业结构，存在"一产偏高，二产不强，三产不活"等问题。总体上，经济增长方式相对粗放，传统产业和新兴产业都还处于较为粗放的发展阶段，特别是农业上的龙头企业"散、小、弱"，工业上高技术、大数据等新兴产业滞后，第三产业上信息、软件、金融等现代服务业发展缓慢，整体上未能形成较强的竞争优势。遵义打造区域性中心城市，可以依靠较强的要素吸附力和资源集聚力，广泛地吸引和聚集人流、物流、资金流和信息流，形成集聚效应，为改造提升传统产业、培育新兴产业和发展现代服务业、物流业、旅游业等奠定坚实基础，从而打造高层次的产业结构，克服对资源禀赋的依赖，培育新的经济增长极，推动经济结构的调整升级、转型发展，实现发展方式从粗放型向集约型根本性转变。

四是从实现现代化目标看，"时不我待"。党的十九大完整勾画了我国社会主义现代化建设的时间表、路线图。市委五届四次全会开启了遵义全面建设社会主义现代化的新征程。现代化是全面的现代化，包括经济、政治、社会、文化、生态等方方面面。实现现代化目标的过程，也是各项事业不断前进的过程。在新的历史阶段，如何更好更顺利地推进现代化，必须尽快找准一条既顺应时代潮流，又符合地方实际的发展路径。区域性中心城市，是全面协调发展的城市；区域性中心城市建设的过程，实质上就是对现代化的规划、引导和推动的过程。新时代、新背景下，遵义必须深刻把握现代化这个新目标、新要求，牢牢抓住区域性中心城市建设这条新路径、新载体，全方位推动现代化建设。

三 遵义市打造"黔川渝结合部中心城市"的 优劣势分析

结合中心城市应具备的功能和应发挥的作用，笔者选择了区域内实力较强的非省会地级城市四川泸州、宜宾和贵州毕节、铜仁（重庆所辖区县不具可比性，未做对比分析），从城市、经济、产业、交通、教育医疗、开放创新、生态资源等方面与遵义进行了对比分析，精准研判遵义的优劣势，便于进一步扬长补短、发挥优势、全面提升。

（一）城镇化及城市建设

城镇化水平，尤其是中心城区的规模，既体现一个地区的发展水平，又体现城市的集聚能力。对比5个城市城镇化情况（见表1），遵义市市域面积最大、城镇化率最高，人口总数、中心城区建成区面积、城区人口数均排名第二。从当前来看，遵义的城镇化水平相对处于领先地位，但优势不大。从遵义的市域面积、总人口数来看，长远发展又有较大的空间和潜力，特别是遵义市已跨入国家三线城市行列，中心城区以其规模有条件超过泸州，成为区域内第一。从泸州和宜宾的城市建设和管理水平看，遵义又存在一定差距。主要表现为规划格局不大、不科学、意识不够超前，建设格调不高、标准和档次低、城市特色不突出、旧城市改造和提档升级欠账多，城区人口分布不合理，城市经营管理水平有待进一步提升等。例如，遵义市中心城区一半人口集中在以凤凰山为中心占遵义国土面积17%的区域。中心城区路网密度4.76公里/平方公里，与国家规划的8公里/平方公里差距较大，遵义中心城区主干道、次干道、支路比例为1：0.83：0.72，与合理比例1：1.5：3.5形成明显反差，导致分流慢、循环差，城区拥堵严重。中心城区停车泊位严重不足，缺口超过10万个。遵义都市圈人均水资源量约为1641立方米，低于全省（2900立方米）和全国（2200立方米）平均水平。中心城区污水集中收集处理率81%，与国家"十三五"规划100%的要求有较

大差距。老城区地下空间运用较少，造成空间资源浪费。综上分析，遵义有基础、有条件打造成区域内规模最大的城市，但规划滞后、建设品质不高、功能配套不完善，与中心城市首位度的要求有较大差距。

表1　2017年遵义与泸州、宜宾、毕节、铜仁城镇化情况比较

指标	遵义	泸州	宜宾	毕节	铜仁
市域面积(平方公里)	30762	12232	13298	26844	18003
市域户籍人口(万人)	802	510	555	917	440
市域常住人口(万人)	625	432	453	666	316
城镇化率(%)	49	48.95	48.12	41.2	48
中心城区面积(平方公里)	127	154	124	70	50
城区人口(万人)	130	152	108	65	40

（二）经济发展

经济实力是城市实力的根本体现，是中心城市的首要标志。对比5市2017年的主要经济指标（见表2），遵义地区生产总值及增速、人均地区生产总值、固定资产投资、公共一般预算收入等经济指标在5市中排第一位，社会消费品零售总额、外贸进出口总额排第二，城镇居民、农村居民人均可支配收入均比泸州、宜宾低。由此可看出，遵义的经济总量最大，增长速度最快，经济发展水平最高，具有打造区域中心城市的明显优势。但遵义人均收入和人均消费水平低于泸州和宜宾，自主城镇化的能力较弱。另外，与泸州和宜宾相比，遵义的GDP总量、增速和固定资产投资都大于两市，但从三次产业结构看，遵义的第二产业占比不及两市；从投资结构看，遵义的第二产业投资占比仅为17.7%，分别比泸州和宜宾低11.8个和14个百分点，投资质量远不及两市。2016年，遵义全部工业增加值占GDP比重为36.1%，而泸州为54.6%，宜宾为49.9%，均高于遵义。由此反映出遵义的发展质量和发展后劲不及两市，遵义打造区域性中心城市将主要面临来自泸州和宜宾的竞争。

表2　2017年遵义与泸州、宜宾、毕节、铜仁主要经济指标比较

指标	遵义	泸州	宜宾	毕节	铜仁
GDP(亿元)	2748	1596	1847	1892	1758
GDP增速(%)	12.1	9.1	8.7	11.9	11.8
人均GDP(元)	44060	37065	41306	27690	30801
固定资产投资(亿元)	2523	2042	1685	1730	1074
外贸进出口总额(亿美元)	11.58	20.57	8.49	——	——
社会消费品零售总额(亿元)	814	722	868	382	211
公共一般预算收入(亿元)	216	146	138.8	123.8	65.64
城镇居民人均可支配收入(万元)	2.9	3.1	3.1	2.7	2.7
农村居民人均可支配收入(万元)	1.1	1.4	1.4	0.8	0.8

（三）产业发展

产业是一个城市发展阶段和经济质量的重要体现。对比5市三次产业发展情况（见表3），遵义第一产业、第二产业、第三产业增加值均为第一，但在第二产业中，缺乏千亿级的产业支撑。比如占据遵义工业半壁江山的白酒产业，在产量上均比泸州、宜宾少，年产量只有泸州1/5，并且泸州已实现以酒类包装、机械制造和"中国白酒酒庄联盟"全产业链发展，而遵义只是一品独大，产业链"断档"。又如在新兴产业方面，宜宾智能手机生产已实现从配件到整机组装的全产业链生产，"奇瑞"新能源汽车临港整车生产基地落户宜宾，遵义新能源汽车产业发展仍处在起步阶段。遵义在第三产业方面虽然具有旅游业的绝对优势，但以物流、金融、大数据、文化产业等为主的生产及生活性服务业都严重滞后。综上分析，遵义的产业具有总量优势，特别是特色农业和旅游业具有绝对优势，但产业集聚度不高、引领性不强、竞争力不大，新兴产业还未充分释放潜能，遵义与中心城市产业辐射和引领的要求有较大差距，特别是在白酒产业和新兴主导产业上面临来自泸州和宜宾的竞争压力。

表3 **2017年遵义与泸州、宜宾、毕节、铜仁三次产业情况比较**

指标	遵义	泸州	宜宾	毕节	铜仁
三次产业结构比	14.6: 45.2: 40.2	11.5: 53.3: 35.2	12.9: 49.7: 37.3	20.6: 37.6: 41.8	22.7: 28.6: 48.7
第一产业增加值(亿元)	402.34	183.19	95.96	378.1	219.73
第二产业增加值(亿元)	1241.05	850.56	592.59	692.2	277.53
第三产业增加值(亿元)	1105.2	562.5	689.66	770.8	472.6
白酒产量(万吨)	41.34	205.6	67.1	—	—
白酒利润(亿元)	260	69	160	—	—
旅游接待人次(亿人次)	1.15	0.49	0.53	0.77	0.65
旅游综合收入(亿元)	1151.8	441.9	540	641.71	517.93

（四）交通出行

发达的交通网络、便捷的通行条件是打造区域性中心城市的重要前提和基础。对比5市交通通达情况（见表4），遵义是2017年规划的全国性综合交通枢纽（节点城市），公路、铁路（快铁）、水运、航空"四位一体"综合交通网络基本形成。其中，高速公路15条、总里程1073公路，是泸州的1倍多、宜宾的4倍多；遵义还是全国地级市中为数不多的"双机场"城市之一，航空年吞吐量156.1万人次，分别比铜仁、毕节、宜宾、泸州多21.61万人次、45.1万人次、79.81万人次、116.54万人次。应当说在5个城市中，遵义在公路、铁路、机场（双机场）等方面都具有一定的优势，但遵义对外省际大通道融入川渝效果不佳。多年来川渝与遵义市就合作发展理念和建设需求沟通效果不佳，出现建设项目未同步建成投用、规划项目未同步开展建设、研究项目未同步纳入规划的现象，目前仅有G75兰海、G69银百、G4215蓉遵、江习古四条高速与川渝互通。遵义铁路不及毕节，水运不及宜宾、泸州，铁路总量不足，水运运量不足。新舟机场、茅台机场飞行区等级均为4C级，过境遵义的渝贵铁路设计速度仅为200公里/小时，川黔铁路客货运平均速度仅为46公里/小时和22公里/小时，远低于全国平均水平。而且从在建的铁路（尤其是高铁）和"十三五"时期规划建设的铁路（遵义没有一条新建高铁）来看，随着成都—毕节—贵阳、重庆—泸州—宜宾—昆明、重庆—长沙等高铁通车，遵义还将面临被边缘化的危险。综上分析，遵义虽然具有一定的交通优势，但对外通道数量不够，铁路、航空、水运等级不高、运力有限，必须进一步强化交通网络和枢纽能力建设，补齐交通短板。

表4　遵义与泸州、宜宾、毕节、铜仁交通通达情况比较

指标	遵义	泸州	宜宾	毕节	铜仁
高速公路里程（公里）	1073	455	282	859	596
铁路里程（公里）	346	180	241	413	118
在建铁路里程（公里）	0	240	180	163	0
航空年吞吐量（万人次）	156.1	39.56	76.29	111	134.49
机场数量（个）	2	1	1	2（1个在建）	2（1个在建）
港口货物吞吐量（万吨）	1750	3493	1870		

（五）教育医疗

教育、医疗既是一个城市发展水平的重要标志，又是增强城市人口承载力和吸附力的重要功能。对比5市教育医疗方面（见表5），教育方面，遵义拥有的各级各类学校、高等院校的数量均为区域内第一，但宜宾已与电子科大、川大等大学签订战略合作协议，到2020年将新建5所以上应用型大学，将很快赶超遵义市；且从优质教育资源来看，遵义更是严重不足，不仅满足不了未来发展的需要，连当下的需求都满足不了。医疗方面，遵义执业（助理）医师数和床位数均为区域第一，但卫生机构总数排名靠后，三甲医院数量少于泸州，同样面临优质资源不足，特别是在区域范围内有较大影响力的医疗资源还严重不足。综上分析，遵义教育、医疗资源在区域内总量上有一定优势，但从人均、优质资源来看不占优势，且还有被赶超的趋势，特别是在遵义目前已呈现教育资源严重不足的情况下，面对今后城市规模的不断扩大和人口急剧增加，这是遵义市打造区域性中心城市的最大短板，遵义将面临巨大压力。

表5　遵义与泸州、宜宾、毕节、铜仁教育医疗情况比较

指标	遵义	泸州	宜宾	毕节	铜仁
各级各类学校（所）	3424	1200	1512	4207	2522
高等院校（所）	7	5	2	5	5
卫生机构（个）	4495	4628	5062	4887	3402
床位数（张）	47963	29256	32100	32372	18851
执业（助理）医师数（人）	14433	9237	10629	9145	6432
三甲医院（家）	2	4	2	1	1

（六）开放创新

创新和开放是中心城市应具备的重要功能和综合竞争能力的重要体现。对比5市开放创新方面（见表6），开放方面，遵义在国家级开放平台方面与泸州、宜宾持平；在大型会展平台、开放水平等方面，遵义每年举办茶博会、辣博会，但档次不高、形式单一；泸州自贸区落地一年多以来，形成了120项制度创新成果，2017年进出口总额达到20.6亿美元，比遵义市多9.1亿美元，形成了创新开放氛围。泸州举办中国（泸州）西南商品博览会、中国（泸州）农产品交易博览会，连续11年举办中国国际酒类博览会；宜宾举办国际（宜宾）茶业年会、中国国际名酒文化节，规格和规模比遵义高、成熟度比遵义好、影响力比遵义大。科技创新方面，遵义近期有望获得"国家创新型城市"的正式命名，是区域内唯一的国家创新型城市，从高新技术企业、科技财政支出、发明专利拥有量等指标看，遵义在5市中具有较大优势。全市共有各类技术创新平台132个，2016年发明专利951件，分别比宜宾、泸州、毕节多520件、500件、810件。但全社会R&D经费支出2016年仅为8.08亿元、占全社会支出比重仅为0.34%，与创建"国家创新型城市"研发经费占比要达到2.5%的目标差距很大。综上分析，遵义开放平台数量虽然多，但需进一步提升成熟度和影响力；遵义科技创新方面虽然具有较大优势，但由于投入不足将会影响持续发展，与中心城市应发挥的创新功能有较大差距。

表6　遵义与泸州、宜宾、毕节、铜仁开放创新有关指标比较

指标	遵义	泸州	宜宾	毕节	铜仁
国家级开放平台	2个(汇川国家经济技术开发区,综合保税区)	2个(自由贸易试验区川南临港片区、泸州国家高新区)	2个(临港国家级开发区、宜宾港国家临时开放口岸)	—	—
主要会展平台	中国(贵州·遵义)国际茶文化节暨茶博会、中国(遵义)国际辣椒博览会	中国国际酒类博览会、中国(泸州)西南商品博览会、中国(泸州)农产品交易博览会	国际(宜宾)茶业年会、中国国际名酒文化节	中国马铃薯大会暨马铃薯产业博览会	贵州(铜仁)国际天然饮用水博览会
高新技术企业(户)	91	49	48	16	14
科技财政支出(万元)	61318	37880	28069	31500	33900
发明专利拥有量(件)	951	431	451	141	161

(七)资源生态

生态、资源、地域、人口等,是遵义打造黔川渝结合部中心城市的基础条件和要素。遵义生态优势突出,是长江上游重要绿色屏障,全市森林覆盖率59%,与铜仁持平,分别比毕节、泸州、宜宾高6.2个、8.6个、15个百分点。遵义建成5个国家生态示范区、2个国家生态县(市)、38个国家生态镇、38个城市公园,中心城区建成区森林覆盖率44.24%、绿地率41.57%、人均公园绿地面积16.01平方公里,均位居全国前列、贵州第一。遵义已探明矿产资源60多种,其中,锰、铝、煤、硫铁矿等在全国地位重要、开采价值高。遵义地域面积3.08万平方公里,在黔川渝结合部城市中面积最大;户籍人口805.15万,排区域内第二。遵义是全国首批历史文化名城之一,"遵义会议""四渡赤水""国酒茅台""双遗产"享誉中外,遵义市在区域内知名度最高、影响力最大,2017年荣获"全国文明城市"称

号。另外，黔川渝均属西南地区，遵义、重庆都曾属四川管辖，均受巴蜀文化影响，群众生活习性相同、文化相近、语言相通，民间往来频繁。综上分析，遵义地理区位首位度较高，在区域拓展、资源供给、生态保护、劳动力供应、人口聚集、文化影响等方面都具有明显优势，能为打造黔川渝结合部中心城市提供较大的环境承载力和发展空间。

总体来看，遵义建设黔川渝结合部中心城市，最有基础、最有条件、最有能力，但同时也面临着十分严峻的形势和挑战。应当说，机遇与挑战并存，机遇大于挑战。但如果不抢抓机遇或抓不住新一轮发展机遇，遵义不仅将失去建设中心城市的基础和条件，连固有优势也将被超越而丧失。

四 遵义市打造"黔川渝结合部中心城市" 发展思路及战略目标思考

通过对区域性中心城市的理论研究，以及对遵义市与黔川渝结合部相关城市的优劣势分析，借鉴徐州、襄阳等地建设区域性中心城市的经验做法，笔者认为，遵义打造黔川渝结合部中心城市，应坚持以人民为中心、全面统筹推进；坚持规划引领、分步序时实施；坚持联动协作、区域协同发展的原则，谋划具体的发展思路和战略目标。

总体思路：以习近平新时代中国特色社会主义思想为指导，按照统筹推进"五位一体"总体布局和协调推进"四个全面"战略布局的要求，牢固树立和贯彻落实创新、协调、绿色、开放、共享新发展理念，深入推进供给侧结构性改革，守好发展和生态两条底线，着力构建城市、经济、交通、开放创新、文化和生态六大支撑体系，建设黔川渝结合部现代化都市圈，区域性经济中心、综合交通枢纽中心，开放创新高地、文化精神高地、生态文明高地，即"一圈两心三高地"，使遵义在黔川渝结合部城市群中成为最具影响力、竞争力、吸引力和带动力的城市。

总体目标：

——到2020年，全市地区生产总值突破4000亿元，人均生产总值突破

1 万美元，与全国全省同步实现全面小康。遵义都市圈总人口达到 420 万（2016 年底常住人口 395.5 万），中心城区人口达到 160 万（指五区和绥阳城区，2016 年底常住人口 140 万），城市基础设施和配套功能逐步完善，"一圈两心三高地"基础更加扎实。

——到 2025 年，全市地区生产总值突破 7000 亿元（"十四五"期间保持年均 12% 左右的增速），经济总量在区域内占比进一步提升。遵义都市圈人口达到 480 万，中心城区基本形成 200 万人口以上的城市发展框架，"一圈两心三高地"基本建成，在区域内的竞争力、吸引力、带动力明显增强。

——到 2035 年，正值遵义会议召开一百周年之际，全市经济总量在区域内首位度进一步提升，遵义都市圈人口达到 560 万，中心城区建成 300 万人口以上的城市发展框架，"一圈两心三高地"全面建成，各项经济社会发展主要指标达到全国中等以上水平，成为名副其实、令人信服的"黔川渝结合部中心城市"。

五　遵义市打造"黔川渝结合部中心城市"的战略路径研究

按照打造黔川渝结合部区域性中心城市的发展思路和战略目标考虑，当前和今后一个时期，我们要立足做优长板、补齐短板，加快构建城市、经济、交通、开放创新、文化和生态六大支撑体系，着力将遵义打造"一圈两心三高地"的生动实践谱写在黔北大地上。

（一）构建规模适度、功能的城镇支撑体系，建设区域性现代化都市圈

城市是汇聚人气、凝聚财气、集聚商气的重要载体和平台，城市规模和功能是中心城市首位度的重要体现和标志。打造黔川渝结合部中心城市，要做好城市发展布局、加快完善城市功能、提高城市精细化管理水平，不断增强城市的承载力和吸引力。

一要坚持规划先行。加快对城市总体规划修编，尽快完成构建500万人口遵义都市圈（涵盖市辖区和仁怀、桐梓、绥阳、湄潭的全部行政辖区）规划编制，加快规划由大城市、小城市和小城镇构成的"146173"城镇体系，"1"即1个Ⅰ型大城市（中心城区城市人口达到300万），"4"即4个Ⅰ型小城市（仁怀、桐梓、湄潭、正安，城市人口分别达到35万、30万、25万、20万人），"6"即6个Ⅱ型小城市（赤水、习水城市人口分别达到15万人，凤冈、余庆、务川、道真城市人口分别达到10万人），"173"，即173个小城镇（镇区人口10000以上、5000～10000、5000以下分别为22、59、92个）。

二要加快完善城市功能。立足与构建"146173"城镇体系相匹配，高起点、高标准、高质量做好各专项规划，统筹推进新旧城区、市政设施、配套功能设施建设，重点加快棚户区改造、城市交通路网及配套、城市双修、地下综合管廊、海绵城市、雨污分流、停车场等基础设施建设。按照城市居住规划和人居分布，合理布局建设公共服务设施，特别是要加快补齐在教育、医疗、文化等关系民生领域的配套共管服务的短板，科学规划、持续扩大城乡教育资源，既要紧紧围绕解决"大班额""择校热"等突出问题，又要着眼城市人口增长问题，以国家义务教育优质均衡发展和城乡义务教育一体化发展等重要项目为抓手，加快建设和引进一批优质基础教育学校，扩大优质基础教育资源覆盖面，稳步推进高校"双一流"建设，形成一批在区域、全省乃至全国有影响力的教育资源，建设西部非省会教育强市。大力实施"百院大战"和"优质医疗工程"骨干项目，大力推进各级医疗卫生机构标准化建设全覆盖，高标准做好普惠性、基础性、兜底性民生建设工作，解决群众的基本医疗、基本公共卫生服务需要。同时通过鼓励、引进、合作办医等方式，大力实施"优质医疗工程"，新创建一批三级综合医院，不断满足人民日益增长的美好生活需要。

三要加强城市精细化管理。为适应遵义都市圈发展需要，应从顶层设计入手建立中心城区，实行"规划上收，建设统筹，管理下移"，4县（市）实行"市统筹，县主抓"的城市管理机制。充分利用物联网、大数据等新信息技术，整合城市各类信息资源，加大数字化城市管理系统建设，形成"用数据说话、用数据决策、用数据管理、用数据创新"的城市管理新方式。建立健全城市管理法规体系，巩固提升全国文明城市创建成果，加强宣传引导，整合开通统一的市民服务热线，形成全社会参与城市共建共管共享的良好局面。

（二）构建集群发展、竞争力强的现代产业支撑体系，打造区域性经济中心

当前，遵义在区域内经济总量最大，但首位度不高、占比不大，特别是在产业上，品种多、规模小、竞争力弱、附加值低、集聚发展水平不高、引领性不强，缺乏"顶天立地"的龙头企业、支柱产业（集群）。进入新时代，党的十九大提出建设现代化经济体，而构建实体经济为主体的现代产业体系是现代化经济体系的主要内涵和战略重点之一。打造黔川渝结合部经济中心，要深化供给侧结构性改革，以发展实体经济为核心，以形成产业集聚集群发展、培育一批千亿级的支柱产业（集群）为主攻方向，逐步构建现代产业体系，推动遵义经济保持高速度高质量发展。

一要加快推进工业产业集聚发展。遵义工业基础好，多年在全省保持领先地位，应持续实施工业强市战略，推动互联网、大数据、人工智能和实体经济深度融合，大力实施"双千工程"，依托改造提升传统优势产业、引进培育新兴产业，着力打造6个千亿级产业（白酒产业、能源及材料产业、电子信息产业、装备制造业、健康医药产业、农副产品加工产业），建设军民融合、白酒产业、智能终端、农产品加工、综合保税区等一批千亿级、五百亿级的产业园区，实现工业增加值翻番计划。发挥工业"接二连三"的产业基础、资源等优势，改造提升传统优势产业，大力培育发展新兴产业，实现由一般加工向高端制造提升、由产品竞争向产业竞争提升、由"遵义制造"向"遵义智造"转变。集中力量打造烟、酒、茶、药、食品、健康水"六张名片"，着力打造茶酒"姊妹篇"，促进产业与"互联网＋"、"旅游＋"深度融合，加快形成新业态、新模式、新产业。围绕能源、材料加

工等传统支撑产业，实施重点产业转型升级工程，促进产业链向创新链、价值链延伸，形成完善的产业链和集群优势。围绕电子信息、新能源汽车、大数据、大健康医药等战略性新兴产业，实施产业跨越发展工程。要全面实施"互联网+""标准+""品牌+"战略，推动产业高端化、智能化、绿色化、服务化。要深入研究产业发展规律和配套需求，强化要素保障，想方设法引进龙头企业、核心团队和领军人才，推动一批先进产业集群在遵义落地、关键技术在遵义产业化，奠定长远发展的产业基础。

二要推动服务业提档升级。在黔川渝结合部区域内遵义服务业虽然有一定的优势，但与贵阳、重庆相比仍然是最大的短板，特别是在金融、商贸物流等现代服务业上差距较大。当前，要加快补齐生产性现代服务业发展短板，重点在金融、物流、会展等领域实现突破，推动全市生产性服务业向专业化和高端价值链延伸。要加快发展生活性服务业，做大做强旅游、康养、医疗等优势服务业，推动生活性服务业向精细化和高品质转变。要围绕建设"三区三中心"，加快项目化推进和制定完善相关政策措施，推动第三产业加速发展，形成稳定的"三二一"三次产业结构。

三要推进现代农业提质增效。遵义地域面积大，农业基础好，在建设黔川渝结合部中心城市中，应切实树立商品农业理念，瞄准服务城市、支撑城市发展，调整优化农业产业结构，做大传统优势主导产业，大力发展都市农业、观光体验农业，推动第一、第二、第三产业融合发展，加快实现"5322"目标，即做实做强茶、蔬菜（辣椒）、生态畜禽、竹、中药材5大产业，各产业综合产值超过300亿元，每个产业有2个以上500强企业引领，每个产业有2个以上综合效益达到10亿元的示范园区。

（三）构建快捷高效、通达四方的综合交通支撑体系，建设区域性综合交通枢纽中心

遵义市打造区域性交通枢纽必须抢抓国家《"十三五"现代综合交通运输体系发展规划》（国发〔2017〕11号）将遵义列入全国性综合交通枢纽（节点城市）的重大机遇，加快制定《遵义市交通运输中长期发展规划

（2035）》，构筑功能高效的铁路网、密集便捷的公路网、开放发达的航空网和优质通畅的水路网，建成"内畅外联互通"的立体交通体系，形成全市"六纵六横六联两环"的骨架公路网，"米"字形的铁路网，双机场加通用机场的航空服务体系，通江达海的水运服务体系，建成区域性综合交通枢纽和全国综合性重要交通枢纽。

一要加快对外通道建设。着重加强与重大开放发展板块和重要经济带的互联互通通道建设，形成遵义—重庆—长江经济带、遵义—广州—珠三角、遵义—钦州—海上丝绸之路、遵义—渝新欧—丝绸之路经济带、遵义—云南—东南亚经济走廊、遵义—长沙—长株潭经济圈等大通道，支持构建辐射黔中、黔东、渝南、川南的快捷对外枢纽能力。

二要加快区域内互联互通。着力加快建设"环线＋射线"，以遵义为中心，构建半小时中心城区核心圈、一小时遵义都市圈、两小时区域经济圈。实现县县通双高速、通铁路目标，增强遵义空间集聚能力和中转服务能力，提升遵义的枢纽功能。

三要加快中心城区路网建设。加快建设城市轨道交通，着力加快"疏老城、建新城"步伐，建设"零距离换乘"的便捷客运体系、"无缝隙衔接"的高效货运系统，实现各种运输方式在遵义无缝衔接与便捷中转，保障城市内外客货运交通的方便、快捷、高效转换，主要客运枢纽之间以公共交通直达，大幅缩短地面公交换乘时间。

（四）构建集聚能量、引领发展的动力支撑体系，打造区域性开放创新高地

打造黔川渝结合部中心城市，要实现在区域内领先领跑、辐射带动，要有比其他城市更高的开放视角、更大的改革决心、更强的创新能力，通过新体制、新模式和新路径，做好开放平台、建好开放机制、营造好开放环境、找好创新动力，构建集聚能量、引领发展的动力支撑体系。

一要搭建功能完善的开放平台。开放平台是推动各地经济、文化、旅游、生态等领域对外交流合作的载体，为各类组织、企业、个人对外交流合

作提供便利服务。近年来遵义重点建设了"1+6"的开放平台，但开放平台总体引领性不强，尤其是高层次、高规格的平台不多。建设区域性开放新高地，应突出加快国家级经济技术开发区、高新技术开发区、综合保税区等引领性的开放平台建设，探索共同与贵阳申建贵州自由贸易区。加快机场、铁路、码头等口岸建设，构建完善的口岸体系，打造水、陆、空一体化对外开放格局。依托白酒、茶叶、电子信息、吉他、农产品等遵义特色产业和产品，加快建设一批外贸基地，推动遵义产品"走出去"。加快培育一批影响力大、知名度高的各类交流平台，推动茶博会、辣博会等展会提档升级，加强与重庆、成都、贵阳及黔川渝结合部城市合作，共同策划打造一批展会、论坛（如全国酒文化研讨会、赤水河流域经济发展论坛等），积极引进国内国际知名展会在遵义设立分会场。

二要建立协作高效的开放机制。遵义在对外开放中有明显的区位、交通、政策优势，向北可对接成渝经济区、融入丝绸之路经济带，向东"一头融入重庆、一头连接上海"可融入长江经济带，可借"上海之船"出海，向南可依靠贵阳融入泛珠三角经济区并延伸至东盟、联结中国与中南半岛。把区位、交通、政策等优势真正转化为地方开放开发、促进经济社会发展的优势，需要在政府及各类组织与各区域、各城市建立开放合作的机制。应强化城市间的合作，深化与重庆的战略合作，用好上海帮扶资源、强化与上海在多领域的务实合作，加快与四川成都、贵阳、黔川渝结合部城市建立战略性的合作机制。应强化与区域间的合作，分别围绕融入"一带一路"、成渝经济区、长江经济带、黔中经济区、泛珠三角经济区等，深入研究科学编制遵义规划，明确遵义的功能定位、合作方向、合作领域、合作机制、发展目标、具体措施。应强化黔川渝结合部区域的协作，既要牵头建立整个区域协作的机制，又要围绕赤水河川南协同区、黔北渝南协同区、黔东渝东南协同区建立具体的协作机制。

三要营造完善"引进来、走出去"的开放环境。提升对外开放水平，就是要提升利用国际国内两个市场、两种资源的能力，为各种组织、团体、个人等提供"引进来、走出去"的优越环境。应突出围绕引进和培育经济实体，分类别制定出台相关的鼓励扶持政策，尤其是在招商引资方面要出台优惠政策，并把"招商引资"作为经济发展的头号工程。应突出围绕引进和培育各类人才资源，立足长远战略储备，从人才落户、安居保障、激励机制等方面建立更加开放、更加积极、更加有效、更具吸引力的人才引进政策，从人才教育、培训等方面建立人才培养政策。应突出鼓励发展外向型经济，出台相关政策支持各类企业拓展国际市场，促进产品、服务"走出去"，提升外贸出口对经济发展的贡献率。应突出优化营商环境，从优化扶持政策、精简行政审批、提高政务服务、完善发展配套等，强化社会诚信体系建设，营造法治化、国际化、便利化的营商环境和亲商、安商、富商、扶商、敬商的良好氛围。要加快研究建立市县行政审批局，推行"一章审批、一网审管、一单规范"集中行政许可权试点改革，实现"审批局外无审批"。

四要建设区域性科创中心。创新是引领发展的第一动力，是建设现代化经济体系的战略支撑。近年来，遵义市科技创新工作取得重大进展，即将成为黔川渝结合部区域唯一的国家创新城市，有条件引领区域创新发展，建成区域的科创中心。建设科创中心，应以科技创新人才为核心，以良好的创新创业环境为保障，以科创成果转化为现实生产力，不断为全市经济发展提供科技支撑和服务。要着力实施好"十大工程"（科技人才集聚工程、金融支持科技创新工程、科研平台建设工程、科技成果转化工程、科技企业培育工程、科技园区提质工程、产业转型升级工程、军民科技融合工程、科技惠民服务工程、创新生态营造工程），努力实现"四个明显提高"（综合创新能力明显提高、产业创新能力明显提高、企业创新能力明显提高、技术转移转化能力明显提高）。

（五）构建红色引领、特色鲜明的文化支撑体系，建设区域性文化精神高地

"文化是城市的灵魂、城市是文化的载体"，打造黔川渝结合部中心城市，应把文化建设作为重要内容，坚持做大做强红色文化长板，全面拓宽和

延伸红色文化触角，补齐地域特色文化影响力不强、文化公共服务严重滞后、文化产业发展后劲不足等短板，形成红色引领、特色鲜明的遵义独特文化体系，不断提升文化软实力、提供发展硬支撑、扩大遵义影响力。

一要坚持红色传承。遵义是革命老区，红色圣地，必须始终坚持"传承红色基因、讲好遵义故事"，重点抓好"五个一"建设（开发一批独具特色的红色教育资源、建成一批设施完善的红色教育阵地、培育一支德才兼备的红色教育队伍、打造一批繁荣昌盛的红色文化产业、形成一套务实管用的红色教育制度），努力将遵义打造成独具特色的红色教育主阵地、全国顶尖的红色旅游胜地、辐射红色文化的精神文明高地。

二要强化地域特色文化挖掘。深入实施遵义文化价值再生性利用价值工程，积极挖掘保护传承好历史文化、民族民间文化、三线文化、国酒文化、沙滩文化等遵义文化元素，加强文化遗址保护修缮，加大民族村寨、特色民居、历史建筑、文物古迹等传统建筑保护力度，重点实施海龙屯等考古遗址公园，苗族、仡佬族等民族文化生态园，仡佬之源、"中国傩城"等一批文化项目建设。加强对黔北农耕文化、少数民族语言文字、民风民俗、传统工艺等非物质文化遗产的研究和传承，围绕特色文化创作推出一批具有遵义文化特色和影响力的文学作品、歌曲、电影、电视剧等文艺作品。

三要建设完善公共文化服务体系。全面加快文化基础设施提档升级，健全完善公共文化服务体系。重点建成市文化馆、大剧院、美术馆等文化地标性场馆，推进市、县、乡、村四级公共文化设施建设，全面夯实文化服务队伍建设，大力提高文化服务能力。充分利用公共文化设施阵地，提供读书看报、观赏电影、送地方戏等标准化文化服务，向群众提供多样化、个性化服务和产品。继续打造"五大群众文化品牌"（"书香遵义"全民阅读活动、"名城讲堂"名家讲座、"美丽城市"广场文化活动、"美丽乡村"送文化下乡活动和"我们的节日"主题文化活动），组织开展"黔川渝文化论坛""赤水河流域酒文化研讨会"等推介活动，不断扩大遵义文化活动、文化品牌、文化产品在黔川渝地区的影响力和辐射力。

四要推动文化产业加速发展。城市因创意而生辉，城市无创意而失色。

推进黔川渝结合部中心城市建设，必须坚持创新理念，重视文化建设，推动文化产业发展。充分整合遵义红色文化、生态文化、民族文化、国酒文化、茶文化、竹文化等优势资源，高质量开发一批"以红带绿""以红带酒""以红带茶"等独特旅游产品，促进文化创意产品产业化、规模化、集聚化，通过文化创意使遵义文化转化为生产力。以创建国家级文化产业示范园区和省级文化产业基地为基础，深入实施国家文化消费试点城市"571"文化项目（5个拉动农村居民文化消费项目，7个全体城乡居民的文化消费项目，1个平台建设项目），加快推进1964文化创意园、新蒲新区大学生创意园、遵义古城文化影视基地、海龙屯历史文化旅游度假区、酒文化体验园等建设，推动影视文化、电信软件、工艺时尚、设计服务、展演出版、咨询策划、休闲娱乐进驻文化创意园区，用充满灵气的文化创意助推遵义打造黔川渝结合部中心城市。

（六）构建生态优先、绿色发展的生态支撑体系，建设区域性生态文明高地

良好生态环境是人民美好生活向往的重要组成部分，也是实现人与自然和谐发展，筑牢永续发展基础的必然选择。建设区域性中心城市，必须守好发展和生态两条底线，践行绿色发展理念，走生态优先、绿色发展之路，构建蓝绿交织、清新明亮、水城共融、集约发展的生态城市布局，建设黔川渝结合部生态文明高地。

一要坚持绿色发展。因地制宜发展生态利用型、循环高效型、低碳清洁型、环境治理型产业，重点推进国家级低碳工业园区试点、长江经济带国家级转型升级示范开发区建设，加快国家级遵义桃花江健康旅游示范基地、赤水河流域生态经济示范区、大娄山避暑养生特色发展集聚区、洛安江生态文明示范区等一批重点生态产业项目建设，着力构建具有遵义特色的绿色低碳循环产业体系。

二要强化生态建设和保护。绿水青山是遵义最大的特色、最美的风景，既要进一步建设好，更要保护好。在生态建设方面，围绕构建"山水林田

湖洞"生命共同体,重点在全市实施"5 个 100 工程",即建设 100 个山体公园、100 个森林公园、100 个湿地公园、100 个生态体育公园、100 个生态田园综合体。在生态保护方面,着力打好污染防治攻坚战,解决突出的环境问题,实施好重点流域和重点水体"精准治污"工程、"治污治水·洁净家园"五年攻坚行动和大气污染防治行动、县城污水处理厂提标改造和乡镇污水处理厂建设工程等。

三要建设山水相望的生态城市。在城市建设中,依托地形地貌,自然山体要保护好、绿化好,自然水体和自然河流水系要串联好、建设好,城市建筑要做到"显山、露水、见林、透气",构建"山为屏、水为脉、山水城融合"的特色城市景观格局。在城市生态建设中,多为生态"留白",多给自然"种绿",实现森林环城、湿地绕城,3 公里进林带,1 公里进公园,形成山、水、城融合的美景画卷。

四要推进生态文明共建共享。在区域层面,遵义与黔川渝结合部城市山水相连,应打破行政区划限制,建立区域间生态建设和保护协作机制,重点与重庆、贵阳、毕节、铜仁以及四川有关市共同推动乌江、綦江、赤水河等重点流域上下游的联防联治。在市域内,应通过创建国家生态文明示范区、国家生态文明建设示范市以及开展"生态日"活动等,大力倡导全社会勤俭节约、绿色低碳、文明健康的生活方式和消费模式,让尊重自然、顺应自然、保护自然的理念内化于心、外化于行,形成全社会共建、共享生态文明的良好局面。

六　遵义市打造"黔川渝结合部中心城市"工作推进建议

遵义打造黔川渝结合部中心城市,是一项系统工程,在前述战略路径的基础上,当前要重点抓好一些关键环节的工作,为顺利推进区域性中心城市建设奠定坚实基础。

（一）加快推进新一轮《遵义市城市总体规划》编制工作

规划编制是打造区域性中心城市的先导工程和首要工作。区域性中心城市要获得国家和省级层面的支持，必须在规划上得到认可。因此要结合黔川渝结合部中心城市的城市定位、功能定位、发展定位，加快推进新一轮《遵义市城市总体规划（2018～2035年）》编制工作，并呈报省政府批复；同时，力争把遵义黔川渝结合部中心城市的定位纳入贵州省省域国土空间规划。

（二）争取省委、省政府制定出台《支持遵义打造黔川渝结合部中心城市的意见》

打造区域性中心城市，遵义只依靠自身力量是难以实现的。根据徐州和襄阳等地打造区域性中心城市的经验，遵义必须争取省委、省政府的政策支持。鉴于此，市委五届五次全会召开后，要积极对接争取省委、省政府支持，并及时代拟《贵州省委、省政府支持遵义市打造黔川渝结合部中心城市的意见》，提交省委、省政府研究后行文实施。

（三）分阶段制定《遵义市打造黔川渝结合部中心城市三年行动计划》

市委五届五次全会的主体文件，主要是对今后一个时期的总体目标和任务进行安排和部署，而对阶段性的发展目标和重点任务，还需要制定具体的行动计划。因此，市委五届五次全会召开后，要立即制定第一个《遵义市打造黔川渝结合部中心城市三年行动计划（2018～2020年）》，明确具体的时间表、任务书和施工图，并在今后的工作中，每三年制定一次行动计划，确保阶段性目标任务的落地落实。

（四）建立组织领导机构和联合会商制度

推进区域性中心城市建设，要有专门的强有力的组织领导机构，对工作

进行统筹和协调调度，确保高位推进。因此，要成立由市委、市政府主要领导为组长的区域性中心城市建设领导小组，统筹推进中心城市建设，并根据黔川渝结合部中心城市的六大定位，下设由相关市领导任组长的6个专项小组，负责重点工作的组织实施。同时，建立由相关部门、民主党派、高校等共同参与的联合会商制度，不定期开展学术研讨、论坛等研究，共同探讨协商推进黔川渝结合部中心城市建设的具体策略。

（五）建立黔川渝结合部城市发展协调机制

只有加强区域内城市间的协调协作，才能形成"整体联动、协调配合、集聚合力"的良好格局，创造更多的合作和共赢机会，避免各自为政和同质化恶性竞争，促进区域共同发展。因此，要依托省委、省政府的力量，由遵义牵头成立黔川渝结合部城市发展协调机制，建立党政互访、部门互动、企业互助等制度，并每年定期以"打造黔川渝结合部经济区"为主题，轮值召开协调会，形成长效合作机制，加强交流互动。市委五届五次全会召开后，起草区域内城市战略性合作协议，并在首次协调会上签订。

B.3
遵义市打造黔川渝结合部中心城市农业支撑体系建设研究

遵义市农委调研组*

摘　要： 遵义市提出围绕 500 万人口中心城市构建农业支撑体系。本文对比遵义与黔川渝主要节点城市，分析差距优势，并对遵义市构建区域性中心城市农业支撑体系提出如下建议和对策：夯实产业基础、培育经营主体、强化质量兴农、完善配套设施、推动特色融合、深化农村改革等。

关键词： 遵义　中心城市　农业支撑

一　黔川渝主要节点城市农业体系对比分析

重庆、成都、贵阳、泸州、毕节是黔川渝重要城市，重庆、成都均为国家级中心城市，农业体系均支撑超过 1000 万人口的城市需求，成都是国内现代农业发展领先城市，2017 年第一产业增加值 500.87 亿元，同比增长 3.9%，农村居民人均可支配收入 20298 元，同比增长 9.1%。获批创建国家现代农业产业科技创新中心。其都市现代农业、农产品加工业、新农村建设、乡村旅游、农村改革均走在全国前列，尤其在农村改革方面成都作为全

---

* 课题组组长：任云忠，遵义市委农工委书记、市农委主任；课题组副组长：何祖华，遵义市农委副主任；课题组成员：胡永刚，遵义市农委农经科科长；袁德志，遵义市农委农艺师；余侃，遵义市农委农经科科员；徐茂文，遵义市农委农经科科员；李复炜，遵义市农委农经科科员。

国统筹城乡综合配套改革试验区、第二批农村改革试验区、国家现代农业示范区和全国首个农村金融服务综合改革试点城市，探索积累了让全国瞩目的"成都经验"。重庆是山地农业大市，2017年第一产业增加值1339.62亿元，同比增长4.0%。全年粮食播种面积3358.46万亩，农村居民人均可支配收入12638元，同比增长9.4%。其山地保供体系、特色农产品加工业发展成效显著。泸州、贵阳、毕节均已定位或拟定位为区域中心城市，与遵义打造黔川渝结合部中心城市存在部分相似的农业体系需求。

表1　2017年遵义与五市农业产业综合指标发展情况比较

指标	遵义市	泸州市	成都市	重庆市	贵阳市	毕节市
农业增加值(亿元)	402.34	183.19	500.9	1339.6	147.33	378.1
同比增长(%)	6.8	4	3.9	4.0	6.3	6.8
农村居民人均可支配收入(元)	11130	13670	20298	12638	14264	8473
同比增长(%)	10.1	9.8	9.1	9.4	10	10.3
三次产业结构	14.6: 45.2: 40.2	11.5: 53.3: 35.2	3.6: 43.2: 53.2	6.9: 44.1: 49.0	4.2: 38.8: 57.0	20.6: 37.6: 41.8
常住人口(万人)	624.83	431.72	1604.47	3075.16	480.2	665.97
城镇化率(%)	48.84	48.95	71.85	64.08	74.8	41.20

资料来源：根据相关地区统计年鉴及网站数据整理而得。

（一）存在差距

1. 农业体量大而不强

2017年遵义市农业增加值达到402.34亿元，高于毕节市（378.1亿元）、泸州市（183.19亿元）、贵阳市（147.33亿元），领先于同类城市；农业增加值增长较快，2017年同比增长6.8%，高于成都市（3.9%）、泸州市（4.0%）、重庆市（4.0%）、贵阳市（6.3%）；农业在三次产业结构中占比较高，达到14.6%，高于成都市（3.6%）、重庆市（6.9%）、贵阳市（4.2%），农业产业在经济发展中占据重要地位。但遵义市农业效益相对较低，6 个对比城市中，遵义市农村居民人均可支配收入为 11130 元，低于成都（20298 元），重庆（12638 元），贵阳（14264 元），仅高于毕节和泸州；耕地破碎，规模化和机械化水平相对较低，农产品生产缺乏规模优势，2017 年遵义市亩均粮食产量仅为 266.87 公斤，远低于成都市（378.92 公斤）、泸州市（370.51 公斤）、重庆市（345.47 公斤）。

表 2 2017 年遵义与五市粮食单产对比

指标	遵义市	泸州市	成都市	重庆市	贵阳市	毕节市
粮食产量（万吨）	294.87	206.13	273.1	1167.15	42.74	260.18
播种面积（万亩）	1090.5	542.55	708	3358.46	153.15	1007.4
亩产（公斤）	270.4	379.93	385.73	347.53	279.07	258.27

资料来源：根据相关地区统计年鉴及网站数据整理而得。

2. 经营主体多而不精

近年来在大力培育下，遵义市新型经营主体规模不断扩大，以 2016 年六市数据对比，遵义市市级以上龙头企业 556 家，国家级重点龙头企业 9 家，省级以上龙头企业 129 家，农民专业合作组织 5800 个，是泸州市（市级以上龙头企业 225 家、国家级 1 家、省级以上 20 家、农民专业合作组织 3100 个）的近两倍。但遵义市新型农业经营主体整体规模不大，具有带动作用的示范性龙头企业较少，合作社机制不完善、运行不规范。2017 年遵义市参与调度的龙头企业产值为 356.71 亿元，远低于成都市 600 余家龙头企业 2400 亿元的产值，同时虽然 80% 的行政村建立了合作社，但能够规范经营、发挥带动作用的不足 30%。

表 3 2016 年遵义与五市新型经营主体发展水平比较

单位：家，个

指标	遵义市	泸州市	成都市	重庆市	贵阳市	毕节市
国家级龙头企业	9	1	26	31	—	—
省级以上龙头企业	129	20	129	441	—	—
农民专业合作组织	5800	3100	13541	32300	—	10385

资料来源：根据相关地区统计年鉴及网站数据整理而得。

3. 农业品牌杂而不强

近年来遵义市打造了湄潭翠芽、茅贡米、正安白茶、凤冈锌硒茶、余庆苦丁茶等品牌，但知名度和影响力尚不足以支撑产业转型升级，"遵义红""遵义绿"等公共品牌也处于起步阶段，以较为成熟的茶产业为例，湄潭翠芽品牌价值仅为18.05亿元，排名第26，与排名第1的普洱茶（60亿元）、排名第11的都匀毛尖（25.67亿元）存在较大差距。同时遵义市产品标准化方面与农业强市存在差距，"三品一标"认证产品仅有635个，与成都市（1261个）、重庆市（2740个）差异明显。

表4 2017年遵义与五市农业标准化程度比较

单位：个

指标	遵义市	泸州市	成都市	重庆市	贵阳市	毕节市
"三品一标"认证数	635	190	1261	2740	550	—
国家地理标志产品	30	11	74	120	6	11

资料来源：根据相关地区统计年鉴及网站数据整理而得。

4. 产业融合广而不深

近年来，遵义市依托农业园区等平台，围绕茶、辣椒等主导特色产业大力推动三次产业融合发展，2017年遵义市农产品加工业总产值410亿元（不含烟酒），同比增长17%，初步建成农旅一体化示范点100个，产业融合发展在遵义市广泛开展、初见成效，但相对于区域内成都等强市，遵义市产业融合发展深度不够的问题还十分明显，农产品加工业总产值远低于成都市（1400亿元），农产品加工率仅为52.7%、低于全国水平。乡村旅游方面，林旅、茶旅、竹旅、酒旅、红旅等文化生态底蕴尚未得到彻底开发，2017年乡村旅游收入仅为23亿元，滞后于成都（327.7亿元）、重庆（349亿元）。

表5 2017年遵义与五市农产品加工率及乡村旅游收入比较

单位：%，亿元

指标	遵义市	泸州市	成都市	重庆市	贵阳市	毕节市
农产品加工率	52.70	32	50	23		
乡村旅游收入	23	—	327.7	349	78.8	—

资料来源：各地统计局年鉴及网络。

（二）发展优势

1. 区位优势日趋明显

遵义市北倚重庆市，西接四川省连接亚欧大陆桥，直接融入新丝绸之路经济带，南邻贵阳市，辐射两广和东南亚，是成渝经济区、黔中经济区、黔北协作区等区域经济板块的重要节点，是黔渝合作的桥头堡、主阵地和先行区。加之近年来遵义市交通改善明显，五纵四横七联二环"县县通"高速实现全覆盖，渝黔高铁线路中最大的中间站遵义东站也已建成通车，新舟、茅台两大机场已相继建成通航，为融入成渝经济圈、"一带一路"建设等形成的沿海沿江沿线经济带为主的纵向横向经济轴带提供了良好的条件。

2. 资源优势日趋重要

遵义市地处云贵高原向湖南丘陵和四川盆地过渡的斜坡地带，地理气候多样、热量垂直分布、光热条件充足、水资源总量丰富，属于典型的低纬度高原立体地貌，垂直差异显著，生态自然，风景秀美，森林覆盖率达到59%，是成渝避暑目的地之一。同时遵义市是遵义会议召开地，红色文化底蕴深厚，苟坝会议、四渡赤水等红色主题拥有巨大的开发潜力，同时作为黔北重镇，尹珍文化、沙滩文化等历史文化深厚，作为中国酒都的国酒文化源远流长，遵义拥有贵州最大的茶海、竹海，丰富的自然与人文资源都为遵义市推动农旅文一体化发展提供了良好前提条件。

3. 产业格局日趋成熟

遵义市特色农业资源丰富，素有"黔北粮仓"之称。粮油、烤烟、茶叶、辣椒、肉类等主要农产品在全省占有量达到1/4～1/3。近年来大力发展现代山地特色高效农业，遵义市茶投产面积已达到180万亩、辣椒200万亩、特色方竹106万亩，茶、辣椒种植规模全省乃至全国地级市第一，规模优势明显。同时，遵义市拥有湄潭翠芽、正安白茶、凤冈锌硒茶、朝天椒、子弹头、方竹笋、黔北黑猪、黔北麻羊、金钗石斛等优质特色产品，是遵义发展特色高效种植养殖的巨大优势和潜力。

表6 2016年遵义与五市主要农产品产量对比情况

单位：万吨

农产品	遵义市	泸州市	成都市	重庆市	贵阳市	毕节市
粮 食	304.42	205.58	290.44	1166	44.19	262.88
蔬 菜	448.83	244.17	637.36	1875.13	263.47	221.55
油 料	27.58	4.93	33.5	62.72	6.59	13.82
水 果	21.83	20.58	150.43	408.69	19.4	—
肉 类	66.7	33.58	78.35	151.31	15.19	37.6
水产品	6.66	7.86	14.62	50.84	0.98	—
茶 叶	8.59	2	—	3.24	0.41	—
方 竹	106万亩	—	—	—	—	—
马铃薯	—	—	—	—	—	718.3

资料来源：根据相关地区统计年鉴数据整理而得。

二 遵义市构建区域性中心城市农业支撑体系的建议

基于对黔川渝主要城市对比和对遵义市农业的分析，课题组对构建黔川渝结合部中心城市的农业支撑体系提出如下建议。

（一）战略定位

农业是城市发展的基础，黔川渝结合部中心城市需要有力的农业支撑体系，构建供需平衡、突出比较优势、强化功能性布局的农业支撑体系，必须在全面实施乡村振兴战略的大框架下，围绕黔川渝结合部中心城市目标，聚焦产业兴旺，坚持质量兴农、绿色兴农、特色兴农，来一场振兴农村经济的深刻的产业革命。打好特色牌、念好"山"字经，深入推进农业供给侧结构性改革，推动第一、第二、第三产业融合发展和全产业链全价值链发展，巩固提升粮食、烤烟两大传统产业；做实做优茶叶、蔬菜（辣椒、食用菌）、生态畜禽、竹子、中药材五大主导产业；培育做精乡村旅游、花卉苗木等特色产业。构建现代山地特色农业产业体系、生产体系、经营体系，打造主导产业定价区、优质农产品集散区、特色融合示范区，将遵义市建成黔川渝区域农业强市。

1. 打造主导产业定价区

遵义市构建农业支撑体系应该强化比较优势，立足特色，发挥优势，充分打好生态、绿色两张牌，重点做实做优做强茶叶、蔬菜（辣椒、食用菌）、生态畜禽、竹子、中药材五大主导产业。依托全省乃至全国领先的茶、辣椒种植面积，着力"遵义红"、湄潭翠芽、正安白茶等特色茶种，遵义朝天椒、绥阳子弹头等特色辣椒品种，方竹笋等特色竹产品，黔北黑猪、黔北麻羊、赤水乌骨鸡等特色生态畜禽，金钗石斛、金银花等中药材，发挥规模优势、特色优势，建立产品安全、产出高效、资源节约、环境友好的特色农产品供应体系，强化市场体系建设，持续提升与扩大虾子辣椒市场、湄潭茶交易市场等基础设施、交易规模、辐射范围，扩大影响力，推动五大主导产业在区域内抢夺议价权、定价权。

2. 打造优质农产品集散区

遵义市是成渝市场与贵州市场农产品流通的重要枢纽，是大宗农产品通过长江经济带延伸推广的重要节点。对外扩大湄潭茶交易市场、虾子辣椒市场等知名市场影响力，围绕区域特色农产品集散打造仓储、冷链物流、交易市场、配送中心、网络营销平台，集聚区域农产品，推动优质农产品集聚遵义，通过遵义走得更远、卖得更好。着力电子商务、互联网＋供销平台、冷链物流、农村快递、配送中心等配套建设，通过"大数据＋"推动优质农产品订单化进机关、公司、学校、超市，将优质的农产品提供给真正需要的消费者，搭建区域农产品贸易中心的同时实现本地特色农产品优质优价，满足市民不断提升的高品质生活需求。

3. 打造特色融合示范区

推动农业产业"接二连三"，高位嫁接第一、第二、第三产业，充分发挥茶园、辣椒、黔北竹海等原产地优势，大力发展农产品精深加工业，提升附加值、延伸产业链，同时依托遵义市自然资源和生态产业，充分融合红色文化、黔北文化、国酒文化，围绕"大景域、大景观、大产业"，大力发展林

旅、茶旅、竹旅、酒旅、红旅等特色旅游，将遵义市打造为特色旅游目的地，推动农业生产由种养单一功能向种养＋、农旅文一体化不断转变，推动农业全产业链、全价值链发展。加快城乡融合发展，破除束缚城乡要素自由流动、阻碍农村生产力发展的体制机制弊端，发挥市场决定性作用，推动人才、资金、技术、管理等要素在城乡之间自由流动、平等交换、有序互动，加快形成工农互促、城乡互补、全面融合、共同发展的新型工农城乡关系。推动遵义市在产业融合发展、城乡融合发展上不断深入，打造特色融合示范区。

（二）主体目标

到2035年，实现"5322"目标，即做实做强茶、蔬菜（辣椒）、生态畜禽、竹、中药材五大产业，各产业综合产值超过300亿元；每个产业有2个以上500强企业引领；每个产业有2个以上综合效益达10亿元的示范园区。构建500万人口中心城市的现代化农业支撑体系，建成黔川渝区域农业强市。

（三）功能分区

遵循因地制宜、突出特色、优化结构、统筹兼顾、生态优先、保障供给的原则，统筹"四大区域"发展，突出重点，协调推进，实施区域化、规模化布局，围绕支撑黔川渝结合部中心城市推动农业发展。

1. 中部区域

重点发展都市农业，一是保障区域中心城市供给，提供粮油、蔬菜（含食用菌）、新鲜肉类、禽蛋、水产及其加工产品；二是发展农产品加工业，围绕五大产业大力发展农产品精深加工，推动全产业链发展；三是发展城郊都市农业，重点开发体验农业、休闲农业、田园观光等功能，满足市民生活休闲需要。

2. 北部区域

重点围绕供给重庆。一是协同发展区域农业，利用地理气候优势发展冷凉蔬菜、务川白山羊等，打造菜篮子融入重庆市场；二是围绕农产品流通，提供蔬菜（含食用菌）、生态畜禽采购—生产（养殖）—销售全流程物流服务，构建冷链物流体系；三是充分开发休闲农业、森林康养等特色乡村旅游、休闲农业，满足成渝避暑需要，将北部打造为重庆等城市的后花园和避暑天堂。

3. 西部区域

重点发展特色生态。一是围绕酱香酒业发展酒用高粱，重点保障仁怀、习水等地酒业原材料需要；二是大力发展竹及竹产品、金钗石斛、乌骨鸡、黔北麻羊等优势特色产业，推动产业转型升级，发展精深加工；三是围绕竹文化、酒文化、红色文化，依托绿色农耕文化、国酒文化、黔北竹海、赤水河、丹霞等独特景观，大力推动乡村旅游和休闲旅游，满足川渝市民需求。

4. 东部区域

重点推动茶等产业提质增效。一是推动百万亩级茶园提质升级，推进标准化规模化茶园建设，着力打造绿色有机绿茶出口生产基地。积极推行标准化生产，培育大型龙头企业带动产业转型升级，提供名特优茶叶及其精深加工产品。推动遵义茶叶融入"一带一路"，优化提升竞争力推动茶"走出去"，扩大遵义茶叶产品的国际市场影响力。二是推动茶旅等农旅一体化发展，充分发挥茶文化历史资源和人文资源优势，加强茶文化与茶园旅游的深度结合，形成以茶文化为依托的休闲产业，开发采茶、制茶、品茶、观茶、茶马古道等系列茶文化旅游产品，拓展农旅产业发展新空间。三是依托良好基础不断强化"四在农家·美丽乡村"建设，坚持黔北民居"小青瓦、坡屋面、穿斗枋、转角楼、雕花窗、三合院、白粉墙"七要素风格，加快推进乡村治理，推进"四在农家·美丽乡村"美丽村居建设。

（四）产业布局

围绕巩固提升粮食、烤烟两大传统产业，做实做优茶叶、蔬菜（辣椒）、生态畜禽、竹子、中药材五大主导产业，培育做精乡村旅游、花卉苗木等特色产业。

1. 茶

充分发挥茶产业规模优势，以湄潭、凤冈、余庆、正安、道真、务川等六县为重点区域，稳步提升标准化茶园种植面积，完善茶品质监督体系，融合茶文化特色，加大品牌建设力度，加快茶产品结构调整以适应国内外市场需求，推进茶产业持续健康发展。到2020年，投产茶园面积稳定在200万亩，茶叶总产量达到15万吨。

2. 蔬菜（辣椒）

按气候条件和区位优势，打造时令蔬菜保供区、保供蔬菜补充产业带、夏秋冷凉蔬菜优势区、低海拔地区早熟和次早熟蔬菜产业带为主的四大蔬菜产业带。重点发展夏秋冷凉蔬菜、城镇保供蔬菜和低热河谷蔬菜，创建以中心城区为主相对集中连片万亩保供蔬菜基地和以北部地区为主相对集中连片万亩夏秋冷凉蔬菜基地，着力加强蔬菜基地基础设施建设、市场流通体系建设和质量安全体系建设，提升基地产品商品率。立足遵义朝天椒资源，以建设"全国生产、虾子定价、全国采购"的辣椒市场为目标，构建集辣椒生产基地、产品加工、物流运输、市场销售为一体的黔北辣椒产业带，建成全国辣椒产业发展中心。着力提高科技含量发展食用菌产业，提高产投比，规划珍稀野生特色菌种生产区、工厂化大宗食用菌生产区等区域，发挥遵义市适宜食用菌生产的生态优势。2020年，种植商品蔬菜200万亩以上，辣椒种植面积250万亩、发展食用菌达5亿棒以上。

3. 生态畜禽

围绕黔北麻羊、黔北黑猪、赤水乌骨鸡等特色品种资源，大力发展生态畜禽。发展规模化畜牧养殖，以播州区、习水县、余庆县、正安县、凤冈县、赤水市等地为重点区域，规模化、标准化发展生猪养殖业，推动习水、务川等地羊产业、凤冈等地牛产业发展。重点打造赤水1000万只羽乌鸡产业、播州区100万只羽蛋鸡产业。依托本地优质水资源和鱼类资源，大力推广池塘低碳循环节水养殖、冷水鱼养殖、稻鱼共生及特色水产养殖，推动渔业转型升级。到2020年，畜牧渔业总产值达到220亿元以上。

4. 中药材

结合"天然药库、黔北药都"中药材资源优势，推动金钗石斛、香榧、万寿菊、金银花、党参、玄参、太子参、白芨、杜仲、天麻、厚朴等地道、特色中药材及药食同源产品的标准化种植，打造国家级生产基地、国家地理标志产品，着力行业标准制定与执行，提升产品质量及深加工能力，强化区域、特色品牌打造及营销，全力打造精深、高端的中药材产业。打造西北部河谷山地厚朴、石斛、天麻种植区，北部山原山地金银花、党参、天麻、白芨种植区，东部何首乌、茯苓、天麻、太子参种植区，中南部天麻、杜仲、金银花种植区，到2020年，全市中药材种植面积达到200万亩。

5. 竹

依托赤水、桐梓、正安、道真等地楠竹笋、方竹笋、杂竹笋等特色资源，突出方竹笋特色优势，同步推进资源的开发、利用和保护，加强竹林新造和低产竹林改造，发展产业加工，2020年，全市方竹笋用林达到250万亩以上。

三 关于遵义构建黔川渝结合部中心城市农业支撑体系的建议

（一）夯实产业基础

在保障粮食安全基础上，市场化解决大宗农产品，做好特色高效经济产业文章。巩固提升粮食、烤烟两大传统产业；做实做优茶叶、蔬菜（辣椒、食用菌）、生态畜禽、竹子、中药材五大主导产业；培育做精乡村旅游、花卉苗木等特色产业，围绕按照"一长两短"和"一县一主业、一镇一特、一村一品"的产业发展思路，保障供给、强化功能、注重比较优势，构建500万人口区域中心城市农业支撑体系。

（二）培育经营主体

围绕特色支柱产业，以世界500强、中国500强、民营500强等大型企业

为招商目标，完善支持扶持政策。加快组建村级集体合作社，大力培育家庭农场、专业大户，推动小农生产向适度规模经营转变。创建生产、供销、信用"三位一体"新型基层供销合作社示范社，规范发展专业合作社，着力培育各类专业化市场化服务组织，构建新型农业社会化服务体系，提升小农户生产组织化程度。到2020年，市级以上农业产业化经营龙头企业达到800家以上，每个县（市、区）培育年营业额5亿元以上的龙头企业1家、1亿元以上的龙头企业5家以上。农民专业合作社达到8000家，建成市级以上"三位一体"新型基层供销合作社100家、农民合作示范社500家、家庭农场2500户。

（三）强化质量兴农

不断提升有效供给以适应人民群众对农产品从量到质的追求。加强农业生产过程标准化管理，推行统一的种植（养殖）标准、操作规程和技术规范。重点围绕茶叶、辣椒、生态畜禽、方竹、中药材等产业，修订和完善一批质量标准、规范和生产技术规程，加快构建农产品质量安全标准体系。加强动植物疫病防控、农业安全体系建设。巩固提升中国特色农产品（辣椒）优势区，争创茶叶、方竹等中国特色农产品优势区。建立可追溯、互联共享的农产品质量安全信息平台，逐步建立起农产品从田间到餐桌的全程质量追溯体系，强化"三品一标"认证，到2020年，全市无公害以上产地认定面积达到总耕地面积的85%以上，"三品一标"农产品认证比例达到80%以上。

（四）完善配套设施

构建现代化农业科技支撑体系，提升区域间农业产业竞争力。不断强化农业科技转化应用，围绕"四种工程"推进种子、种苗、种畜、种禽新品种的研发、引进、选育、推广和应用。着力推广绿色高效循环农业模式、农业轻简技术、"工厂化、立体化"高科技农业。全面实施好农业综合开发、国土整治、高标准农田、千亿斤粮食产能、农田水利设施建设工程等项目，切实提升农业产能。不断完善市场流通建设，拓展培育现有大型农业综合市场，实施遵义农业"走出去"战略和特色优势农产品出口提升行动，加快推进"遵品入川""遵品入渝""遵货出山"。深入实施电子商务进农村综合示范，实现农村电商全覆盖，与院士工作中心协同合作，构建农产品综合信息服务平台。以黔北现代物流新城为中心，建成一批农特产品烘干设施、冷库和产地型预冷库及移动冷库，完善信息发布、质量检测等配套设施，加快建成现代冷链物流体系。综合运用互联网、物联网、农业云、气象云等信息化技术，实施遵义智慧农业工程、智慧林业工程、智慧水利工程。以农机补贴为杠杆，推进农机装备转型升级，提升农机化水平。到2020年，全市农业科技贡献率达到58%，农机化率达到42%。

（五）推动特色融合

实施农特产品加工提升行动，构建黔川渝结合部中心城市的农业加工体系，打造区域性农产品加工中心城市。实施农业农村发展载体培育工程，加快建设一批具有区域竞争优势的产业园、科技园、创业园、观光园，规划打造一批花茂型、杉坪型、核桃坝型集绿色产业、乡村旅游、生态度假、传统文化、田园社区为一体的田园综合体。争做特色乡村旅游领跑者，聚焦全景域、美景观、大产业，依托特色集镇、传统村落、历史古迹、闲置农房等人文资源，围绕林旅、茶旅、竹旅、酒旅、红旅，打造休闲农业和乡村旅游。到2020年，农产品加工转化率进一步提升，省级农业园区达到70个，农旅一体化示范点200个。

（六）深化农村改革

不断深化农村改革，构建适应农业快速发展的高速通道，不断激活主体、激活要素、激活市场，为黔川渝结合部中心城市的农业支撑体系提供保障。深化农村改革，重点推进农村集体产权制度改革，加快构建新型农业经营体系，健全农业支持保护制度，健全城乡发展一体化体制机制，加强和创新农村社会治理等关键领域。充分利用现有经验，牢牢把握"试验探索、复制推广、深化运用"三个关键环节，加快推进改革试点"盆景"变"风景"，加快新旧动能转换、激发农业农村发展活力。

B.4
遵义市营商环境建设调查研究

田景洪*

摘　要： 营商环境是一个地区经济发展和对外开放水平的重要标志，是聚集资源、保障要素、降低成本的重要支撑，是一个地区经济活跃程度的重要体现。遵义市的营商环境建设与其知名度、影响力、开放度极不相称，与"打造西部内陆开放新高地"的要求不相适应。本课题通过对遵义市营商环境建设展开专题研究，希望对提升遵义市营商环境提出有益的建议。

关键词： 遵义　营商环境　对外开放

　　2016年贵州省委、省政府首次将"营商指数"纳入"增比、进位"考核，遵义市在全省营商环境建设综合评价排名中名列第五，这与遵义市的知名度、影响力、开放度极不相称，更与遵义市"打造西部内陆开放新高地"的要求不相适应。为此，2017年遵义市投资促进局牵头，联合多家部门（单位），围绕"经济发展环境、社会环境、政府服务环境、法治环境"四个方面，采取实地走访、召开专题座谈会、开展企业满意度测评、利用新媒体等方式，就遵义市的营商环境建设开展了专题调研。

一　主要做法及成效

　　近年来，遵义市营商环境建设工作紧紧围绕省级营商指数测评这根

---

* 田景洪，遵义市投资促进局代办科科长。

"指挥棒",制定出台了"党政领导干部带头招商""招商引资五个一"（一个项目、一名领导、一套班子、一个方案、一抓到底）等工作机制，创建了"投资者之家"微信交流平台，开通了 400 - 900 - 5999 投资服务热线，开展了"百千企业走访慰问"系列活动，着力提升"四项服务"（代办服务、亲情服务、政策服务、法律服务）的质量和水平，在提高企业投资经营"满意度"和"便利度"方面为全市营商环境建设提供了强有力支撑。一是市场主体稳步增长。2016 年，遵义市市场主体 40.7 万户，占全省的17.43%，同比增长 15.6%；注册资本 4685.47 亿元，占全省的 9.85%，同比增长 42.10%。市场主体户数和注册资本均排名全省第二位，同比增长率分别居全市第二位、第一位。二是经济发展形势喜人。2016 年，全市完成地区生产总值 2401 亿元，经济总量居全国非省会地级城市第 61 位、西部非省会同类城市第 5 位。三是深化改革持续推进。市级非行政许可审批事项全部取消，累计下放市级行政审批事项 183 项，市级 36 个具有行政审批职能的部门中，33 个部门进驻了政务服务中心；市级行政许可事项 193 项中的177 项进驻政务服务中心（另有 16 项进驻分中心），所有进驻中心事项在法定时限基础上压缩了 50% 以上。四是招商引资效果明显。近五年累计引进到位资金 9000 余亿元，完成外贸进出口总额 40 亿美元、利用外资 8.5 亿美元，大数据、新能源汽车、吉他等新兴产业招商从无到有、发展迅猛。

二 存在的主要问题

（一）责任主体不明确，欠统筹、缺机制

营商环境建设是一项系统工程，营商指数是一个综合性极强的评价指标体系，需要政府各部门通力合作、齐抓共管、贴心服务。贵州省营商环境指数，涵盖"经济发展环境、社会环境、政府服务环境、法治环境"四个一级指标，涉及企业对政府 31 个单位部门 50 余个问题的满意度测评，涵盖定性定量的 40 多项具体指标，需要适应第三方开展主观评价与客观评价的独

立测评方式。调研中发现,围绕上述主体指标的满意度测评,遵义市还没有明确具体的牵头部门和责任单位,因而缺乏统一的指标监测、统计、分析和调度,很难对相关部门的工作进行监督和指导。各相关部门(单位)也未将本部门(单位)工作与涉及的营商环境建设指标挂钩,"指挥棒"作用未能有效发挥。各县(市、区)政府的责任主体不明确,未建立健全营商环境建设长效工作机制和常态化督察机制,工作措施不精准,统筹力度不够。

(二)思想认识有偏差,调子高、行动弱

营商环境是一个地区经济发展和对外开放水平的重要标志,是聚集资源、保障要素、降低成本的重要支撑,是一个地区经济活跃程度的重要体现。但一些地方和部门将营商环境建设写在文件中、挂在口头上,一些制度却形同虚设,主要表现在思想不解放,做事束手束脚;思路不活跃,办事条条框框多;领导未上心上手,思想认识有偏差,招商引资"重外来、轻本土,重招商、轻安商,重眼前、轻长远,重许诺、轻兑现"等现象客观存在。调查中,中瀛水电、金兰伟明铝业、小糊涂仙酒业等企业反映部分县(市、区)没有把服务企业、优化提升营商环境作为扩大开放的"生命线",认真抓好、做实,而是搞花架子;荣兴集团、华跃旅游等企业反映遵义市没有以开放倒逼改革,没有切实转变政府职能,而是"调子高",以"口头安排"和"文件通知"替代工作开展,没有行之有效的工作措施。

(三)投资环境不公平,看得见、进不去

一是政策好,落地难,进不去。调查中,企业反映:近年来国家、省、市出台鼓励投资的政策很好、放宽投资的领域较宽,但地方政府在执行中"偏爱"央企、国企,市场准入多是"水中花""镜中月",主要表现在政府工程、公益设施项目、PPP项目招投标上,基本只有央企、国企参与,民营企业只能是国企的"下家",民企日子不好过,生产经营压力大,参与率不高,地方经济活跃度较低。二是融资难、融资贵、门槛高。资金是企业的生命线。遵义市银行贷存比低,融资空间大,但手续复杂成本高。长博集

团、特驱集团、希望集团、贵州兴汇丰、巴斯巴汽车、金业机械铸造等民营企业普遍反映贷款比国有企业更难更贵，通常会在规定利率基础上上浮50%左右，需要房产土地抵押登记费、工商查询费、抵押物评估费、担保费、会计审计等中间费用。民营企业"三边工程"（边设计、边施工、边报批）项目、农业产业化项目、民族民间工艺项目等，因项目准建手续不全，产品规模化、规范化、商品化、品牌化程度不高，加之银行商业贷款指标有限，授信额度低，导致企业融资难融资贵。民间借贷成本高，部分企业每年为贷款支付的利息超过利润，挤压了企业利润空间。

（四）基础设施建设滞后，集聚度低、成本高

一是基础和配套设施不完善。园区供电、供排水、主次干道、天然气、通信、宽带网络等"七通"基础设施建设滞后、标准厂房等配套设施不完善。全成电子、金怡深度供应链等"拎包入驻"企业反映标准厂房、办公用房建设迟缓，与项目设计产能、进展需求不匹配；部分经开区（园区）无区域环评规划，导致入园项目环评审批难、标准高；仓储物流不配套，跨省、跨地区运输公司少，经营成本高；生活设施不配套，职工宿舍、超市银行、公共交通、餐饮娱乐、绿化亮化等设施不完善。二是产业集聚度低，生产成本高。巴斯巴、大地和、天云能源、金业机械铸造等企业反映上下游产业链不配套，行业不耦合，生产成本、营销成本、管理成本较高；遵义铝业、金兰伟明铝业、绥阳煤电化、汇兴铁合金反映遵义市煤电铝、煤电化、煤电锰等优势产业未能发挥其经济、产业优势。

（五）政务服务环境还需改善，政商关系不够融洽

一是政府不诚信，承诺不兑现。香港五洲国际、五洲钢构等企业反映地方政府在土地供给、征地拆迁进度上不诚信，不守时；贵州钢绳厂、山仙食品、遵义国际商贸城、洪德置业等企业反映政府合同履约、资源配置、奖励扶持等方面不到位；伍尔特电子、文家洁具、博能彩印、富泰通信等企业反映政府税费优惠落实不到位，"一事一议""一企一策"不规范。二是政府

服务不到位，担当意识不强。格莱德电子、富泰、创一唯、几米电子、赛维尼亚乐器等多家企业反映，政府职能从"管理"向"服务"转变还不彻底，"放管服"不到位，"门好进、脸好看、茶好喝、事难办"等"新衙门作风"出现。吃拿卡要报的少了，但"不贪不占不要也不干"的多了；纪律意识强了，但"怕担责""不作为"的也多了；干部以政策、纪律为借口，坚持所谓按"规矩"办事，对企业的合理诉求和合法权益不关心、不回应、不支招、不作为，能推则推、能躲则躲；政务服务中心"应进必进""三集中三到位"落实不好，项目审批慢，程序多，"玻璃门""弹簧门"依然存在；政策"推送宣讲"不够，"上门服务"不多。外贸出口企业强烈反映"减免退税"慢，效率低，退税少则 3 个月。三是社保等缴费高，企业负担过重。朗盛科技、伍尔特电子、华唐大数据、鑫航通科技、巴斯巴等企业反映遵义"五险一金"、残疾人就业保障金、工会费缴纳比例比深圳、中山等发达地区还高，且无选择余地。四是各级各类检查频繁，企业成了"接待处"。金兰伟明铝业、荣兴集团、神农米业等多家企业强烈反映，市、县相关执法部门各种检查过于频繁，企业成了接待处、迎检办，简政放权后的部门执法资格、执法内容有待清理和重新认定。五是招工难招工贵，高端人才引进难留住更难。思达置业、昇辉医院、黔北麻羊、麒龙集团、帝景世尊酒店、财富之舟等企业反映遵义市高端人才引进难，引进贵、留住难；技能型、操作型实用技能人才招聘难；普工总量多、素质低、难管理。

（六）法治环境亟待改善，司法环境有待优化

企业反映存在强拉、强运、强卖、随意阻工现象，施工环境不好；沃尔玛、国贸商城、重庆百货、时代天街等商贸企业反映商场周边占道经营、交通拥堵问题突出，华莲商混项目、华唐大数据公司等企业反映盗窃事件、黑车营运时有发生，治安环境有待改善；名城纸箱厂反映在商事纠纷诉讼中，法制部门已复议审定，但执行难，执行慢，司法环境有待优化。

三 对策建议

（一）建立健全营商环境建设工作机制

一是强化责任主体。建立健全党委统一领导、党政齐抓共管、部门通力合作的工作格局。各级党委、政府主要负责同志切实履行营商环境建设工作"第一责任人"职责，坚持"环境是金"的工作理念，切实把"放管服"牢牢放在心上、扛在肩上、抓在手上。二是建立长效工作机制。建立市、县"营商环境建设工作领导小组"，领导小组办公室设在投资促进局，制定出台市、县《营商环境建设工作意见》，明确部门职责，层层分解责任，执行落实招商项目"五个一"工作机制，实行"工程式推进""挂账式督导"，着力帮助企业解决在投资、建设、生产、运营中遇到的矛盾和问题。三是构建"亲""清"的新型政商关系。贯彻落实好黔党办发〔2014〕43号文件，探索委托第三方中介机构独立评估、民主评价和召开企业座谈会等形式，学习服务行业顾客打分评价方式，由企业对政府职能部门评价打分测评，定期通报测评结果，对于企业意见大、评价结果差的部门（单位）行政负责人，向组织人事部门提出人事调整建议。四是建立举报、督察、问责制度。在市投资促进局设立营商环境投诉举报中心，集中受理投诉举报案件，及时曝光影响投资环境的人和事，把损害投资环境案件纳入监察案件正常查处范围，形成直诉、快查、速结的问题处理和办案机制。

（二）大力打造公平竞争的市场环境

一是同等对待央企国企民企。认真贯彻落实《国务院关于鼓励和引导民间投资健康发展的若干意见》（国发〔2010〕13号），拓宽民间投资准入领域和范围，鼓励和引导民间资本进入基础产业和基础设施、市政公用事业、社会事业、金融服务、商贸流通、国防科技工业等领域，为民间投资创造良好环境。二是同等对待外资内资企业。各级各部门切实履行职责，继续

压缩负面清单，给市场"让"出更大空间，给予外资企业"准国民待遇"，与内资一样一视同仁、平等对待。三是同等对待本地企业与招商企业。各级党委、政府要敢于担当，将本地企业扩大投资与招商引进企业同等对待，同等享受地方政府在土地、财税、融资、奖励扶持、服务等方面的改革和发展红利。

（三）全力破解企业资金瓶颈

一是支持新型金融机构发展。鼓励村镇银行、小额贷款公司、融资性担保公司、融资租赁、金融仓储、典当行和创业投资机构等新型金融服务机构到各县（市、区）、经开区设立分支机构或营业网点，对运营1年以上、业绩明显的，给予一定奖励。二是支持企业直接上市融资。筛选一批优质民营企业进入上市资源后备库，加快入库企业培育，深入落实企业上市扶持政策，鼓励企业上市融资。三是支持拓宽融资渠道。支持民营企业采用知识产权、仓单、商铺经营权、商业信用保单等财产权益进行质押融资。鼓励发展融资租赁等融资创新并给予一定资金扶持。支持担保机构利用统借统还方式与金融机构开展合作。四是建立市级应急周转金。每年从民营经济发展专项资金中安排一定比例，对重点成长型民营企业提供贷款、汇票、退税等应急周转服务。探索建立民间借贷登记中心，建立和完善民间借贷监管及服务机制。五是加强信用担保服务。完善信用担保体系建设，探索建立再担保中心。鼓励国有与民营担保机构加强合作，扩大业务规模。充分发挥中小企业贷款担保风险补偿金作用，支持担保机构降低担保费率，提高对民营企业担保的业务规模。

（四）聚力加速投资硬环境建设

一是整合国家、省、市各部门的资金支持。大力完善"九通一平"（"一平"为土地自然地貌平整，"九通"为通市政道路、雨水、污水、自来水、天然气、电力、电信、热力及有线电视管线）基础设施及标准厂房、办公用房、职工宿舍等配套设施建设。二是鼓励民间资本投资。在交通运输、教育文化、医疗卫生、农田水利、体育旅游、电力通信、国防科技、社会福利、商贸流通、金融服务等领域，鼓励民间资金投入。三是发挥市、县统筹能力。优化全市资源配置，合理规划产业布局，严守"一区一主导""一区一配套"产业布局，做到产业耦合、上下游配套，增强产业集聚度和关联度，着力降低原材料、人工工资、物流配送三大成本。

（五）助力企业提升核心竞争力

一是切实减轻企业负担。对企业贷款融资付出的利息等费用，不纳入进项抵扣；延伸"营改增"抵扣链条，将与融资费用相关的进项税纳入其中；减少印花税品种，适当降低购销合同等的印花税税率，取消"营业账簿"等印花税；降低企业物流成本，采用多式联运畅通各种交通方式间的衔接，打通物流运输"瓶颈"。二是用足用活国家、省、市人才政策。着力引进一批高、精、尖人才在遵义建设国家级、省级企业研发中心、试验基地、检测中心，增强企业的研发生产能力。充分发挥市内高校、职校等教育资源作用，为企业"订单式"培养实用技能人才，定期招聘专业人才。政府部门牵线搭桥，与相关科研机构、高校合作，定向培养和招聘企业各类需求人才。三是设立民营经济发展专项资金。对龙头企业采购市内中小微企业配套产品给予一定比例的奖励，支持企业扩大生产。

（六）奋力打造务实高效的政务环境

一是探索在中心城区和开发区设立"行政审批管理局"。清理前置审批，推行"一站式"并联审批，大力实施"互联网＋政务服务"，推动网上受理审批。二是设立企业服务中心。提升招商引资项目代办服务中心职能职责，选调业务骨干，充实队伍力量，创新服务理念，市县联动，着力免费代办；延伸服务范围，拓展服务领域，开展360度全方位服务和提供7×24小时保姆式服务。三是建立"中介超市"。引入投资咨询、规划设计、环保水保、会计、法律、风险评估和人力资源等中介机构，为企业"引进来"和"走出去"提供高水平、专业化咨询服务，清理规范中介服务，精简中介评

估事项。四是推进诚信政府建设。兑现招商承诺，落实税费优惠，实行失信责任追究制度，曝光各级政府和行政部门的失信行为。五是抓好招商项目落地服务。加强业务培训，提升干部队伍素质，融"管理"为"服务"，变"被动"为"主动"，着力解决"减免退税"慢问题；用足用活国家社保、工会、残疾人保障金政策，参照发达地区经验做法，创新服务方式，尝试"结构性失业"社保缓缴、调节使用，减轻企业负担。

（七）着力构建公平正义的法治环境

一是实行综合执法检查申报。行政机关及其执法单位到企业检查，须报经各级政府法制部门批准同意，并向企业出示检查通知书。除安全生产、社会治安和刑事案件及查处投诉举报案件等紧急公务外，其他事项原则上实行联合检查，还企业"宁静"的生产经营环境。监察部门对具有执法职能的部门和事业单位进行资格审核和认定，严格执法资格认证制度、持证上岗制度、亮证执法制度，严格执行行政执法责任制和错案责任追究制，坚决杜绝执法人员利用职权变相"吃、拿、卡、要、报"等行为。二是加大治安整治力度。坚持公正司法，不断提高司法公信力，实施投资环境集中整治行动，依法打击侵犯投资者权益、侵犯知识产权、阻挠项目建设、破坏生产经营的违法犯罪行为，严惩有组织犯罪以及各种黑恶势力，从速侦破影响投资发展和社会稳定的各类案件，切实为企业生产经营、客商工作生活保驾护航。

B.5
遵义市经济发展实现增比进位
新突破对策研究

遵义市统计局课题调研组*

摘　要：　遵义市是贵州省的第二大城市，经济总量仅次于贵阳市。近
　　　　　年来，遵义虽然综合实力大幅提升，牢牢占据全省市（州）
　　　　　综合测评第一方阵，但与贵阳市仍有一定差距，特别是各县
　　　　　（市、区）仍有较大提升空间。为进一步推动市县两级在全
　　　　　省增比进位测评中不断取得新突破和进一步提高经济社会发
　　　　　展的科学决策水平，本文对市县两级加快经济发展、切实做
　　　　　好保位进位等工作提出对策建议。

关键词：　增比进位　县域测评　遵义

从2011年全省开展经济发展增比进位综合测评以来，遵义市委市政府
立足市情实际、奋力后发赶超，千方百计实现增比、进位、突破，推动了全
市经济社会实现跨越式发展，综合实力大幅提升，牢牢占据全省市（州）
综合测评第一方阵。但遵义市与贵阳仍有一定差距，特别是各县（市、区）
仍有较大提升空间。为进一步推动市县两级在全省增比进位测评中不断取得

＊　课题组组长：宋锡林，遵义市统计局局长。课题组副组长：冉隆祥，遵义市统计局总统计师。
　　课题组成员：廖从莲，遵义市统计局综合科科长；周滢，遵义市统计局综合科副科长；潘振
　　兴，遵义市统计局综合科干部；卢习飞，遵义市统计局综合科干部；袁栏，遵义市统计局综
　　合科干部。执笔：廖从莲、周滢、潘振兴、卢习飞、袁栏。

新突破和进一步提高经济社会发展的科学决策水平，市统计局成立课题调研组，在认真研究增比进位测评体系、方法及重点基础上，对市县两级加快经济发展、切实做好保位进位等工作提出对策建议。

一 增比进位测评现状

（一）增比进位测评办法的修订过程

2011～2017年，省政府对全省9个市（州）、88个县（市、区、特区）经济发展进行综合测评，先后使用三个版本测评办法。

2011版，2011年5月印发的《贵州省市县经济发展水平综合测评试行办法》（黔府办发〔2011〕59号），对市州和县域分别进行测评。指标体系分为经济总量、投资规模、工业发展、旅游发展、用电量、税收收入、金融发展、就业、财政收入、居民收入和群众满意度等11个类别，共22项指标。市州和县域指标设置一致，权重不同。

2013版，包含两套测评办法：一是2013年12月印发的《贵州省市县经济发展水平综合测评办法》（黔府办发〔2013〕56号），将县域分为经济强县和非经济强县进行测评。二是2014年10月印发的《贵州省市县经济发展水平综合测评办法》（黔府办发〔2014〕36号），指标设置与2013年方案相同，划出10个县作为国家扶贫开发工作重点县单独测评。指标体系分为经济总量、投资规模、产业发展、科技进步与就业、财政税收、居民收入、生态环境、群众满意度等8个类别，共35项指标；其中10个国家扶贫开发工作重点县取消经济总量测评，分为农业发展、旅游产业发展、财政与金融、投资与消费、科技与人才、就业与收入、生态环境、群众满意度8个类别，共33项指标。

2016版，同样包含两套测评办法：一是2016年12月印发的《贵州省市州和县域经济发展水平综合测评办法》（黔府办发〔2016〕47号），将88个县域重新划分为城区和县域一、二、三方阵分别进行测评，其中县域三方阵又分为甲类县和乙类县。指标体系分为经济增长、协调发展、创新开放、提质增效、民生改善、生态建设、群众满意度7个类别，市州设置44项指标，县域方阵分别设置40~42项指标。二是2017年12月印发的《贵州省市州和县域经济发展综合测评办法修订意见》（黔府办发〔2017〕78号），在前一版的基础上，调整了生态环保、农产品加工和脱贫攻坚方面的指标内容和部分指标权重。同时，建立了测评指标数据质量、重大工作考核监督结果与测评结果挂钩机制。

（二）测评程序和方法

市（州）和县域经济发展综合测评每半年考核一次，采用上半年（1~6月）指标数据进行考核，于当年7月反馈结果；年度考核原则上要求所有指标采用全年（1~12月）实际数，个别出数时间较晚的指标采用预计数或1~11月替代数，于当年12月或次年初进行测评并反馈结果。

（三）增比进位测评体系变化分析

从指标数量看，指标数量由少至多、体系由简至繁。2011版市州测评体系有22项指标，2013版有35项，2016版增加到48项，比2011年增加一倍多，测评范围不断拓宽。

从测评内容看，由单一的经济增长测评逐步扩展到对经济建设、社会建设、文化建设和生态建设全面测评，且不同时期测评重点不同。2011版经济建设指标权重达到80%以上；2013版更加关注科学性、合理性和公平性，新增对科技进步和生态环境测评内容，10个国家扶贫开发工作重点县全部取消GDP考核；2016版，融合五大发展理念，突出发展和生态两条底线，测评对象多元化、分类标准功能化、指标类型多样化，测评技术手段明显提高，进一步解决定性与定量相结合问题。

从县域分类看，由最初全省88个县统一测评，调整为分类测评，对各主体功能区域定位有明确导向作用。以2016版为例：城区方阵更加强调创新开放；县域第一方阵则更加凸显提质增效重要性；县域第二方阵

遵义蓝皮书

则强调经济增长与民生改善，更加突出民生改善特别是脱贫攻坚紧迫性；县域第三方阵的甲类县测评指标及权重设置与县域第二方阵完全一致，但纳入考核的县域经济总量更小、发展更滞后，经济增长与民生改善均为首要任务；乙类县 10 个国家扶贫开发重点县，更加倾向于民生改善和生态建设。

二 市县两级测评结果分析

（一）市级测评结果

2011～2017 年增比进位测评中，遵义市在全省 9 个市（州）中排位情况（见表 1），除 2013 年因遭遇经济寒冬导致排名大幅下滑外，近年来一直稳居全省第 2 位，仅次于贵阳市。从测评得分看，2016 年以前，遵义与贵阳得分差距一直保持在 3 分以上，最高达 13.17 分；2017 年遵义与贵阳测评差距缩小至 2.49 分，主要得益于 2016 版测评方案实施后，各级各部门更加注重统筹协调发展。新测评方案的施行有望打破贵阳市长期垄断增比进位综合排位第一的格局。

表 1 2011～2017 年遵义与贵阳增比进位综合测评得分及排名情况

地区	2011 年		2012 年		2013 年		2014 年		2015 年		2016 年		2017 年	
	得分	排名	得分	排名	得分	排名	得分	排名	得分	排名	得分	排名	得分	排名
贵阳	93.26	1	79.77	3	84.23	1	85.31	1	86.82	1	82.93	1	86.17	1
遵义	80.09	4	86.41	1	74.39	8	81.32	2	82.73	2	82.82	2	83.68	2

以 2017 年测评结果为例，对标贵阳，可将遵义的 40 多项测评指标归类为绝对劣势指标、相对优势指标、潜力指标，以及在全省长期落后指标（见表 2）。

表 2　遵义与贵阳经济发展增比进位综合测评指标对比归类

单位：%

分类	指标名称	权重	权重合计
绝对劣势指标	地区生产总值	2	27
	人均 GDP	1	
	固定资产投资	2	
	社会消费品零售总额	2	
	高技术制造业增加值占规模以上工业增加值比重	2	
	城镇化进程指数	2	
	综合科技进步水平指数	2	
	进出口总额	1	
	网络零售额	1	
	人均一般公共预算收入	2	
	税收收入	2	
	贫困发生率	2	
	城镇居民人均可支配收入	2	
	农村居民人均可支配收入	2	
	城镇新增就业人数	2	
相对优势指标	地区生产总值增长速度	3	21
	工业增加值	2	
	工业增加值增长速度	3	
	固定资产投资增长速度	3	
	社会消费品零售总额增长速度	3	
	税收收入增长速度	3	
	城镇新增就业人数增长速度	3	
	森林覆盖率	1	
潜力指标	产业投资占固定资产投资比重	1	44
	大数据企业主营业务收入	1	
	大数据企业主营业务收入增长速度	2	
	农产品加工率	2	
	畜牧业增加值占农林牧渔业增加值比重	2	
	旅游发展综合评价指数	3	
	营商环境评价指数	1	
	市场主体户数增长速度	1	
	招商引资指数	2	
	进出口总额增长速度	1	

续表

分类	指标名称	权重(%)	权重合计(%)
潜力指标	网络零售额增长速度	1	44
	地方税收收入占一般公共预算收入比重	3	
	金融机构人民币各项存贷款余额增长速度	3	
	贫困人口减少年度计划完成比例	2	
	财政专项扶贫资金使用效率	3	
	林业生态建设保护和发展综合指数	3	
	大气环境质量及管理指数	2	
	水环境质量及管理指数	2	
	水资源"三条红线"管理指数	2	
	城乡生活垃圾无害化处理率	2	
	土壤环境质量及管理指数	2	
	经济发展群众满意度	3	
长期落后指标	城镇居民人均可支配收入增长速度	3	6
	农村居民人均可支配收入增长速度	3	

从测评结果来看，遵义市要想赶超贵阳、实现增比进位的新突破，需稳固相对优势指标、深入挖掘潜力指标、努力提升落后指标，且持续不断投入、下大力气扭转绝对劣势指标。

（二）县域测评结果

2011～2017年，县域测评对象经历三次分类调整，指标体系设置也进行大幅删改。从测评结果来看：仁怀市经济实力雄厚，发展情况较好，播州区经济发展也较为稳定，两地在三个版本的测评方案中均取得较好名次。特别是2016版方案施行以来，仁怀市稳居前三名，为遵义在全省市州增比进位中稳居第一方阵贡献重要力量。正安县、赤水市近年有加速发展势头，2016年以来排名稳定在所属方阵前列。绥阳县、湄潭县、余庆县经济发展波动较大。桐梓县、凤冈县发展相对缓慢，无论按照哪个版本测评方案，排名都比较靠后。红花岗区、汇川区、道真县、务川县、习水县经济发展表现则是有喜有忧、在竞争中交互前进。

三　增比进位及测评面临的问题

（一）经济社会发展方面

一是经济总量差距大，人均水平低。2017 年，遵义市地区生产总值达到 2748.59 亿元，但人均生产总值仅为 44060 元，人均一般公共预算收入才 3463.11 元，均低于同期全国平均水平。与省会贵阳比，遵义的国土面积约为贵阳的 3.8 倍，但生产总值仅为贵阳的 78%，税收收入仅为贵阳的 76%，人均生产总值只有贵阳的 59%，甚至低于六盘水市。2017 年，遵义地区生产总值比贵阳少 789 亿元，比 2011 年末相差 137 亿元扩大了 652 亿元，差距逐年拉大。

二是拉动经济发展的"三驾马车"动力不足。2017 年，遵义市固定资产投资 2523.62 亿元，比贵阳少 1326.98 亿元；社会消费品零售总额 811.69 亿元，比贵阳少 523.59 亿元；进出口总额 11.59 亿美元，比贵阳少 18.56 亿美元。近年来，遵义尽管投资保持快速增长但仍显不足，消费市场略显疲态，进出口贸易尚在起步阶段，经济增长较乏力，与贵阳的差距将长期存在。产业投资力度不足，投资结构有待优化。2017 年，遵义固定资产投资总额和产业投资占比均低于贵阳，特别是节能环保、技术改造、生产性服务业等领域投资占比偏低。第三产业发展差距明显。2017 年，遵义第三产业实现增加值 1105.2 亿元，比贵阳少 910.25 亿元，远大于两市地区生产总值的差距，遵义第三产业占地区生产总值的比重为 40.2%，而贵阳高达 57.0%，比遵义高 16.8 个百分点；遵义市传统服务业如批发和零售仍然占据主导地位，而以知识技术为基础的现代物流、信息、金融等现代服务业的发展还比较落后，特别是融资租赁、电子商务、信息技术、第三方物流等生产性服务业与贵阳有较大差距。

三是城镇化水平低，民生领域亟须关注。2016 年，遵义市城镇化率仅为 49.78%，而贵阳高达 75.24%，全国达到 57.35%。遵义市城镇化进程

缓慢，抑制投资需求和消费结构升级，不利于消费性服务业快速发展，意味着吸纳农村剩余劳动力和集聚企业的能力弱，遵义市城乡居民收入水平、消费水平、生活质量等方面与贵阳的差距将进一步扩大。从近年测评来看，城镇化进程指数、城镇和农村常住居民人均可支配收入、城镇新增就业人数、贫困发生率等指标是遵义赶超贵阳的短板指标。

四是经济发展新动能仍待挖掘。近年来，遵义经济发展新动能不断集聚，但创新能力不足、科技综合发展水平低，对经济增长的贡献有限。2016年，遵义市R&D经费支出共计8.8亿元，而贵阳则高达36亿元，遵义研发经费投入仅为贵阳的24.4%。作为传统工业强市，遵义的工业结构以传统白酒制造、资源开发和农产品加工为主，创新氛围不浓，基础较为薄弱，创新主体形成难，企业原始创新少；研发经费投入少，高水平大学、学科、领军人才和团队总量明显不足，缺乏支撑大项目的科研机构，科技服务经济社会发展的能力严重不足。从测评结果来看，遵义高技术制造业增加值占规模以上工业增加值比重、综合科技进步水平、网络零售额等指标与贵阳存在较大差距，且短期内难以逆转。

五是生态文明建设需大力推进。近年来，尽管遵义市绿色发展取得较好成绩，但生态建设整体水平仍然不高，不利于生态环境保护发展的障碍还有待突破。2017年全省经济发展综合测评修订后的7项生态建设指标中，遵义市有4项排在全省第五名之后，仅这一个方面得分就比贵阳落后1.91分，其中造林成林率在全省排名挂末、未建立土壤污染防治工作协调机制和重金属减排不达标等，是遵义与贵阳总得分差距扩大的重要因素。

六是县域经济发展不平衡。遵义市"四大区域"经济发展差距主要体现在经济总量增长速度、人均地区生产总值水平、工业化水平、产业结构上。中部片区区位优越、资源丰富、产业集聚、技术密集，但工业化进程推进缓慢，工业增长速度低；北部片区交通不发达，工业基础薄弱，总体发展滞后，2017年北部三县生产总值仅占全市的8%左右，人均生产总值仅为全市平均水平的55.4%；东部片区生态环境好、自然资源优，但农业比重大，工业基础较弱，产业结构不协调，经济发展仍然相对落后；西部片区经济基础好、资源禀赋优越，2017 年西部地区生产总值占全市比重达到 1/3，是推动全市经济增长的中流砥柱，但支柱产业少，产业结构单一。

（二）测评管理方面

一是认识不足，未能实现动静结合、与时俱进。一些地方对测评工作的认识仍存在许多误区，将增比进位测评简单理解为工作任务的分摊，没有深入领会精神实质，凭经验开展工作，沿用传统的老理念、老思维、老方法，没有坚持做到台账式静态管理和常态化动态管理相结合，不能充分调动基层统计工作的积极性和主动性。在解决目标确定难、目标短期化和修正不灵等弊端方面力度不够、方法不多，对测评体系研究分析不够，指标排位靠后时总是强调客观原因。二是日常监管不足，忽视工作常规性和过程性。省增比进位测评办法，由于指标体系复杂，测评对象众多，个别指标调查有时期性等原因，为减轻基层工作压力，一些地方政府往往更加重视半年或年终的节点考核，忽视工作本身带有的常规性和过程性，日常监管有所松懈。

四 遵义市实现增比进位新突破的对策建议

（一）经济社会发展方面

1. 坚定实施"工业强市"战略，推动新型工业化

要充分发扬工业优势，坚定实施"工业强市"战略，以"千企引进""千企改造"工程为契机，持续推动新型工业化。一是重点提升传统优势产业，紧紧围绕"白酒一看三打造"和"烟草振兴发展"战略，全力打造"中国酱香·赤水河谷"地域品牌，大力发展"两烟一酒"产业。二是培育壮大战略性新兴产业，加快推进电子信息产业、新能源汽车、新材料产业和高端装备制造业发展，培育经济新的增长极。三是提高工业信息化水平，推动"两化融合"发展，促进企业发展方式由传统型转向现代型。四是积极

推进工业节能降耗，推动工业向绿色低碳转型。以工业园区为载体，构建配套完善、技术领先、质量一流的富有遵义特色的产业集群，依靠不断扩大工业经济总量，稳步提升工业增长速度，继续保持和扩大对贵阳的领先优势。

2. 加快发展现代服务业，构建消费驱动新格局

遵义经济发展与贵阳的差距，主要是第三产业的差距。要深入贯彻落实《中共遵义市委关于加快第三产业发展的意见》，着力建设"三区三中心"，加快构建消费驱动新格局。一是以强化基础设施建设为先导，建设大型物流枢纽和区域性物流中心，大力发展现代物流业。二是以健全完善金融体系为支撑，拓展金融服务领域，促进形成金融与实体经济、金融与房地产及金融体系内部的良性循环，做大做实金融服务业。三是以大数据产业爆发式增长为突破，大力推动大数据"聚通用"，做大做强信息技术服务业，积极发展电子商务。四是以推进新型城市化为驱动，优化和拓展城市发展空间，加快康养旅游基地、会议展览场馆建设，培育新的消费市场和投资需求，提升房地产和商贸服务业。五是以自然人文资源为依托，深入挖掘遵义文化附加值，扩大文化影响力，大力发展旅游经济，打造经济发展新引擎。

3. 优化投资结构，提高投资有效性

投资不足是制约遵义赶超贵阳的一大瓶颈。要切实增加有效投资，带动更多社会资本参与投资，切实发挥投资对稳增长调结构的关键作用。一是对接国家政策投向，强化项目谋划储备。依托固定资产投资项目库，对入库项目实行滚动储备、动态调整。二是狠抓重点项目工程建设，确保投资稳步增长。三是提高产业投资占比，推动实体经济发展。四是优化投资主体结构，放开领域，用活政策，挖掘民间投资潜力。五是进一步优化营商环境，提高服务水平，打造遵义吸引外资的政策洼地和制度高地，更好地支持外商投资企业发展。

4. 践行绿色发展理念，推动生态文明建设

坚持生态优先，推动绿色发展，是经济可持续发展的必然要求，也是满足人民群众对良好生态环境的期盼。一是加强规划统筹，推进生态环保战略。以创建国家级生态文明建设示范市为契机，推动全市生态文明体制改

革，深入实施"绿色遵义"行动计划，推进海绵城市建设，划定生态保护红线，强化宏观与系统的保护。二是加快经济结构调整，从源头上减少对环境的破坏。要严格执行产业政策和环保标准，大力推动产业结构优化升级，加快发展生态农业、先进制造业、高技术产业和服务业，推进形成资源节约和环境保护产业体系。三是严厉打击各种环境违法行为，推进污染综合治理。全面实施"治污治水·洁净家园"攻坚行动，持续开展森林保护执法行动，持续推进治水治土治气治渣等生态环境整治和治理，不断提升生态建设水平。

5. 因地制宜，分类指导，推动县域经济大发展

缩小与贵阳的差距，关键是增强县域经济实力。一是要树立"邻里一家亲"的大局观。推进区域融合发展，各地要跳出"我的地盘我做主"的狭隘思想，改变以邻为壑的短视行为，善于算大账、算长远账。二是要以高起点规划为引领，打破行政壁垒，整合资源要素，改变"各自为政"局面，必须发挥区域规划一张图的顶层设计作用。三是要有合作一盘棋的推进机制。不同行政区域间的合作，核心是责任共担、利益共享问题，必须建立起一套顺畅的联络、沟通和利益协商机制，探索发展"飞地经济"，从而形成一种持久性的合作关系。

（二）测评体系及统计管理方面

1. 抓住关键，找准不足，奋力赶超

一是以速度型指标为抓手，在确保指标不退位的前提下，力争瞄准全省速度第一方阵的目标努力，从而促进绝对量指标逐步缩小与贵阳的差距。二是以潜力指标为突破口，深挖旅游、大数据、生态环保、市场环境潜力，再造竞争优势。在发展的同时，要注重补齐基础设施、脱贫攻坚、人民生活及社会管理等方面的短板，不断提升群众安全感、幸福感和获得感，切实提高群众满意度。

2. 建强队伍，通力协作，凝聚合力

一是调整机构，充实队伍。市增比进位领导小组要根据成员单位变化情

况及时调整机构和充实队伍，定期召开部门联席会议。各成员单位要高度重视增比进位工作，"一把手"要负总责，明确一名分管领导亲自抓，明确一位科室负责人作为联络员具体抓，负责增比进位指标数据的采集、审核、分析和报送。要及时将变更联络员情况通报给领导小组办公室。二是依法统计，真实统计。修订后的测评办法建立了测评指标数据质量与测评结果挂钩的工作机制，各级各部门要总结经验、汲取教训，客观真实反映遵义市发展全貌。三是加强联络，注重反馈。要进一步规范各成员单位联络员的日常工作，各成员单位联络员负责与相关成员单位之间进行日常沟通联系，及时报送相关工作信息，定期反馈指标完成情况，做好统计相关工作。四是研究分析，胸中有数。增比进位和全面小康监测两项指标体系，是省委衡量各地经济社会发展的两把"尺子"。各成员单位要养成通过指标体系科学分析各项工作，并寻求工作突破口的自觉性，做到心无旁骛、常抓不懈。

B.6
遵义、赣州、延安高新技术产业开发区发展比较研究

龚永育　杨安东*

摘　要： 遵义市委、市政府全力推动遵义高新技术产业开发区申创国家高新区。遵义高新区顺利升级后，如何推动其可持续健康发展，值得提前研究。本课题一方面梳理介绍国家高新区的有关情况，另一方面对比分析同为革命老区的遵义、赣州、延安三地高新区发展的有关情况，此外提出了有关遵义高新区升级后推动可持续健康发展的工作建议。

关键词： 遵义　高新区　革命老区

一　国家高新区的有关情况简介

综观国际国内，高新区是由政府主导投资建设，促进分散的高新科技资源集中集聚并实现产业化的主要载体，是最大限度把科技成果转化为现实生产力并推动科技与经济、社会、生态协调发展的集中区域。我国的高新区分省级和国家级，皆属开发区序列（省级开发区一般包括经济开发区、工业园区和高新区，国家级开发区主要包括经济技术开发区和高新区）。国家高新区由国务院批准成立、国家科技部管理，目前重点布局在智力、技术比较

---

* 龚永育，遵义市人民政府研究室主任；杨安东，遵义市发展研究中心经济研究科副科长。

密集的大中城市和沿海地区，旨在发展高新技术及产业，着力推动工农业、服务业转型升级发展。

（一）发展历程

我国高新区建设在深圳特区先行先试、各地仿效学习，取得显著成效后，高新区正式上升为国家战略，在高层推动下迅猛发展，逐步成为各地依托科技创新发展的旗帜。1985 年 7 月，深圳市政府与中国科学院联合创办深圳科技工业园·深圳高新技术产业园；随后数年，武汉、南京、沈阳、长春、广州、重庆、西安、兰州、上海等十几个城市借鉴深圳的成功经验，相继设立高新区。1988 年 5 月，中共中央、国务院批准在北京市海淀区中关村设立北京市高新技术产业开发试验区；同年 8 月，国家高新技术产业化发展计划——火炬计划启动实施，创办高新区列入火炬计划重要内容，正式为国家和省级高新区正名，各地开始积极申创高新区。20 世纪 90 年代初，邓小平提出"发展高科技、推动产业化"，1992 年 9 月国务院集中批准设立 25 个国家高新区，1994 年批准设立新加坡苏州工业园区（享受国家高新区和经济技术开发区双重优惠政策），1997 年批准设立陕西杨凌国家农业高新区。2000 年国家高新区共 53 个，2015 年 115 个，2016 年 146 个；2017 年初，国务院集中批复 10 个省级高新区升格为国家高新区，目前共 156 个。

（二）目前发展情况

1. 考核评价

国家科技部火炬中心以《国家高新技术产业开发区评价指标体系（修订版）》为依据，每年对国家高新区动态排名。排名分综合排名和单项排名，其中单项排名包含知识创造和技术创新能力、产业升级和结构优化能力、国家化和参与全球竞争能力、高新区可持续发展能力 4 个指标。年度考评排名结果不对外公布，以公函形式告知各国家高新区，排名靠前的国家高新区基本上在沿海地区和大城市。

2. 发展成就

国家高新区已成为国家和各地高新技术产业化的先行军、排头兵、领头雁，在优化经济结构、推动转型升级，引领创新发展、做大 GDP 总量、改善投资环境、提升收入水平、凝聚科技人才、促进发明创造等方面取得丰硕成果，书写了中国特色的"高、新"故事。"十二五"期间，国家高新区营业收入年均增长 17%；2015 年，国家高新区实现营业收入 25.37 万亿元，工业总产值 18.6 万亿元，出口创汇 4732.4 亿美元，占全国货物和服务出口额的 20.9%，企业净利润 1.6 万亿元，净利润率 63%，R&D 经费支出 4521.6 亿元，占全国企业的 31.8%，全部研发投入占生产总值的 5.5%、是全国平均水平的 2.6 倍，每万名从业人员拥有发明专利 162.3 件，是全国平均水平（19 件）的 8.5 倍；3 个国家高新区营业收入超过 1 万亿元、63 个超过 1000 亿元，10 个增速在 20% 以上；42 个国家高新区 GDP 占所在城市比重超过 20%、21 个超过 30%、7 个超过 50%。2016 年，国家高新区实现营业收入 28 万亿元，工业生产总值增长 10.3%。在国家高新区和 17 个自主创新示范区带动下，目前全国众创空间 4298 家，与 3600 多家科技企业孵化器、400 多家加速器形成企业孵化服务链条，服务创业团队和初创企业 40 多万家，培育上市挂牌企业上千家，提供就业岗位 180 多万个。国家成立了创投子基金 9 只、规模 173 亿元，带动地方设立科创投资和基金公司 500 多家、资本规模 2300 多亿元。

3. 主要优劣势

与其他开放平台相比，国家高新区发展近三十年以来，具有比较优势，也客观存在一些亟须解决的困难和问题。

（1）主要优势

科技、人才、资金、管理经验等发展要素在高新区内高度集聚，很大程度上促进了产学研用一体化发展和无缝对接，企业技术创新的主导作用有效发挥，新业态不断涌现、高新技术产品不断丰富、高端产业逐渐形成、产业链条全面延伸，对区域经济发展的引领、支撑作用越来越突出。高新区的发展定位、方向与其他开放平台有所不同，对企业和人才的要求比较高，倒逼地方政府更加

注重区域生态环境建设，更加注重区域开放政策制定实施，更加注重区域营商环境改善和"双创"条件营造。国家高新区已成为体制机制改革的"试验田"和"前沿阵地"，2016年国家推行科技成果转化、投贷联动等政策试点，武汉东湖（国家高新区中的自创区）的工研院改革、中关村（国家高新区中的自创区）的央地融合创新、浙江的知识产权交易和科技成果竞拍等地方改革措施已形成可复制可推广的经验，改革的不断深入，推动国家高新区成为"双创"的重要载体和主阵地，成为我国高新技术发展和应用的"摇篮"。

（2）主要劣势

在各地的国家级高新区申建过程中，贪大图快倾向比较突出，圈占土地粗放式发展现象客观存在。不少高新区尚未从政策驱动、投资驱动有效转向创新驱动，对实施土地和财税优惠政策招商的依赖性强，新形势下招商引资引技引才的办法不多。多数高新区产业集群弱、结构雷同、缺乏特色，区内企业缺少产业链与价值链的联系。一些高新区推动技术创新的软环境不优，技术创新的激励机制兑现不足、保护机制落实不力，科技创新孵化体系不够完善。

（三）未来的发展走向

《国家高新技术产业开发区"十三五"发展规划》（国科发高〔2017〕90号）明确："十三五"时期，国家高新区发展方向是"发展高科技、培育新产业"，推进科技、制度创新双轮驱动，优化区域布局，营造产业和"双创"生态，发展新经济，培育新动能，实现经济、科技、社会、生态和谐统一，支撑和引领经济中高速增长、迈向中高端水平，为我国建设创新型国家和世界科技强国做贡献。战略定位是建成具有重大引领作用和全球影响力的创新高地，培育和发展战略性新兴产业的关键载体，转变发展方式和调整经济结构的重大引擎，建设创新型国家和世界科技强国的重要支点。战略布局是加快中西部地区省级高新区升级，支持农业科技优势突出的地区申创国家高新区，推动国家高新区在全国大部分地级市布局。发展原则是坚持创新、协调、绿色、开放发展和市场导向、分类指导。发展目标是到2020年，国家高新区数量达到240家左右，实现"四个率先"：率先形成有利于"双创"的生态和高效率体系、率先形成具有全球竞争力的创新型产业格局、率先形成绿色协调发展的科技产业新城区、率先形成开放共享和深度融入全球经济体系的发展平台。重点任务是提升自主创新能力、优化创新孵化链条、集聚创新型人才、培育壮大市场主体、完善科技金融服务、构建创新型产业体系、加快建设科技产业新城区、扩大全球连接辐射、深化体制机制改革。

二 三地高新区发展的比较分析

之所以选取赣州、延安两地高新区作为参照物，与遵义高新区进行比较分析，主要考虑三地皆属革命老区，发展高新区的条件和特点相同之处多，便于遵义认清自身高新区发展的形势。

（一）发展历程

赣州高新区（国家级）：位于江西省赣州市赣县，前身是2001年赣州市初创的市级工业园区，江西省政府2006年认定其为省级工业园区，2013年更名为江西省高新区，2015年升级为国家高新区。延安高新区（省级）：位于陕西省延安市宝塔区，前身是2003年开始筹建的延安经济开发区，2005年正式动工建设，陕西省政府2008年批准其为省级经济开发区，2010年授予其为陕西省新型工业化产业示范基地，2014年批准其同时为陕西省级高新区，计划2017年确保成功申建国家高新区。遵义高新区（省级）：位于贵州省遵义市南部新区，前身是2011年经贵州省政府批准设立的贵州红花岗经济开发区，2016年5月贵州省政府批准其12平方公里范围为省级高新区；目前，申创国家高新区的战略思路调整为"一区两翼创新驱动·老区三线转型发展"。其中"一区两翼"为空间布局，"一区"指以省人民政府批复设立的南部新区内12平方公里为核心区，"两翼"指以汇川区内约1平方公里的航天高新技术产业园和新蒲新区内约5平方公里的遵义软件园为两翼，力争2017年成功申创国家高新区。

（二）发展定位

赣州高新区：建设全国有影响力的稀土和钨新材料科技新城，打造"中国稀金谷"核心区，建成创新驱动的引领区和宜居宜业新材料科技新城。延安高新区：建设延安产业转型升级引领区、西部现代科技转化示范区和革命老区创新创业新高地。遵义高新区：原计划建设国家高新区、城市新区、生态文明示范区和科技创新中心、现代物流枢纽。申创国家高新区思路调整后，确定打造军民融合示范区、新兴产业培育试验区、创新创业生态引领区、产城旅互动发展先导区、对外开放发展新兴区。

（三）发展目标

赣州高新区：到 2020 年，园区工业总产值达到 900 亿元、力争突破 1000 亿元，高新技术产业产值占比达 50% 以上；到 2025 年，"稀金谷"建设初具规模，成为培育和发展战略性新兴产业的核心载体、转变发展方式和调整经济结构的重要引擎，成为全国知名的稀土和钨新材料国家创新型特色园区。延安高新区：2017 年确保成功晋级国家高新区。到 2020 年，在全省高新区综合排名进入前三，工业总产值达到 1200 亿元，构建起完善的科技创新体系，形成新材料、新能源汽车两个千亿级产业集群和能源科技、安全科技、现代服务业、光伏制造全产业链等 5 个百亿级产业集群。遵义高新区：2017 年力争成功创建国家高新区；原计划"十三五"时期，初步建成产业布局合理、城市功能完善、公共服务均衡的现代化新区。申创思路调整后，发展目标调整为全力打造黔中先进"智造"创新中心。

（四）主导产业

赣州高新区：国家批准规划面积 2 平方公里（拟扩展至 125 平方公里，高标准建设稀金谷智慧园、钨和稀土产业园、产业服务园，打造中国稀土稀有金属领域的自主创新高地、技术孵化高地和成果推广应用高地），重点发展钨、稀土、生物食品三大主导产业，已形成完整产业链条，循环经济发展得有声有色，有关技术国际国内领先，稀土和钨新材料、甜菊糖等产品畅销海内外。延安高新区：省政府规划面积18平方公里（远期姚店核心区规划面积60平方公里、安塞和甘泉两翼区规划面积各5平方公里），重点发展能源化工与精细化工、高端装备制造、新材料、新能源和节能环保等产业，着力打造"经济绿谷、产业新城"。遵义高新区：原计划在省政府批准的规划面积12平方公里范围内，重点发展新能源汽车、新材料、高端装备制造、新医药大健康、电子信息等产业，着力打造遵义开放开发先行区、高新技术产业发展集聚区、"两加一推"示范区。申创思路调整后，拟根据"统筹兼顾、突出重点"原则，核心区重点发展新能源汽车、医药大健康、新材料及电子商务为主的现代服务业等产业；两翼区的航天高新技术产业园以"三线"建设企业为基础，重点发展航空航天装备、军工精密设备等高端装备制造为主的军民融合产业；两翼区的遵义软件园重点发展智能终端、电子信息软件、服务外包及高新科技服务产业。

（五）管理体制

赣州高新区：单独建立了高新区管委会，是赣州市政府派出机构，主要负责科技城规划、项目论证、进入科技城单位的审批、科技城优惠政策的制定和落实等经济管理事务，社会事务原渠道属地管理不变。延安高新区：单独建立了高新区管委会，享受市级经济管理权限，负责高新区基础设施建设、规划实施和管理工作，协调指导安塞、甘泉工业园区的规划建设、招商引资等工作，社会事务由延安经济技术开发区管理。遵义高新区：原与南部新区是"两块牌子、一套人马"，为遵义市政府派出机构，全面负责辖区经济社会管理事务。申创思路调整后，按照"市级统筹、园区主导，优势互补、错位发展，资源共享、互利共赢"的原则，着力构建资源共享、优势互补、差异发展的战略性新兴产业和高新技术产业联动发展格局，统筹"一区两翼"协调发展、产业布局、统计数据，共享政策措施、科技资源。目前，成立了由市政府分管副市长任组长，联系副秘书长和遵义高新区、汇川区、新蒲新区行政主要负责人任副组长，市发改、工商、科技、财政、商

务、统计、人社等部门和遵义高新区、汇川区、新蒲新区分管负责人为成员的"一区两翼"工作领导小组，下设办公室在遵义高新区管委会，由高新区管委会主任兼任办公室主任，建立领导小组联席会议、经济指标统筹协调（一区两翼规划范围内所有经济指标纳入高新区统计范围，两翼根据国家火炬计划统计要求向核心区每月汇总报送有关统计数据）、政策资源共享、属地行政主导等机制，负责"一区两翼"建设的组织协调和监督管理。其中：遵义高新区管委会统一调度经济指标统筹、政策资源共享等事宜，核心区实行统一领导、统一决策、统一管理、统一开发，并对两翼区协调指导；两翼区加挂"遵义高新区航天高新技术产业园""遵义高新区软件园"牌子，实行属地行政管理为主、核心区协调指导为辅的管理机制。

（六）支持政策

赣州高新区：2016年3月，《赣州市人民政府关于加快赣州高新技术产业开发区发展的意见》（赣市府发〔2016〕10号）出台，重点是：市级工业、科技等专项资金向高新区倾斜。将大学生创业园布局到高新区。在高新区规划建设赣州研发园，集聚各类科技资源。允许高新区单独制定人才引进优惠政策，"柔性"引进高端科技人才及团队，放宽人才引进条件，在创业启动资金、引导基金、政府贴息等方面予以激励。实行项目异地落户利益共享机制。推动金融机构在区域集聚，鼓励培育企业上市。延安高新区：暂无支持政策。遵义高新区：2016年3月，《中共遵义市委遵义市人民政府关于支持南部新区（遵义高新技术产业开发区）又好又快发展的实施意见》（遵党发〔2017〕2号）出台，从简政放权、用地保障、产业扶持、财税支持、投融资、机构和人才队伍建设、先行先试等方面给予政策支持。申创思路调整后，明确由市级层面统筹"一区两翼"的总体和专项规划，统一产业扶持、人才培育及引进、招商引资、重大投资等政策，统筹配置全市优势资源聚焦"一区两翼"建设；"一区两翼"共享国家、省、市关于高新区的产业、科技、人才、项目、资金等要素资源优惠政策，努力实现紧密合作、协同发展、共建共赢。

（七）发展效益

赣州高新区：2016 年园区主营业务收入 350 亿元，目前园区企业总数 336 家，其中规上企业 97 家、高新技术企业 22 家。已初步构建"众创空间＋孵化器＋加速器"的链条式孵化体系。孵化器有大数据、科技服务、企业孵化等 10 个平台，获批江西省科技企业孵化器、江西省创客之家；众创空间完成主体工程；科技企业加速器建成投用，有较多科技创新平台和行业高端人才入驻。延安高新区：2016 年，入区企业 35 户，工业产值 74.55 亿元，固定资产投资 38.2 亿元，招商引资实际到位资金 56.3 亿元，年度融资到位资金 3.69 亿元。遵义高新区：2016 年营业总收入 538.43 亿元，其中高新技术企业 247.75 亿元、占营业总收入的 46.01%；实现工业总产值 424.62 亿元。目前，拥有高新技术企业 69 家，其中国家级创新型领军企业 4 家；拥有高性能特种电缆制造技术及应用国家地方联合工程研究中心、特种化学电源国家重点实验室等国家级科技创新平台，成立了"上海—遵义协同创新中心"。

三 对遵义高新区升级后可持续健康发展的建议

目前，遵义申创国家高新区的迎检考察点提升打造、调研接待、资料准备、宣传报道等各项工作准备就绪，相信在调整国家高新区区域布局，加快中西部地区省级高新区升级的大背景下，遵义高新区升级必将获得成功。就长远发展来看，遵义更应未雨绸缪，抓关键促落实，确保遵义高新区名副其实，实现可持续健康发展。

（一）要始终坚持科技创新驱动发展

争取在遵义高新区实施国家科技成果转化试点；学习借鉴武汉东湖的工研院改革、中关村的央地融合创新、浙江的知识产权交易和科技成果竞拍等改革经验；市级正加快推动实施的行政综合审批、行政综合执法等体制改革

在高新区范围内先行先试；支持高新区依法单独制定实施招商引资引技引才优惠政策；支持高新区学习赣州经验，与全市其他县（市、区）协力构建高新区项目异地落户利益共享机制；集中力量支持高新区完善科技创新服务体系、硬件基础设施和加强生态文明建设。采取上述措施，目的在于全面优化高新区发展的硬软环境，推动资金、人才、技术、管理经验等发展要素快速在高新区集聚，着力营造高新产业发展和"双创"生态，加快"发展高科技、培育新产业"，使高新区成为遵义深化改革的旗帜、创新驱动的引擎、开放发展的新高地。

（二）要始终坚持产业发展的战略定力

申创思路调整后，遵义市结合自身资源禀赋和发展条件，已确定高新区重点发展的主导产业是新能源汽车、新材料、医药大健康、军民融合、电子商务、智能终端、服务外包、高新科技服务等。申创高新区成功后，届时工作的重点是推动科技成果产业化，引领全市经济转型升级。对于确定重点发展的主导产业，要坚持长远抓、抓长远，既招商也选商，紧扣高新主题，项目引进宁缺毋滥，持之以恒把主导产业发展成遵义的"拳头产业"。其目的是尽力避免遵义高新区产业发展与周边高新区同质化竞争，也避免出现高新区主导产业不突出、难以形成特色、产业链条不全，与其他开发区功能趋同等现象。

（三）要树立向更高发展目标奋进的决心和信心

国家自主创新示范区是国家高新区的更高一个层级，国家对其赋予的政策更优惠，地方政府自我改革创新的决策权限更大。目前，全国有四川成都、湖南长株潭、武汉东湖等17个国家自主创新示范区，其近年主要经济指标一直保持30%左右的增长，北京中关村对北京贡献了24.7%的GDP，张江自创区税收同比增长25.5%，苏南自创区财政收入同比增长19.7%，自创区对其所在区域经济发展发挥了巨大的辐射带动作用。从长远来看，遵义成功申创国家高新区后，要加快做实高新区主导产业，做强高新区经济总量，打响高新区综合品牌，全面练好"内外功"，努力争创国家自主创新示范区。

行　业　篇

Industry Reports

B.7
遵义市商贸服务业发展的
调查与思考

田景余*

摘　要：　商贸服务业是遵义市经济结构优化的重要产业，也是推动经
济发展方式转变的强大引擎。中共遵义市委五届三次全会做
出了奋力推动遵义市第三产业加快发展的战略布局，要求优
化空间布局，转变发展方式，坚持以点带面，以产业集聚、
企业集中、功能集成为路径，规划建设一批服务业集聚区，
加快形成符合市情实际、具有鲜明特色的集聚区发展体系。
近年来，遵义市商贸服务业蓬勃发展，但也存在着差距和问
题。为促进遵义市商贸服务业持续、快速、健康发展，笔者
经充分调研，结合实际提出着力加快开放平台建设、大力培

* 田景余，遵义市商务局党组书记、局长。

育经营主体、精心布局商业网点、大力推广电子商务应用的建议对策。

关键词： 遵义市商贸服务业　市场主体　开放平台　商业网点

一　遵义市商贸服务业发展现状

（一）商贸服务业成为国民经济的重要组成部分

2017年，遵义市第三产业增加值完成1105.2亿元，同比增长14.3%，占GDP的比重为40.2%。其中，批发零售业增加值完成256.77亿元，住宿餐饮业增加值完成70.88亿元，批发零售业和住宿餐饮业增加值在全市第三产业中合计占比为30%，在全市国内生产总值中合计占比11.9%，成为国民经济的重要组成部分。

（二）消费市场繁荣兴旺

2017年，遵义市社会消费品零售总额完成811.69亿元，同比增长12.2%。分城乡市场来看，城镇市场实现消费品零售总额684.72亿元，同比增长13.8%；乡村市场实现消费品零售总额126.98亿元，同比增长4.4%。分行业来看，批发业完成142.77亿元，同比增长9.0%；零售业完成591.73亿元，同比增长12.6%；住宿业完成7.53亿元，同比增长21.1%；餐饮业完成69.66亿元，同比增长11.4%。消费的增速一直高于GDP的增速，已成为拉动国民经济增长的重要力量。

（三）市场主体不断发展壮大

截至2017年，全市共有批发零售业企业25236户、住宿餐饮业企业3426户。其中，限额以上批发业企业163户，限额以上零售业企业433户，限额以上住宿业企业 112 户，限额以上餐饮业企业 137 户。近年来，限上商业企业以每年 100 户以上的速度增加，全市限上商业企业累计达到 845 户，限上商业企业零售总额已占到全市社会消费品零售总额的 70%，限上商业企业已成为商业市场的主力军。

（四）消费环境日益改善

遵义国际商贸城、新雪域西南农产品冷链物流园等一批大型专业市场，奥特莱斯、黔北老街等一批商业综合体，黔北现代物流新城等一批物流项目正在加快建设，引进了大润发、华润万家等一批大型商场（超市），逐步形成了以海珠、港澳、老城、丁字口为引领，集聚效应明显的城市商圈。大力实施"万村千乡市场工程"，建成农家店 2743 家、乡镇商贸中心（社区商贸服务中心、配送中心、农村直营超市）67 个，新建改造乡镇农贸市场 120 个，有效改善了农村消费环境。遵义成功入选全国 66 个区域级流通节点城市，正在开展全国物流标准化试点城市建设工作。

（五）电子商务蓬勃发展

2017 年，遵义市电子商务交易额完成 513.3 亿元，同比增长 44.7%，其中网络零售额完成 20.2 亿元，同比增长 33%。引进淘宝、京东等知名电商平台企业，建成地方馆 22 个，建成县级电商服务中心 16 个，建成乡镇、村服务站点 1275 个，全市电商服务体系正从全面覆盖中心城区、各县（市）城区，逐步向各乡镇、村延伸。积极优化电商服务体系，全市湄潭、习水和正安、务川、凤冈、桐梓、道真 7 个县成功获批创建国家电子商务进农村综合示范县，播州、赤水、绥阳、正安、余庆 5 个县（市、区）成功获批创建省级电子商务进农村综合示范县，开设网店 1600 家，在线销售品种达 3000 余种，白酒、茶叶、辣椒、电热毯、吉他等一批产品成为网红产品。

（六）开放平台集聚效应初步显现

遵义市建成国家级开发区 1 个、省级开发区 14 个。遵义综合保税区已

封关运行，遵义新舟机场航空口岸申报文件已上报国务院，成功获批设立了2个公共保税仓和1个企业自用保税仓、1个国家级和6个省级外贸转型升级示范基地。仁怀名酒工业园、红花岗药业园、新蒲高科技产业园、习水温良工业园、正安吉他产业园、绥阳服装产业园等30余个特色园区竞相发展，产业集聚发展效应初步显现。

二　遵义市商贸服务业发展存在的主要问题

一是商业网点规划布局不合理，存在布局散乱无序、网点设置随意性大、层次不高、缺乏特色、设施设备落后等问题。

二是个体工商户及小微企业比重较大，缺乏具有核心竞争力的大企业、大集团、大市场，"大市场、大流通、大企业"发展格局尚未形成，聚合辐射能力较弱。全市共有批发零售业企业25236户、住宿餐饮业企业3426户、租赁和商务服务业企业10261户、居民服务修理和其他服务业企业2900户，但限额（规模）以上企业分别只有599户、249户、53户和23户，占比仅为2.37%、7.26%、0.5%和0.8%。

三是地方政府对商贸服务业发展重视不够，存在对限额（规模）以上企业的培育措施办法单一，商贸服务业发展与地方经济发展不相适应等问题。从限额以上住宿餐饮企业来看，汇川区、红花岗区、播州区、南部新区和新蒲新区等中心城区一共只有77户，而单赤水市就达59户。这与遵义市大力发展旅游业，打造全域旅游示范区的要求也有不少差距。

四是城乡流通基础设施不完善，亟待加大投入进行改善。目前遵义市还有近一半的乡镇没有相对规范的农贸市场和适度规模的超市，电商物流也只覆盖700多个村，农村居民的买难卖难问题还没有解决，影响了农村居民消费水平的提升。中心城区的农产品批发市场全部为私营，农贸市场90%以上属于私营和集体性质，缺乏公益性农贸市场。

三 推动全市商贸服务业转型 发展的对策建议

（一）着力加快开放平台建设，发挥集聚辐射作用

遵义市作为内陆地区，要实现后发赶超，必须打造引领性的对外开放平台，对优势资源进行有效整合，推动产业集聚发展，从而发挥其集聚辐射作用，带动相关产业发展。

一是加快推进遵义综合保税区、遵义新舟机场航空口岸建设。目前，遵义综合保税区已经封关运行，后续要配齐配强综保区干部队伍，继续加强综保区招商引资工作，充分发挥好遵义综合保税区的功能和政策优势，抢抓国家促进加工贸易梯度发展的政策机遇，承接东部沿海地区产业转移，推动全市外向型经济实现跨越式发展。要扎实推进遵义新舟机场航空口岸申建工作，做好临时对外开放、国际航线航班培育和口岸基础设施建设工作，力争早日正式对外开放。要围绕遵义综合保税区、遵义新舟机场航空口岸，加快推进航空综合物流园、商业综合体等配套项目建设，通过遵义综合保税区、遵义新舟机场航空口岸的集聚辐射作用，带动周边研发设计、现代物流、商务咨询、服务外包等生产性服务业和住宿餐饮、教育培训等生活性服务业加快发展。

二是积极推进开发区培育工程。遵义国开区（汇川区）要加快推进扩区移位申报工作，以建设上海漕河泾开发区遵义分区为重点，积极承接长三角优势产业转移，努力建成长江经济带转型升级示范开发区、东西部产业合作示范区。仁怀开发区要按照"一区四园"规划布局，加快发展白酒及相关配套产业、文化旅游产业，积极申建国家级开发区。红花岗区高开区要积极申建国家级高新区，加快发展大健康医药、新能源汽车为主导的新兴产业。

三是打造国际国内知名会展平台。加快规划建设一个设施一流、功能完

善的综合性大型会展中心。在各县（市、区）及重点旅游景区规划建设一批能满足国际国内各种类型会议需要的宾馆（饭店），全面提升接待能力。继续提升中国·贵州国际茶文化节暨茶产业博览会、中国（遵义）国际辣椒博览会等重要展会水平。争取一批国际国内知名品牌会议、赛事、展览永久落户遵义市。争取一批全国性会议、行业性会议、区域性会议在遵义市举办。争取全国各地企业、财团等来遵义市召开各类会议。鼓励本地企业、社会团体、中介组织成立专业会展服务公司，积极引进市外知名会展企业来遵义市发展。

（二）精心布局商业网点，着力构建商业发展新格局

一是做好商业网点规划布局。以规划为导向，科学合理布局商贸基础设施和商业网点，提升商贸设施档次。对《遵义市中心城区商业网点规划（2010～2020年）》进行修编，着手开展《遵义市中心城区商业网点规划（2021～2030年）》编制工作，科学布局商业网点圈层，着力构建"规模适度、布局合理、层次鲜明、竞争有序"的商业发展新格局。二是加快重点项目建设。围绕全省"5个100工程"和打造全域旅游示范区，继续招大引强，规划建设一批购物中心、主题购物公园、特色商业街区、商贸功能区、中央商务区，加快推进苟家井、沙河小区等传统老旧商贸市场的升级改造，着力打造一批商业新中心、新地标。三是加快改善提升城乡流通基础设施。积极争取国家级、省级电子商务进农村综合示范县，"百千市场工程"、农商联动示范县等项目，加大资金投入力度，推进省级示范市场、乡镇（社区）商贸服务中心、农贸市场、商品配送中心、生鲜平价直销店、镇村电商服务站点等城乡流通基础设施建设，建立覆盖市县、乡镇、社区（村）、园区的市场体系。

（三）大力培育经营主体，着力发展壮大商贸服务业

一是培育引进大型商贸流通企业。积极引进国内外知名商业企业来

遵义市开设门店，积极扶持市内商贸流通企业做大做强，着力培育一批年销售额上亿元、主业突出、管理先进、核心竞争力强的大型批发零售企业，在流通行业发挥龙头作用，带动整个行业加快发展。二是大力发展餐饮业。结合全域旅游示范区创建，积极挖掘弘扬黔北美食文化，利用遵义特色食材，打造"遵义味道"特色菜，培育餐饮业知名品牌，推动餐饮业特色化、品牌化、连锁化发展。三是大力发展社区商贸服务。大力发展餐饮、家政、托幼、育婴、月嫂、养老、医疗、保健、文娱、维修等社区商贸服务，培育一批连锁化、规范化的社区服务企业，建设一批标准超市、早点快餐等便民商业设施，形成每个社区有1个服务中心，1家以上连锁便利超市，1个菜市场，人口较集中的社区有1个综合性的商业中心，着力打造一刻钟便民服务圈。四是创新商业发展模式。支持企业发展特许经营、网络营销、总代理等现代经营方式，推动商贸服务特色化、品牌化、连锁化、规范化、便利化发展。鼓励企业到农村建设乡镇商贸中心、物流配送中心、商品分销网络等，推动商贸服务向乡村延伸，提升农村商贸服务发展水平。五是大力发展现代商务服务业。大力发展人力资源、咨询、广告设计、法律、会计、审计、专利、信用评估、厂房（设备）租赁等现代商务服务业，培育一批知名商务服务企业和机构，建设一批商务服务中心，为企业发展提供良好的商务服务。

（四）大力推广电子商务应用，着力加快发展电子商务

一是大力发展农村电子商务。以创建国家级、省级电子商务进农村综合示范县为抓手，加强与阿里巴巴、京东等知名电商企业和邮政等快递企业合作，加快县级电商服务中心、镇村电商服务站点建设，努力实现电商服务站点"村村通"。二是大力建设电子商务平台。积极引进知名电商平台，支持指南针、爱特购、贵人购等本地电商平台加快发展，依托本地特色优势产业，大力培育酱香白酒、茶叶、电热毯、吉他等一批网络热销产品，努力破解遵义市上下行产品"贸易逆差"难题。三是大力推广电子商

务应用。鼓励遵义市传统企业入驻国内知名电商平台或本地电商平台，通过 B2B、B2C、O2O 等模式开展电子商务应用。鼓励产业园区和大型企业自建平台，开展产品网上展示、推广、订购、交易、售后服务等电子商务应用。鼓励旅游景区、住宿餐饮、文化娱乐等服务企业开展网上预订、购票等服务。

B.8
推动遵义市属国有企业重组及转型发展研究报告

龚永育　沈仕跃*

摘　要： 近年来，遵义市市属国有企业充分发挥自身职能作用，在助推经济发展、服务保障民生等方面做出了积极贡献。但是，资源分布散、遗留问题多、债务风险高、体制机制不活、专业人才匮乏、同质化竞争等问题也逐步暴露出来。为推进遵义市市属国有企业优化重组，促进其更好地破解融资难题、适应转型发展大势、做强做优做大，本课题组在这些方面展开了专题调研。

关键词： 遵义　国有企业　转型

一　市属国有企业现状分析

从总体上看，遵义市计划纳入重组的市属国有企业有 26 家，其中，21 家正常运营，3 家非正常运营，2 家正在组建。从资产规模看，上述企业除少数企业资产规模较大外，其他单户资产规模较小。截至 2016 年 12 月，21 家正常运行的企业总资产规模 3024.32 亿元，其中，资产规模 100 亿元以下的企业 12 户，100 亿~200 亿元的企业 3 户，200 亿元以上的 6 户；新开投

---

* 龚永育，遵义市人民政府研究室主任；沈仕跃，遵义市发展研究中心社会研究室副科长。

公司和道桥公司合计资产规模1297.04亿元，占比为42.89%。从信用资质水平看，整体信用资质水平较低，25家企业仅6家企业拥有外部信用评级，其中，AA+国内信用评级企业3户，分别为遵义道桥、新区建投和遵义投资集团；AA国内信用评级企业3户，分别为新区开投、遵义国投和遵义旅投集团。从盈利能力看，单户企业盈利能力较弱，且盈利能力严重依赖于地方政府性收入。2016年，21家正常运行的企业合计实现营业收入191.95亿元，其中，低于1亿元的8户，1亿~2亿元的5户，2亿~10亿元的为3户，超过10亿元的5户；且营业收入主要来自与政府相关的基础设施建设收入，占当期合计营业收入的比重为72.43%。从有息债务情况看，债务以中短期债务为主，偿债压力较大。截至2016年12月末，21家正常运行的企业合计有息债务1370.35亿元，其中，1年内到期债务406.30亿元、占比为29.65%，2年内到期的债务718.23亿元、占比为52.41%，3年内到期债务为884.36亿元、占比为64.54%。从银监会监管情况看，遵义市重点市属平台企业基本上列入银监会"监管类"企业名单，融资渠道受限，且不符合现有政策监管、引导的方向。截至2016年12月末，遵义市还有5户重点平台企业被银监会列为"监管类"公司，分别为新区建投、新区开投、遵义投资集团、遵义国投和遵义湘江公司，而这些企业均为遵义市重点功能类国有企业，资产规模、负债水平和盈利水平分别合计为1606.04亿元、812.18亿元和77.74亿元，占21家正常运行企业相应指标的比重分别为53.10%、54.00%和40.50%。各家企业具体情况如下。

（一）功能类企业（共15家）

1. 遵义投资（集团）有限责任公司

公司注册资金2亿元，是一家由市国资委监管、市政府独资的AA+信用评级企业（小平台企业）。截至2016年12月31日，资产总额292.02亿元，债务余额98.9亿元，资产负债率33.87%。有子公司12家，其中全资子公司5家，控股及参股子公司7家。主营业务为融资担保、市政项目建设和房地产开发。现有正式员工82名（不含子公司），2016年工资总额

1959.3 万元，员工年平均工资 6.29 万元。当前公司主要面临两大突出问题：一是融资贷款困难、流动资金不足、项目建设推进困难。二是大多数项目无经营性收益，还本付息压力巨大。

2. 遵义市国有资产投融资经营管理有限责任公司（遵义市保障性住房建设投资开发有限责任公司）

遵义市国投公司注册资金 60 亿元，是一家由市国资委监管的 AA 信用评级企业。市住投公司注册资金 1 亿元，与市国投公司按照"两块牌子、一套班子"的方式运营，同属市国资委监管企业。2016 年 8 月，国开行发展基金有限公司增资入股市国投公司 21.634 亿元（明股实债），使国投公司总注册资本增至 81.634 亿元，市人民政府持股 73.5%。截至目前，国投公司总资产 291.65 亿元（含正在办理的五大医院资产 10 亿元），负债 146.64 亿元，资产负债率为 50.28%；住投公司总资产 64.92 亿元，负债总额 51.96 亿元，资产负债率 80.04%。两企业有子公司 9 个，其中全资子公司 8 个、参股子公司 1 个。主营业务为资产运营、融资担保、城市基础设施建设和保障性住房建设。现有员工 153 人，2016 年工资总额 1795.21 万元，员工年平均工资 11.73 万元。

3. 遵义市新区建投（集团）有限公司（遵义市新区开发投资有限责任公司）

新建投公司与新开投公司实行"两块牌子、一套班子"的管理模式运行。新建投公司以母公司身份 100% 控股道桥公司，道桥公司以 94% 的股份控股新开投公司。其中，新建投公司注册资金为 2.5 亿元，新开投公司注册资金为 3.3 亿元（道桥公司出资 3.1 亿元、中国农发重点建设基金有限公司出资 0.2 亿元）。新建投公司是一家由新蒲新区管委会监管的 AA + 信用评级企业（小平台企业），新开投公司为 AA 信用评级企业。两家公司主要负责遵义市新蒲新区城市基础设施开发建设和项目投融资。截至 2016 年底，新建投公司本部资产 24.53 亿元（不含道桥公司），负债 14.98 亿元（不含道桥公司），资产负债率 61.07%；拥有子公司 10 家，其中全资子公司 5 家、控股公司 2 家、参股公司 3 家。新开投公司本部资产 834 亿元，负债

489.33 亿元，资产负债率 58.67%；两公司现有员工 179 名（不含子公司），2016 年工资总额为 1900 万元，员工年平均工资 7.5 万元。目前，公司主要存在三大突出问题：一是 2017 年和 2018 年是公司还本付息高峰期，流动资金及偿债压力巨大。二是公司承接的多数项目为新区基础设施建设和政府性工程，筹集项目建设资金的压力巨大。三是公司多数项目处于投资培育阶段，收益甚微，旗下 10 家子公司 9 家亏损 1 家未开展业务，市场盈利能力弱。

4. 遵义市红色旅游（集团）有限公司

红旅公司注册资金 2.035 亿元，是一家由市国资委监管的国有独资企业。截至 2016 年底，公司资产总额 150.72 亿元，负债 75.17 亿元，负债率 49.87%。有子（分）公司 17 家，其中全资子公司 8 家、控股子公司 3 家、分公司 3 家、参股子公司 3 家。主营业务为酒店管理、旅游服务、房产租赁和旅游商品开发及销售等。集团公司现有员工 505 人，其中集团总部员工 88 人，2016 年工资总额 655 万元，员工年平均工资 5.3 万元。目前，公司主要存在五大突出问题：一是公司所承接的部分公益性项目政府尚未回购，企业不堪重负。二是遵义宾馆因经营机制不活一直处于亏损状态。三是湄潭仙谷山项目存在历史遗留和涉法涉讼问题，若处理不善将会影响信用等级。四是在建项目后续资金缺口大，公司已无融资能力往前推进。五是 2017 年急需偿债 9.669 亿元，偿债资金筹集难。

5. 遵义市铁路建设投资股份有限公司

铁投公司注册资金 20 亿元，是一家由市国资委监管、市政府控股的企业。截至 2016 年底，公司总资产 124.99 亿元，负债 102.15 亿元，资产负债率 81.72%。有子公司 11 家，其中全资子公司 3 家、控股子公司 6 家、参股子公司 2 家。主营业务为负责地方铁路、城市轨道交通、现代物流、城市综合体等有关项目的投融资、建设管理、资产经营管理。现有员工 188 人，2016 年工资总额 489.4 万元，员工年平均工资 8.74 万元。

6. 遵义地产（集团）有限责任公司

地产公司注册资金 3 亿元，是一家由市国资委监管、市政府独资的企业。截至 2016 年底，集团公司总资产为 23.52 亿元，总负债 22.81 亿元，资产负债率96.96%。有全资子公司6个。主营业务为中心城区土地一级开发和土地整治。现有员工43人，2016年工资总额为750.6万元，员工年平均工资12.8万元。公司主要面临两大突出问题：一是优质资源配置不足，融资开发形成的高额债务在新的国家政策背景下亟须明确新的偿债机制。二是城区土地多数区域实行封闭运行，原来的"五统一"机制形同虚设，对公司主营业务造成重大影响。目前，市级实际收储可开发的土地仅9000亩左右，且基本上处于封闭运行区域，公司可持续发展的空间不大。

7. 遵义长征产业投资有限公司

长征产投公司注册资金1.2亿元，是一家由市国资委监管、市政府独资的企业，主营业务为工业文化旅游类产业项目投资建设运营管理。截至2016年底，公司总资产为2.3亿元，负债0.75亿元，资产负债率32.80%。现有员工65人，2016年工资总额691.88万元，员工年平均工资8.11万元。公司面临的主要问题是：资产规模小，优质项目储备不足，产业投融资能力弱，难以承担参与实体经济发展重任。

8. 遵义市交通建设投资（集团）有限责任公司

交投公司注册资本金15亿元，是一家由市国资委监管、市政府独资的企业。截至2016年底，公司资产总额为201.69亿元，负债87.71亿元，资产负债率43.49%。有全资子公司5个。主营业务为地方高速公路投融资建设及运营管理。现有员工520人，2016年工资总额3602.42万元，员工年平均工资7.88万元。公司主要面临三大突出问题：一是公司资产一半以上为无法处置的劣质土地资产，将此部分剥除后，公司实际资产负债率达到85.19%。二是高速公路建设项目相关县应匹配资金50.58亿元未兑现，加重了公司财务成本。三是竣工项目经营状况多入不敷出，公司还本付息压力巨大。

9. 遵义市演艺（集团）有限公司

演艺公司注册资本金500万元，是一家由市国资委监管、市政府独资的国有文化企业，公司总资产0.25亿元，负债0.17亿元，资产负债率69.53%，主营业务为创新开发文化演出类产品。公司现有员工163人，

2016年工资总额1088万元，员工年平均工资6.7万元。公司面临的主要问题是运营成本大于收益，市政府财政补贴政策即将到期，亟须政府继续给予每年500万元的扶持资金方能维持运转。

10. 遵义粮油（集团）有限责任公司

粮油公司注册资金0.3403亿元，是一家由市国资委委托市粮食局监管、市政府独资的国有企业。截至2016年底，公司资产总额为2.85亿元，负债2.54亿元，资产负债率89.05%。拥有全资子公司3个，控股子公司1个。主要职能是市级储备粮油的收购、储存、置换和粮油购销贸易，以及仓储物流中转服务。现有在册员工66人、退休职工84人，2016年工资总额为365万元，员工年平均工资为5.53万元。企业面临的主要问题是川黔铁路城区段外迁，公司现有铁路专线和粮油交易批发市场均属于外迁范围，将于2017年底关闭停运，急需选址融资重建，而集团公司自身无融资能力。

11. 遵义湘江投资建设有限责任公司

湘投公司注册资金1亿元，是一家由市国资委委托南部新区监管、市政府独资的国有企业。截至2016年底，公司总资产158.23亿元，总负债58.52亿元，资产负债率36.98%。有全资子公司1家。湘投公司主要承担南部新区城建及产业投融资开发建设任务。现有员工102人，2016年工资总额361.55万元，员工年平均工资3.54万元。公司主要面临三大突出问题：一是南部新区管委会与湘投公司在人员、财务、债务等方面政企不分、混搭混用，增大公司财务成本，公司管理体制机制有待理顺。二是公司尚未取得信用评级，在国家出台系列新的政策背景下，融资难度增大，偿债压力与日俱增。三是缺乏实体经营企业，市场化、实体化转型难度很大。

12. 遵义旅游产业开发投资（集团）有限公司

遵义旅投公司注册资金3亿元，是一家由市交通运输管理局监管、市政府独资的AA信用评级企业。截至2016年底，公司总资产296.5亿元，总负债120.85亿元，资产负债率40.76%。有子公司18家，其中全资子公司10家、控股子公司5家、参股子公司3家。主营业务为旅游交通基础设施建设、旅游项目投资开发及运营管理。现有员工1462人（含子公司），

2016 年集团公司工资总额 463.02 万元，员工年平均工资 6.83 万元。公司面临的主要问题：一是项目成本回收期普遍较长，目前多处于培育阶段，入不敷出。旅投集团公司旗下 18 家子公司只有 3 家盈利，其他均处于亏损状态。二是承担的重大项目化解债务难。比如赤水河旅游公路项目投资数十亿，几乎无投资收益，公司背上沉重债务负担，化解巨额债务尚无有效途径和办法。

13. 遵义市红城环卫能源有限公司

红城环卫公司注册资金 2.8 亿元，是一家由市城管局监管、市政府独资的企业。截至 2016 年底，公司总资产 3.1 亿元，总负债 6759.84 万元，资产负债率 21.81%。公司主营业务为垃圾无害化处理及资源化利用。现有在册员工 179 人，2016 年工资总额 694.26 万元，员工年平均工资 5.23 万元。公司面临的主要问题是：垃圾处理成本补贴低、政府欠款缺口大，对公司经营发展造成了较大影响。

14. 遵义市担保有限责任公司

目前正在组建中，由市国资委委托市财政局监管。

15. 遵义资产管理有限公司

目前正在组建中，属市国投公司参股企业。

（二）公共服务类企业（共3家）

1. 遵义市水务投资（集团）有限责任公司

水投公司注册资本 34.121 亿元，是一家由市国资委监管、市政府控股的国有企业，其中，市政府持股 87.92%，国开基金有限公司持股 10.82%，中国农发重点建设基金有限公司持股 1.26%。截至 2016 年底，公司总资产 56.07 亿元，总负债 18.24 亿元，资产负债率 32.53%。有子公司 9 家，其中全资子公司 8 家，控股公司 1 家，另有 3 家自收自支事业单位。主要业务为水务基础设施建设运营管理。现有员工 1285 人，2016 年工资总额 6465.99 万元，员工年平均工资 7.1 万元。公司面临的主要问题是主营业务单一，收入渠道不宽。

2. 遵义市公共交通（集团）有限责任公司

公交集团公司注册资金 1. 1389 亿元，是一家由市国资委监管、市政府控股的企业，其中，市政府持股 91. 22%，中国农发重点建设基金有限公司持股 8. 78%。截至 2016 年底，公司总资产 5. 92 亿元，总负债 5. 15 亿元，资产负债率达 87%。有子分公司 15 家，其中，全资子公司 13 家，控股子公司 1 家，分公司 1 家。主营业务为城市公共交通运营服务。现有在岗职工 2697 人，培训待上岗员工 700 余名，退休职工 912 人，2016 年工资总额为 13623. 12 万元，在岗职工年平均工资为 4. 99 万元。公司主要面临三大突出问题：一是政策性免费乘车人数较多，公益性负担较重。二是退休职工遗留问题多，在岗职工工作压力大，人力资源成本较高。三是公交基础设施欠账多、投入大、无收益，偿债资金筹集难。

3. 遵义机场有限责任公司

机场公司注册资金 3. 1 亿元，是一家由市国资委监管、市政府独资的国有企业。截至 2016 年底，公司总资产 7. 95 亿元，总负债 1. 07 亿元，资产负债率 13. 52%。机场公司拥有 2 家子公司，其中，全资子公司和控股公司各 1 家。主营业务为航空客运服务，目前拥有航线 33 条，通达 40 个城市。现有员工 265 名（不含领导班子），2016 年工资总额 3040 万元，员工年平均工资 11. 5 万元。公司主要面临三大突出问题：一是机场基础设施条件与庞大的客流量不相适应，保障设施严重超负荷，亟待启动二期改扩建工程，而前期工作推进中存在项目若干审批手续协调难、项目建设资金融资难问题。二是机场地面交通客运能力严重不足、档次低，市区和周边县至机场客运仍依靠县级客运班线，难以适应群众乘机出行需求。三是茅台机场开通后，"一市两机场"统筹管理协调机制亟待建立完善，以防止在航线培育、旅客资源争夺上的恶性竞争。

（三）竞争类企业（共3家）

1. 遵义市道路桥梁工程有限责任公司

道桥公司注册资本 5. 6 亿元，是一家具备 AA + 信用评级的国有企业，新建投公司为其母公司和单一股东。截至 2016 年底，道桥公司合并口径总资产达到 1297.08 亿元（含新开投公司），总负债约 683.2 亿元（含新开投公司），资产负债率 52.67%。道桥公司有 12 家子公司，其中全资子公司 9 家，控股公司 3 家。主营业务为公路工程、建筑工程、市政公用工程施工总承包，桥梁工程专业承包，公司土地一级收储整理，城市基础设施建设和国有资产管理。现有正式员工 818 人，2016 年工资总额 7904.44 万元，员工年平均工资 9.66 万元。公司面临的主要问题是：母公司新建投实力相对较弱，对道桥公司提高信用评级、投资人认可度和开拓外埠市场、整合已有资源、发行公司债券等方面都造成了一定的制约和影响，不利于公司做大做强。

2. 遵义市物资（集团）有限责任公司

物资集团公司注册资金 788.5 万元，是一家由市国资委监管、市政府独资的国有企业。截至 2016 年底，公司总资产 5.62 亿元，总负债 3.81 亿元，资产负债率 67.87%。有 12 家子公司，其中控股子公司 8 家，参股子公司 4 家。经营业务涵盖民爆工程、驾照考试、医药购销等多个方面。现有员工 600 余人，2016 年工资总额 2105 万元，员工年平均工资 7.6 万元。公司主要面临三大突出问题：一是企业部分员工身份改革不彻底，遗留问题多、化解难。二是企业自身融资能力弱，新建项目资金筹集难。三是公司资产涉及四处棚改项目，有关棚改项目部对公司搬迁补助政策尚不明确，企业搬迁工作很难顺利推进。

3. 遵义市汽车运输（集团）有限责任公司

遵运集团公司注册资金 1.08 亿元，是一家由市国资委监管、市政府独资的国有企业。截至 2016 年底，公司总资产 6.84 亿元，总负债 5.49 亿元，资产负债率 80.2%。遵运集团有分（子）公司 38 家，其中全资子公司 10 家、控股公司 8 家、全资分公司 10 家、参股公司 10 家。主营业务为道路客（货）运输和出租汽车、客运站场经营。现有从业人员 5000 余人，其中在册职工 1394 人、退休人员 1625 人，2016 年工资总额 6267.5 万元，员工年平均工资 4.43 万元。企业面临的主要问题是：传统的道路运输市场业务受到网约车、私家车以及黑车的挤压和高铁、机场等多元化运输方式的竞争，

对公司经营发展带来严重冲击，亟须转型升级，拓展新业态，创新经营发展模式。

（四）规模较小、未开展主营业务的企业（共3家）

市属国有企业中，目前规模较小、未开展主营业务的企业共有3家，分别是：市国资委监管的遵义市源通纺织品有限责任公司、遵义市五交化有限责任公司和市国资委委托市农委监管的遵义市农业机械供应公司，因其都没有开展主营业务，主要靠房屋租金维持企业简单开支。

此外，需考虑从市属二级国有企业中找一家子公司作为重组后的集团母公司：遵义市新世纪资产营运有限公司。世纪资产公司是经市人民政府批准，由遵义市国有资产投融资经营管理有限责任公司于2010年7月组建成立的国有非金融性企业，注册资金1000万元。公司承担了遵义市国有资产收益管理、资产重组和经营；非金融性投资、项目融资等资本运营；销售建材、装饰材料、机械设备等职能。公司是市级国有资产经营管理的主体，负责国有资产的保值、增值。自成立以来，公司被授权委托经营管理遵义市国有资产100余处。截至2017年8月31日，公司资产总额2.15亿元，负债总额2.01亿元，资产负债率93.48%，利润总额262.86万元。为配合总公司项目融资世纪资产公司与贵州银行遵义红花岗支行签订2亿元权利质押合同，期限为2015年12月10日至2018年12月10日，利率3.71%，如剔除这一事项，公司的资产负债率实际为8.24%。

二　市属国有企业亟待解决的突出
问题及对策建议

（一）共性问题及对策建议

1. 平台企业多，实体企业少

遵义市属国有企业中，绝大多数为功能类企业，资源配置相对分散，企业规模难以做大，缺乏高端经营管理和专业技术人才支撑，向实体企业转型难度不小。与之相比，实体企业数量有限，涉及行业、领域相对单一，支撑地方经济社会发展的能力亟待提升。建议：推进市属国有企业优化重组，将重组后各集团一级平台类子公司为政府融资剥离职能，进一步明确各一级子公司主营业务，加快各子公司实体化转型，促使其走专业化、市场化发展道路，使各大板块集团公司成为投融资与实体经营一体化的新型市属国有企业。

2. 融资贷款难，债务风险高

2018 年，财政部等国家部委连续下发了财预 50 号、62 号、87 号、92号等 4 份文件，对平台类各国有企业融资贷款进行了诸多限制和规范，过去简单以行政划拨土地注入企业进行融资贷款的方式已经行不通，企业融资更加艰难。同时，部分企业已到还本付息高峰期，无法再融资将面临严重的债务风险。建议：对市属国有企业进行优化重组后，对综合实力增强、资产总量增大、流动资金增多、盈利能力较强的各集团公司，着力打造 AA + 信用评级，通过信用贷款、发行公司债、企业债、争取上级专项基金等多种方式解决当前融资难题，规避债务风险。

3. 项目投资大，经营收益少

近年来，市属国有企业坚持围绕中心、服务大局，承担了大量的公益性基础设施建设项目。但在项目总体谋划、可行性研究方面存在诸多不足，大部分项目只简单通过融资进行开发建设，并未长远考虑后期收益问题，导致多数市属国有企业债台高筑、连年亏损、入不敷出，短期只能通过"拆东墙、补西墙"来维持基本运转。加之个别企业过度投资、盲目扩张，给企业正常经营和可持续发展造成重大风险。建议：坚持"政企分开，所有权与经营权分开"的原则，进一步减少对企业的干预，授予企业自主经营决策权，支持企业按照市场化方式独立进行商业运作。同时，市属国有企业在进行项目投资时，要认真做好项目可行性分析，提前考虑好项目投资与收益回报之间的关系，确保项目既有社会效益又有经济效益。

4. 业务交叉重叠，同质化竞争严重

遵义市市属功能类国有企业由于数量过多、职能定位不准，相互之间存在严重的同质化竞争现象。以物业公司为例，遵义市市属国有企业大多数设有物业管理类的子公司，都有一个物业管理团队和一批一线员工，不仅增加了企业人力资源成本，更造成了大量的资源浪费。建议：在完成市属国有企业优化重组后，由集团公司对各一级子公司下属相同业务板块、相同业务的人员、资产进行统筹整合，在集团公司下重组新的二级子公司。

5. 遗留问题多、处理化解难

部分市属国有企业成立时间长，经历多次改制改革和兼并重组，在以往的改革中很多程序方法与现行的法律法规不相适应，导致了一系列历史遗留问题。这类问题涉及法律法规多、覆盖人员广、矛盾比较尖锐，化解难度很大。建议：对历史遗留问题进行分类处置。对于在现行法律法规条件下能够化解，且维稳压力小、资金需求不大的历史遗留问题，稳步推进、逐步化解。对当前政策背景下化解难度较大的历史遗留问题，通过"以时间换空间"的方式，在确保社会稳定的前提下，暂时搁置，待企业自身发展壮大或国家有明确的指导意见时，再进行处理。

6. 法人治理结构不完善，现代企业制度不健全

部分市属国有企业董事会决策不规范，战略谋划和市场运营能力亟待提升。多数功能类企业未建立完善的法人治理结构，规范化管理水平不高。一些企业法人治理结构虽然健全，却流于形式，没有发挥有效制衡、高效运转的作用。部分监事会的作用发挥不好。有的企业未建立职工代表大会，企业民主管理、科学决策水平有待提高。建议：对市属国有企业优化重组后，对新的企业集团进一步建立健全现代企业制度，努力探索出一套适应市属国有企业发展壮大的规范运作模式，形成权责对等、运转协调、有效制衡的决策执行监督机制，确保重组后的市属国有企业实现管理转型、高效运转。

7. 行政干部多、经营型人才少

市属国有企业领导层和中层员工中，很多来自行政事业单位，其固有的行政化思维方式和工作理念难以适应现代企业管理要求。而企业转型升级，

向市场化、专业化、集团化发展所急需的高端管理型和专业技术人才却严重缺乏，已成为企业提高核心竞争力，做强做优做大的瓶颈制约。建议：组织国资等部门在考察和选派国有企业干部时，应力求选择一批真正懂经营、会管理、头脑灵活、有市场意识的优秀人员到市属国有企业任董事长、总经理、监事会主席，其余职位及普通员工按照现代企业制度要求，逐步由公司董事会面向社会公开招聘或在集团内部择优任用。同时，按照"基本年薪+绩效年薪+任期激励收入"模式，积极推行市属国有企业负责人薪酬制度改革，职业经理人实行市场化薪酬，提高专业技术人才薪酬待遇，吸引更多专业技术人才到企业工作。

（二）个案问题及对策建议

1. 红旅集团存在的问题及处理建议

红旅集团当前问题较多、债务较重，必须逐一采取有针对性的措施，破解突出问题、消化及减少债务，为企业重组后转型发展创造条件。问题之一：幼儿园及纪念公园等公益性项目负债问题。建议在抓紧完善相关项目手续并进行财务审计决算的基础上，由市、区两级政府按照4∶6的比例出资对符合政府购买服务的条件的，以政府购买服务的方式，对红旅集团所有公益性项目进行回购，不能以政府购买服务方式化解的，应配置相应的资源，消化红旅集团所有公益性项目负债，回归企业市场竞争职能和政府公益保障职能。问题之二：遵义宾馆负债问题。该问题的根源在于遵义宾馆新改扩建设施，由于受等级公务接待任务限制，不能完全面向市场开放营业，导致经营收入减少，财务成本增大，债务负担重。建议支持遵义宾馆完全面向市场开放营业，通过完善经营机制，加强经营管理，增加经营收入，降低财务成本，逐步化解现有债务。问题之三：湄潭仙谷山控股公司问题。该问题的根源在于红旅集团在入股该企业时，没有核查清楚该公司有关资产、债务及担保的真实情况，在控股该企业后，才发现该企业不仅资产虚增、负债严重，还存在以现有资产担保在中信银行贷款问题，因此卷入涉诉官司纠纷。建议红旅集团在该案处置中，采取积极、灵活、有效的应对措施，在保全入股国

有资产的同时，切实防止信用损失风险。问题之四：长博园、红军街、1935、娄山关、湄潭拉膜等项目负债问题。由于这些项目目前均存在抵押贷款、负债建设问题，建议对它们进行股权出让，寻求有实力的公司出资购买、建设和运营，在破解红旅集团上述项目债务问题的同时，也盘活这些经营性资产。在研究解决上述问题的同时，建议从企业专业化发展和避免同质化竞争的角度考虑，将红旅集团公司整体重组到遵义交旅投公司。

2. 道桥公司存在的问题及处理建议

在现有市属国有企业中，道桥公司的信用、投资、决策、管理和经营相对较为正常，其最大的问题就是母公司新建投的实力支撑不了道桥公司的发展。因此，建议将道桥公司调整为市政府控股的一级国有企业，将新建投重组为道桥的子公司，新开投重组为新建投的子公司。具体整合方式，结合第三方专业中介机构意见统筹实施。

3. 遵义市演艺（集团）有限公司存在的问题及处理建议

由于当前整个演艺行业市场相对低迷，加之演艺集团专业人才队伍的特殊性和培育演艺市场的需要，演艺集团的人力资源成本支出较大，现阶段市场经营收入还不足以维持集团的正常运行。建议继续给予演艺集团每年500万元的财政补贴资金支持，持续3年，待其通过本轮重组进入相应新集团公司后，相关问题由新集团公司通过产业一体化发展和加强市场化运作等途径逐步解决。

4. 遵义粮油（集团）有限责任公司存在的问题及处理建议

粮油集团当前面临的最大问题是川黔铁路外迁，导致企业粮油储备库和粮油交易市场必须搬迁，而其自身资金欠缺。建议：由于川黔铁路外迁工程由铁投公司负责，将粮油集团整合到铁投公司旗下后，由铁投公司负责统筹做好新的粮油储备库建设工作，现有粮油市场搬迁至黔北现代物流新城，粮油公司现有资源由铁投公司统一处置开发。

5. 遵义机场有限责任公司存在的问题及处理建议

遵义机场公司当前面临的主要问题是旅客吞吐量增长过快，各项硬件设施长期处于超负荷运转状态，存在安全隐患。建议机场公司在优化重组以后，由集团公司统筹做好遵义机场二期融资建设工程，在前期工作准备到位后，确保二期改扩建工程尽快动工、早日投用。此外，关于地面交通运输不配套问题，建议在新集团公司设立后，依托集团公司交通运输资源，统筹研究解决。其与茅台机场的统筹管理协调机制建立问题，建议由市政府航空铁建办牵头，提出具体方案，报市政府专题研究解决。

6. 遵义市红城环卫能源有限公司存在的问题及处理建议

为加强对该公司的规范管理，更好地发挥其处理城市垃圾的职能作用，建议将其纳入城市建设集团板块进行优化重组。对于公司当前存在的垃圾处理成本补贴低、政府资金缺口大等问题，建议市政府责成相关部门严格按照有关政策法规执行，保障企业正常运转。对于垃圾填埋场用地存在"以租代征"情况，与国家相关政策不符并引发社会矛盾的问题，建议由市城管局牵头开展调研，拿出具体处理意见，按程序报市政府研究后执行。

7. 三家规模较小、未开展主营业务的企业存在的问题及处理建议

鉴于这 3 家公司已无自主经营能力却拥有部分国有资产的实际，建议将其国有股权全部划入市物资集团公司，由物资集团公司代管，其相关问题，待物资集团在本轮重组中进入相应新集团公司后，由物资集团根据 3 家公司实际逐步解决。

三 市属国有企业重组及转型发展的总体构想

（一）必要性、紧迫性分析

1. 推动市属国有企业重组及转型发展是顺应发展大势、应对当前形势的迫切需要

从当前国际国内市场形势看，实体经济受市场供需两侧结构性矛盾突出的影响，实体经济整体发展较为艰难，同类企业整合资源、抱团发展、提升竞争力已是大势所趋。从宏观政策形势看，国家层面近年陆续下发了《关于深化国有企业改革的指导意见》《关于改革和完善国有资产管理体制的若

干意见》《关于加强地方政府性债务管理的意见》等系列文件，对深化国企改革、加强国有资产及地方政府债务管理等提出了明确要求；今年，财政部等国家部委又先后下发了财预50号、62号、87号、92号等4份文件，对地方政府及所属平台公司融资举债提出了严格要求，划定了多条红线，传统不规范的融资举债通道被彻底堵死，企业原有的盈利模式将面临挑战。市属国有企业要继续生存发展，必须打破融资瓶颈、加快融资转换、适应政策环境、加速实体化转型步伐。因此，通过优化重组及转型发展做大资产总量、提升发展质量，提高资本市场信用度和融资能力，降低资产负债率和融资成本已经迫在眉睫。

2. 推动市属国有企业重组及转型发展是遵义市做大经济总量、保障和改善民生的必然要求

"十三五"期间，遵义市提出"一个翻番、两个确保、三个突破、四个建成"总体目标要求，同时，提出地区生产总值年均增长13%左右，到2020年翻一番以上，突破4000亿元、力争4500亿元；公路总里程、高速公路通车里程、铁路营运里程分别提高到33000公里、1700公里和350公里；电力总装机容量达到1200万千瓦以上；年供水能力达到36.3亿立方米，城市公共供水普及率95%，城镇化率提高到55%以上。实现上述目标，市属国有企业肩负着重要使命。因此，推动市属国有企业优化重组及转型发展，有利于市属国有企业进一步明确职能定位和业务分工，避免同质化竞争造成的资源浪费；有利于适应当前政策环境、市场环境，更好地服务于全市经济社会发展大局，全力做大经济总量、保障和改善民生。

3. 推动市属国有企业重组及转型发展是降低市属国有企业债务风险、促进其做强做优做大的重要举措

当前，遵义市市属国有企业户数较多，单户企业资产规模较小；单户盈利能力较弱，且盈利能力过度依赖于地方政府性收入；近三年有息债务到期规模较大，金额达到884.36亿元，占市属国企有息负债的64.54%；市属国有企业在缓解巨额存量债务、防范债务风险方面将面临巨大挑战。因此，推动市属国有企业优化重组及转型发展，将同行业同领域经营管理和技术人

才、设施设备、资源资产进行有效整合，有利于同行业不同企业技术人才之间相互交流、共同进步，有利于设施设备、资源资产的科学配置；有利于企业转型升级，走实体化、专业化、市场化、集团化发展道路，降低债务风险，提高企业核心竞争力和可持续发展能力。

（二）总体要求

1. 指导思想

认真贯彻落实党的十九大精神，坚持以习近平新时代中国特色社会主义思想为指导，主动适应经济发展新常态，深入推进供给侧结构性改革，按照"产业相近、主业相同、全产业链协同发展"的整合思路和"有利于市委、市政府重大战略部署的实现，有利于基础设施建设和公共事业的发展，有利于实现优势互补、资源共享，有利于化解政府和企业债务"的整合要求，以国有资产保值增值和做强做优做大国有企业为目标，以强化功能、突出主业、壮大实力为方向，采取政府推动与市场化手段相结合的方式，推动资源、资产、资本向优势企业和优势行业或产业集中，提升国有企业市场化资源配置水平和运营效率，不断增强国有企业发展活力、竞争力、抗风险能力以及对遵义市支柱产业发展的支撑力，走出一条国有企业"规模化、实体化、市场化、优质化"转型发展新路，更好地发挥市属国有企业在全市经济社会发展转型中的引领、带动和支撑作用。

2. 基本原则

——服务发展大局。推动市属国有企业重组及转型发展，必须始终坚持党对国有企业的领导，认真贯彻落实中央和省的相关政策文件精神以及市委、市政府的重大战略决策和工作部署，服从并服务于全市经济社会发展大局。

——依法依规操作。推动市属国有企业重组和转型发展，必须严格遵守《公司法》《企业国有资产法》和国资国企改革相关规定，坚持依法行政、依法监管，尊重企业的市场主体地位，不干预企业的自主经营活动。

——遵循市场规律。推动市属国有企业重组和转型发展，必须坚持政企

分开、政资分开、所有权与经营权分离，构建责权利相统一的现代企业管理制度和相互配合、相互制约的公司法人治理结构，使重组后的国有企业真正成为自主经营、自负盈亏、自担风险、自我约束、自我发展的独立市场主体。

——有利于企业发展。推动市属国有企业重组和转型发展，既要满足当前经济社会发展投融资要求，又要有利于整合后的集团公司做强做优做大；既要有效解决当前市属国有企业面临的突出困难，又要为下一步实现转型发展打好基础。

——统筹协调推进。推动市属国有企业重组及转型发展，必须坚持整体设计、分步实施，系统谋划、分类指导，按照平台和实体企业一并整合、重组过渡期"一变六不变"的思路，积极稳妥推进重组工作，立足长远统筹谋划企业转型发展，确保改革重组平稳推进，确保社会大局和谐稳定。

3. 主要目标

通过重组、股改、上市"三步走"，实现"三大战略目标"。

第一步：通过优化重组，企业融资能力显著增强。将现有 26 家市属国有企业重组为四家资产结构合理、主业突出、市场化经营、实体化发展、融资能力强、对全市经济社会发展支撑及带动作用明显的国有大型企业集团，并根据实际需要进行动态优化调整，逐步将经营性的事业单位改制后分类整合到四大集团公司。适时探索将符合条件的企业集团发展成为国有资本投资运营公司。

重组后，四家企业集团资产规模显著扩大，其中，3 家达 300 亿～800 亿元，1 家达 1000 亿元以上；四家集团公司资产负债率均控制在 60% 以内；打造 BBB－国际信用评级企业 1 家，AA＋国内信用评级企业 4 家；创新企业融资模式，拓宽融资渠道，降低融资成本、化解债务风险，显著提高国有企业资金使用效率和投融资能力。

第二步：通过股改、引入战略投资者、混改，企业支撑能力显著增强。对条件成熟的市属国有企业集团下属子公司进行股份制改造，引入战略投资者，适时推进混合所有制改革，实现股权多元化，建立规范有效的公司法人治理结构和市场化的管理运行机制，全面提升经营管理水平和市场竞争力，整体做强做优做大四大企业集团，充分发挥国有资本的资源整合价值优势，加强投资引领，实现更大力度、更大范围推动遵义产业结构转型升级和城市转型发展的战略目标。

第三步：通过培育企业上市，企业发展能力显著增强。四大集团组建后，要进一步对内部资源和下属同行业同板块的子公司进行整合，集团公司及其所属子公司按出资（管理）关系全部缩减至三级以内，同一级次中相同板块的子公司原则上只保留一户，推动资金、人才、技术、管理等要素资源向优势企业集中，进一步优化资产结构，强化资本运作，实现国有资本的高效配置与流动增值；通过不断健全完善四大集团的商业模式、产业价值链以及提升规范经营水平，用三年左右时间，采取首次公开发行（IPO）或者兼并收购的方式，实现3户以上国有企业在各类资本市场上市（挂牌），借助资本市场，全面提升市属国有企业集团的资金规模、品牌和综合发展实力。

（三）重组构想及分析

根据各市属国有企业主业情况，以整合优质资源、实现专业化发展为目标，按照"一母N子"的模式，将现有市属国有企业重组为道桥建设集团、城建投资集团、交通旅游投资集团、金融控股集团。

1. 关于组建道桥建设集团构想及分析

当前的首要任务是必须加快道桥公司从母公司新建投剥离，将道桥公司作为市政府出资的一级国有企业。究其原因：一是道桥公司实力较强。道桥公司是遵义首家获得AA+国内信用评级的国有企业，具备良好的融资能力，目前已通过境内资本市场发债122亿元，占遵义籍发行人发债规模的30%，是遵义市发债规模最大、唯一取得三大监管机构债券额度审批的国有实体企业。二是新建投公司实力较弱。道桥的母公司新建投，实质为纯融资平台，剔除道桥公司资产后，本部资产规模较小，其能力相对于最终实际出资人——遵义市人民政府而言较弱，难以提升子公司道桥公司的流动性管理

能力。三是影响道桥公司融资。资本市场关注企业的两个关键因素：一为公司自身实力，二为控股股东的支撑能力（如当公司出现流动性危机时，其出资人是否有足够的实力支持公司化解流动性危机）。从道桥公司自身实力来看问题不大，而从道桥公司目前的出资人新建投公司来看，其明显无力支撑道桥公司在资本市场融资。尽管道桥公司目前靠自身经营水平和财务实力获得了资本市场的一定认可，但未来新建投公司将会对道桥公司产生以下负面影响：第一，影响信用水平。如继续按照现行架构运行，道桥公司很难继续获得国内其他信用评级机构认可、很难取得国际信用评级、很难达到更高的国内国际信用水平，甚至连现有 AA＋信用评级也很难保住。第二，影响投资人认可度。如继续按照现行架构运行，道桥公司将难以增强现有投资人信心，很难继续获得国内其他投资人认可，更难得到境外市场投资人的认可。

鉴于上述因素，现就道桥公司"摘帽"问题提出两套方案供选择。

第一套方案：以打造道路桥梁专业化施工平台、城乡（含新蒲、南部新区）基础设施和公共服务设施建设平台、战略性新兴产业投资开发平台为主要目标，着力提高城乡基础设施、公共服务设施和功能性设施的承载力，为实现遵义战略发展目标提供有力支撑；同时，依托其良好的公开市场形象，参与中心城区（含新蒲新区、南部新区）及遵义市重点项目建设，突出主业，向外拓展施工市场，不断提高集团的市场竞争力和影响力。将道桥公司作为市政府直接出资的一级国有公司，新建投公司调整为道桥公司的子公司，新开投公司调整为新建投公司的子公司，形成道桥、新建投、新开投"母－子－孙"的关系；考虑功能相近因素，将湘投公司重组为道桥公司的子公司，将遵义道桥更名为遵义道桥建设（集团）有限公司，重组后道桥建设集团的资产规模为 1479.57 亿元。同时，考虑到重组后的道桥建设集团到资本市场融资的政策条件，将已合并报表遵义道桥的赤水市鑫竹投资开发有限公司、正安县城乡建设投资有限责任公司、播州区城市建设投资经营有限公司的股权整体剥离。重组后道桥集团主营业务为：①公路工程、建筑工程、市政公用工程施工总承包和代建管理，桥梁工程专业承包和代建管理，重点参与中心城区（含新蒲新区、南部新区）城市基础设施建设和运营的同时，积极向外拓展施工市场。②战略性新兴产业投融资开发等。该方案利弊分析：通过与有关专业中介机构沟通，调研组认为：该方案最具可行性。第一，从市场影响看，重组后不会损害既有债权人利益，符合市场惯例，不会引起市场负面影响。第二，从内部管理看，新建投、新开投为"两块牌子、一套人马"管理模式，且同为道桥集团下属公司，有利于优化法人治理结构。第三，从存量债务来看，道桥集团拥有良好的市场融资能力，有利于保障其再融资及存量债务化解。第四，从发展前景看，调整股权结构后，道桥集团良好建筑资质（公路工程施工总承包一级资质、桥梁工程专业承包一级资质、公路路面工程专业承包一级资质，是全市唯一拥有多种建筑一级资质的国有企业）和融资实力，有利于增加业主方的信任度，具备大力开拓外埠市场的实力。第五，从新蒲新区和南部新区发展看，在新的架构下，只需市政府赋予道桥集团市场化参与两个新区融资开发建设职能，即可满足新蒲新区和南部新区融资开发建设需要。

第二套方案：考虑道桥公司发展和新蒲新区投资发展的灵活度问题，将道桥公司和新建投公司作为市政府直接出资的一级平行公司，新建投公司继续负责新蒲新区开发，彻底理清并割断新建投公司和新开投公司在行政、人事、资产、债务、经营等方面的关系，新开投公司作为道桥公司子公司不变，形成道桥公司、新建投公司平级且分别独立运行，道桥公司、新开投公司"母－子"关系。重组后道桥公司资产为1297.04亿元、新建投公司资产规模为24.53亿元。该方案利弊分析：通过与有关专业中介机构沟通，调研组认为：该方案基本可行。从有利的角度看，第一，市场影响小，新建投公司未公开融资，不存在资本市场影响问题；道桥公司合并报表范围没有发生变化，不影响其融资。第二，有利于理顺管理体制，按照新的架构，尽管新建投公司与道桥公司分别独立运行，但由于新建投公司与新开投公司为"两块牌子，一套人马"管理模式，而新开投公司又是道桥公司的子公司，因此应将新建投公司与新开投公司彻底剥离，才能有效防止将来在运营过程中，道桥公司与新建投公司发生管理体制上的混乱，影响企业顺畅发展。第

三，可继续支持新区发展，市政府及新蒲新区可将自身不能经营、不便经营且具有市场价值的经营性资产（如停车场、收费的公共资源等）依规注入新建投公司，采取特许经营、拨付改租赁等市场化方式，让新建投公司在扩大资产规模的同时，又获得稳定的经营性现金流，有利于新建投公司适当融资，继续服务新蒲新区开发建设。从不利的角度看，第一，新建投公司资产将大幅减少，由于道桥公司早期已用新开投公司资产在资本市场融资，因此，道桥公司与新开投公司的"母－子"关系必须保留；而按照新的架构，新建投公司减少道桥公司1200多亿元的资产后，自身资产目前仅有24.53亿元，这对新建投公司下一步自行融资将产生很不利的影响。第二，道桥公司不合理债务增多，在原有架构下道桥公司为新建投在资本市场举借的债务，在新的架构下，理应由新建投公司自己承担，但以新建投公司目前自身的实际财力，根本无力承担，且由于债务性质（资本市场发行债券），很难理清划断，就算能理清划断，债权人也不一定同意变更主体，债务最终还在道桥公司名下，造成不合理债务增多。

权衡两套方案的利弊，调研组建议采用第一套方案。若按第一套方案，则道桥公司、新建投公司、新开投公司仍然为一家公司，则市属国企可重组为4大集团；若按第二套方案，则道桥、新建投剥离为两家公司，则市属国企可重组为5大集团。

2. 关于组建城建投资集团构想及分析

以打造综合性城市基础设施和公共服务设施投融资建设和运营管理平台、土地开发整治平台、水务一体化投融资建设运营管理平台、保障性住房和棚改专业化建设运营平台、体育设施投融资建设运营管理平台为主要目标，着力提高遵义市主城区基础设施、公共服务设施和功能性设施的承载力，为优化拓展城市空间、打造黔川渝结合部中心城市提供有力支撑，将遵义投资集团、遵义住投公司、遵义地产集团、遵义水投集团、遵义红城环卫、遵义物资集团（含遵义市源通纺织品有限责任公司、遵义市五交化有限责任公司和遵义市农业机械供应公司）等相关市属国有企业按照控股合并方式进行整合，选择遵义投资集团作为母公司，组建新的遵义市城市建设投资集团，组建后的资产规模为447.25亿元。主营业务为：（1）实施土地开发、整治；（2）保障性住房建设和城市棚户区改造；（3）城市市政和公共服务设施投融资建设和运营管理；（4）战略性新兴产业投资开发、建设运营等。兼营业务为：（1）民爆器材经营及爆破工程设计施工；（2）驾驶人考试培训；（3）医药药品、医疗器械营销；（4）机动车（新车、二手车）、农业机具、机电产品的交易等。该方案利弊分析：总体上，调研组认为该方案可行。从有利的角度看，该方案有利于遵义市一二级土地开发无缝衔接，形成完整产业链。该方案在保证重组后的各公司继续享受原有政策性银行低成本融资的同时，还增强了新的集团公司信用评级和融资能力，保障遵义市城市基础设施建设的顺利进行。从不利的角度看，由于参与重组的几家企业中，只有遵义投资集团更为适合作为新集团的母公司，而这家公司目前仍是被银监会认定的小平台，未来在资本市场融资将会受限。因此，按此方案执行，就需要遵义投资集团积极争取银监会的较高评级。

3. 关于组建交旅投资集团构想及分析

以打造综合性交通设施投融资建设平台和交通综合运营商、最具创新活力的文化旅游投融资建设运营平台、区域性新兴产业投资平台和综合性现代商贸物流服务平台为主要目标，着力增强市内交通运转能力，强化对外交通互联互通功能，促进运营服务提档升级，充分发挥交通引领经济和改变城市发展格局的作用；着力培育构建黔北文化、"遵道行义·醉美遵义"特色品牌体系，加快全市文化、旅游及相关产业转型发展；着力引领构建全市现代产业体系，引导支柱性、前瞻性、战略性新兴产业发展；着力增强现代商贸物流集聚能力，打造产城融合综合体，为建设黔北大交通、提升城市功能品质、改善公共民生，创建"国家全域旅游示范区"和打造山地特色国际旅游度假目的地，推动产业生态链向高端延伸，建设区域性商贸物流中心提供有力支撑。将遵义交投集团、铁投集团（含粮油集团）、公交集团、遵运集团、机场公司、红旅集团、长征产投、演艺集团共8家从事交通基础设施建设、公用事业和旅游投资的市属国有企业按照控股合并方式进行整合，选择市旅投公司作为母公司，组建新的遵义交通旅游投资集团，组建后的资产规

模为800.01亿元。主营业务为：（1）高速公路、城际铁路、城市轨道交通、机场等基础设施投融资建设和运营管理，城市公共交通运营、公路客货运输运营及景区客运；（2）旅游文化产业投融资、文化旅游景区和旅游地产开发建设和运营管理；（3）参与全市现代农业、现代服务业、康养和生态环保产业的投资开发、建设和运营等。兼营业务：（1）现代物流园区投融资建设和运营管理；（2）粮油储备和经营；（3）演艺及其衍生产品的投资开发、文艺演出场馆设施运营管理等。该方案利弊分析：总体上，该方案利大于弊，调研组认为该方案可行。由于近年来，境外投资者对涉及国计民生的公用事业国有企业认可度较高，有利于新组建的集团公司获得境外评级机构的信用评级。按照交通旅游投资集团与中金公司签订的战略合作协议，中金公司将凭借其丰富的国际评级和境外发债咨询经验，辅助新组建的集团公司向国家发改委申请境外发债额度，启动境外评级和债券发行工作。因此，上述整合，有利于集中公用事业资源资产，发挥公用事业国有企业规模和平台优势，提升集团公司的信用评级和融资能力；有利于统筹化解参与重组企业当前面临的发展难题；有利于促进全市交通和旅游文化产业一体化发展。

4. 关于组建金融控股集团构想及分析

以打造聚集地方金融资源为核心的国有资本投资运营平台、产业基金运营管理平台、国有资源资产管理平台、投融资担保服务平台为主要目标，着力放大国有资本功能，增强服务实体经济的能力，加大担保和再担保力度，为建设区域性金融集聚区、打造现代服务业新引擎提供有力支撑，按照控股合并方式，整合市国投公司（含遵义名城投资公司）、市担保公司、水投担保公司、城投担保公司、金茂担保公司、遵义鑫财公司和正在组建的遵义资产管理公司等地方金融资源，选择市国投公司管理的遵义世纪资产公司作为母公司，组建遵义市金融控股集团，组建后的资产规模待定。主营业务为：（1）股权投资、创业及产业投资、PPP项目合作；（2）小额贷款、投融资担保服务；（3）资产经营管理，信贷资产转让、债权处置，资产证券化；（4）承担市级产业投资基金的设立、运营和管理。该方案利弊分析：总体上，调研组认为，为适应金融支持实体经济发展形势，有必要设立一家市级金融控股企业，方案可行。具体讲，从必要性看：一是遵义金融业亟待进一步提升。遵义市作为西部地区较大的非省会城市，金融业态发展不均衡、金融市场发育不完善、金融辐射能力较弱，严重制约遵义市经济又好又快发展。二是组建金融控股集团公司符合遵义实际。金融控股集团公司作为一种特殊的多元化经营企业，既能充分发挥银行、证券、信托、期货等金融机构联合优势，为遵义市充裕的民间资金保值增值提供途径，又能充分运用金融市场化筛选机制，为实体经济发展提供投融资、跨产业、资本、信贷等综合金融服务，推动资本与产业深度融合。三是金融控股集团公司可以助推遵义金融业发展。金融控股公司可以在销售渠道、信息资源、产品创新、人才资本、交易平台等方面实现共享，并能分散、降低金融业结构性风险，节约管理成本，更充分地发挥品牌效应，增强金融产业总体创新能力和竞争优势，争取更多更大的综合产品定价权等。从可行性看：一是实力优势。市国投公司作为贵州银行、贵阳银行的大股东，均拥有董事席位，在董事会具备一定话语权。同时，市国投公司作为地方国有资产管理公司，已初具向金融控股转型的基础。二是地区优势。借助贵州良好的生态环境，充分发挥资金杠杆作用，积极引入社会资本，联合央企保利久联集团共同设立贵州省生态文明建设基金（全国第一只，市国投正在牵头设立），做实做特贵州生态文明建设内涵。三是牌照优势。市国投公司代表遵义市政府作为贵州省第二家金融资产管理公司的发起人之一，牌照极具稀缺性，可与省内知名上市企业及全国性金融机构、资产管理公司等优良资本合作对价，借机入股多牌照金融业务。同时，通过对银行不良资产的处置，可增加在银企合作中的话语权。四是政策性优势。市担保公司作为市级的政策性担保公司，对上对下的业务通道具有唯一性，但目前规模较小，在国家新的投融资政策环境下，可参照省金融控股公司运营模式，整合资源，快速做大做强，更好地服务于地方脱贫攻坚和实体经济。不足之处是：该集团为拟新组建的企业，知名度、信誉度、美誉度等方面还需要一段时间的塑造和积累。同时也是金融服务行业的

"新兵"，在掌握市场、经营管理等方面还需要一定的时间不断摸索和积蓄能量。

（四）转型发展构想及分析

根据遵义市处于西部欠发达、欠开发、欠开放地区的实际，当前和今后一段时期，城乡开发建设仍将是地方政府的重要任务，因此平台公司在西部地区的存在一定程度上仍有其必要性。而当前，国家对地方政府及其平台公司债务管理陆续出台非常严格规范的政策规定，加之平台公司现在的发展状况迫切需要转型，倒逼市属国有企业结束原有粗放式的融资建设模式，结束竞争实力政府给、项目开发政府送、发展方向政府定的"政府主导"时代，加快剥离为政府融资职能，加快转型发展步伐，按照市场化的规则开展投融资建设及生产经营活动，加快向实体化企业迈进，方能有继续存活的可能和立足市场的资本。因此，推动遵义市市属国有企业转型发展，当前迫切需要做好以下几个方面的工作。

1. 明确发展定位

一是国企抱团发展。立足于遵义市城乡建设发展需求，结合现有市属国有企业类型和职能，以现有实力较强的企业为基础，坚持同行业同板块整合的原则，组建新的道桥建设、城建投资、交旅投资、金融控股四大国有集团公司，在整合同行业同板块市属国有平台公司的同时，也兼顾整合现有市属实体国有企业，确保四家新组建的企业集团在拥有较大资产规模的同时，也具备企业融资所必备的正现金流，确保新组建的企业集团能尽快实现 AA + 及以上信用评级，保障企业低成本、多渠道融资需求。二是试水混合所有制。在实现第一步重组目标后，各集团公司在对所属子公司及业务进行再次重组后，应以开放的胸襟和改革的思维及胆识，选择有条件的子公司，积极引进战略投资者，探索实施企业股份制改造，发展混合所有制经济，实现股权多元化。三是继续支持地方发展。四大集团组建后，在企业按照市场规则自主开展生产经营活动的同时，遵义市有关方面的建设发展和融资，可以按照四大集团的职能定位，遵循权责对等的原则，采取资产证券化、PPP 模式、项目融资等方式交由相关企业集团运营和管理，在减轻财政负担的同时，实现合法合规融资建设。四是逐步结束平台使命。针对以某些重大项目为基础而设立的投融资平台，在其建设任务完成后，可以转型为基础设施或项目的运营维护公司，或将项目租赁给其他具备资质的企业运营，通过社会化收费和政府补贴而获利，或在集团内通过再优化重组，逐步有序地结束投融资平台公司组建时的使命。

2. 规范法人治理

首先，要严格按照市场化运营管理的要求，完善集团公司以董事会为核心的法人治理结构，规范董事会建设和构架，在组织任命的基础上，逐步落实董事会公开向社会选聘管理层人员等职权，健全集团公司董事会、监事会、管理层权责对等、运转协调、有效制衡的决策执行监督机制，规范集团公司"一母N子"间的业务管控关系和权限设置，明晰集团公司及其子公司之间的权限，规范集团管控机制。其次，作为国有独资企业集团，各集团公司应纳入市管企业管理，在干部管理上必须坚持党的领导，党委书记、董事长、总经理、监事会主席由市委管理，按照相关人事任免制度执行。各集团公司的党委副书记、纪委书记、副总经理、财务总监、总工程师（总经济师或总规划师）等领导人员由市委管理、市委国企工委协助，其职务任免由市委组织部提出方案（纪委书记由市纪委提名）报市委同意后，按有关规定办理任职手续。集团各下属一级子公司的干部管理实行"老人老办法、新人新办法"，现有市管干部按原渠道管理，市委国企工委协助；新任干部过渡期按原渠道管理，市委国企工委协助，过渡期结束、各集团公司正式组建后，由各集团公司党委提名、市委国企工委考察研究同意并报市委组织部备案后，由集团公司按有关规定办理任免职手续。

3. 完善决策机制

新组建的企业集团及其所属子公司要进一步建立健全运营管理和经营考核体系，完善现代企业管理制度。明晰企业集团及其子公司决策权限、管理权限、经营权限，规范"三重一大"决策程序和制度。在加强集团党委领导的前提下，落实企业集团董事会选人用人、考核奖惩、薪酬分配权，确保管住核心、抓住关键，而不是事无巨细提交董事会研究。新组建的企业集团

及其子公司内部要建立完善"管理人员能上能下、员工能进能出、收入能增能减"的竞争激励机制，积极推行市属国有企业薪酬制度和分配制度改革，确保企业内部充满活力、企业本身充满实力、企业对外充满竞争力。

4. 拓展经营思维

一是规范承接 PPP 项目建设。新组建的企业集团及其子公司可以作为社会资本方，针对一些准公益项目或有一定收益的项目，采取 PPP 模式，与其他社会资本合作，成立 PPP 项目公司，按照合同约定开展投资建设。项目公司建成有一定收益的基础设施或公益类项目后，可以由集团现有或新建立的全资子公司对这些项目进行运营管理和维护，获得收入和盈利。这样做，使原有融资平台公司既实现了发展转型，又合法合规继续支持地方的基础设施建设和为公共服务提供保障。二是大力探索资产证券化。新组建的企业集团及其子公司，可以探索选择其拥有稳定收益的独立项目，以集团公司为主体发行项目收益债和票据，破解公司融资发展难及现金流问题。这样做，债务利息的支付或本金都可以来自投资项目自身的收益，有效规避了偿付风险。三是大力寻求战略合作。新组建的企业集团要充分利用庞大的国有资本规模优势，积极寻求和探索与国内外同类大型企业开展战略合作，稳妥寻求社会资本参股集团子公司，推进实体经营与资本运营交叉融合、产业资本与金融资本相互渗透，实现良性互动，促使企业集团逐步发展成为专业性大型控股企业集团。四是大力培育企业上市。积极培育、鼓励和支持有条件的集团公司所属子公司采取首次公开发行（IPO）或兼并收购方式在各类资本市场上市发展，不断提升市属国有企业直接融资能力和可持续发展能力。

5. 转变政府管控方式

一是合法合规管理企业。综合在调研中发现的种种问题，调研组认为，在平台公司转型发展的同时，政府对国有企业的管理方式也应该随之转型，应立即由以往管人管事管资产的"总管家"模式中脱离出来，立足以管好国有资本为核心，建立完善相关监管和绩效考核机制，确保国有资产保值增值。不再干预企业具体经营事务，让企业真正在现代企业制度下，按照

《公司法》等有关法规政策和市场规则开展生产经营活动和自我管理。与此同时，与企业发展相关的审批及服务职能部门，应最大限度让利于企业，为企业提供优质、高效、便捷的审批及服务，为企业营造良好的生产经营环境，保障企业全身心投入生产经营活动。二是合法合规注入资产。新组建的四大集团，作为市政府的全资公司，地方政府及其所属部门完全有必要将自身不能经营、不便经营且具有市场价值的经营性资产（如停车场、收费的公共资源等）合法合规注入企业集团，采取特许经营、拨付改租赁等市场化方式，让企业在扩大资产规模的同时，又获得稳定的经营性现金流和收入，做强国企实力。三是合法合规融资建设。在当前国家加强对地方政府规范、严格监管态势下，处于西部欠发达、欠开发、欠开放而又正处在大开发建设期内的遵义，不得不思考融资建设的方式转向问题。一要大力争取上级资金。积极争取国家和省相关专项补助资金和发展基金，弥补地方财政投入民生项目的资金不足。二要发行地方政府债券。积极争取上级政府支持，适量发行地方政府债券和土地储备专项债券，解决当前到期政府债务和建设发展资金不足问题。三是支持市属国有企业发行债券。积极鼓励和支持新组建的企业集团发行公司债券、企业债券和中间票据等，解决重点项目建设资金不足问题。四是加强与社会资本合作。政府及其相关部门要合法合规包装和推介 PPP、BOT、TOT 等项目，让社会资本获得收益的同时，适度承担社会责任，减轻地方政府财政压力。五是加快组建产业发展基金。放大财政杠杆作用，建立产业和公益项目市场化投入机制。产业投资基金可发挥国有资金"四两拨千斤"的杠杆作用。坚持"直接变间接、无偿变有偿、资金变基金"原则，产业投资基金的募资、投资、管理、清算、退出等严格按照市场化原则运作，积极创新财政竞争性资金投入机制，运用基金化模式支持重点产业发展。近期，基于遵义脱贫攻坚及产业发展的需要，为充分发挥遵义市大生态、大旅游、大健康的独特优势，以及基于工业经济发展对基金的特殊需求，应加快设立 5 只市级产业投资母基金，同时根据需要和投向再设立 N 只子基金。通过做大做强产业投资基金，提高投资基金市场化运营管理水平，有效解决遵义市基础产业和重点支撑产业的投入问题。

四 重组及转型发展推进计划、保障措施及后期管理建议

（一）推进步骤

1. 深入调研阶段（2017年6月至7月中旬）

遵义市政府起草下发《市属国有企业开展重组和转型发展工作推进方案》，组建调研工作组，全面深入开展调研，形成《推动市属国有企业重组和转型发展的调研报告》。

2. 系统论证阶段（2017年7月）

委托第三方专业咨询机构（中国国际金融股份有限公司），开展市属国有企业重组工作研究，形成专业咨询报告。结合专业咨询报告，研究确定企业重组方式，形成《市属国有企业重组和转型发展总体战略构想及问题建议》。

3. 方案设计阶段（2017年7月中旬至8月上旬）

在系统研究论证的基础上，由市政府分管领导组织开展方案的研究论证工作，形成《市属国有企业重组及转型发展总体方案》。同时，组织开展参与重组国有企业清产核资和财务审计工作。

4. 研究决策阶段（2017年8月上旬至10月下旬）

一是充分征求市属国有企业意见。二是由市政府法制办进行规范性法制审查。三是征求市人大常委会、市政协意见。四是咨询有关专家意见。五是开展风险评估。六是提交市政府常务会议研究审议。七是报请市委常委会议审定。

5. 重组实施阶段（2017年10月下旬至12月底）

分别组建四大集团筹建工作组，全面启动筹建工作。根据《总体方案》，由四大集团筹建组牵头，专题组和中金公司配合，修改完善四大集团具体组建方案并完成决策程序后印发实施，确保2017年12月底前，全面完成四大集团的班子搭建、股权划转、注册登记、挂牌运行等工作。

6. 转型发展阶段（2018～2020年）

对符合条件的企业逐步实施股份制改革、引进战略投资者、引导企业上市发展等措施。一是2018年，完成四大集团管控体系设计及集团内同业务板块重组，进一步整合人力、业务、市场等资源。开展集团公司境内外信用评级，提升评级水平。开展资本市场融资，破解发展难题，完善集团管控模式。二是2019～2020年，积极引进战略投资者，推行股份制改造，发展混合所有制经济。培育壮大集团主营业务，促进转型升级。积极培育优质企业，实现企业上市目标。

（二）保障措施

1. 健全机构，加强领导

成立市属国有企业优化重组及转型发展工作领导小组，由市委、市政府主要领导任组长，市政府常务副市长任常务副组长，市委组织部部长和市政府分管副市长任副组长，市直相关单位主要负责人为成员。领导小组负责推动制定市属国有企业重组及转型发展总体方案和四大集团组建方案及相关配套政策，研究解决重组及转型发展工作中的重大问题。组建市属国有企业重组及转型发展专题组，由王祖彬同志任组长，吴建辉、鲁成军同志任副组长，市政府常务副秘书长、市委组织部常务副部长，市发展改革委、市工业能源委（市国资委）、市财政局、市人力资源和社会保障局、市铁建办、市政府研究室、市政府法制办、市政府金融办主要负责人为成员，专题组办公室设在市国资委，潘建红同志兼任主任，徐江、龚永育、李大清同志兼任副主任。专题组负责领导小组日常工作，加强统筹调度、具体谋划和组织实施。

2. 协调配合，高效推进

市直各有关部门和市属国有企业要把优化重组及转型发展作为遵义市深化国企改革的重要任务，建立健全相应工作机制，确保组织到位、工作到位、协调配合、形成合力、务求实效。组织人事部门牵头、国资部门配合，对市属国有企业现有人员进行全面清理，分门别类制定人员分流安置政策，研究提出四大集团公司党组织和法人治理结构组成人员调整配备方案；国资

部门要把推进市属国有企业重组及转型发展作为当前和今后一个时期的中心任务，认真履行好出资人职责，完善各项配套监管政策和制度；财政部门要牵头理清企业举借需财政资金偿还的债务，提出分类化解企业债务方案，为企业转型发展创造条件；金融机构要对企业实施股改、混改和引进战略投资者以及多元化融资、上市培育工作进行业务指导、咨询服务和融资支持，提高企业资本运营能力；审计部门要牵头分步有序组织开展企业审计工作，重组工作完成后，对离任的企业法定代表人要有计划做好经济责任审计工作；其他各职能部门对涉及职责范围内的事务，要开辟"绿色通道"，提高办事效率，确保优化重组及转型发展工作高效快速推进。

3. 严守纪律，强化监管

各市属国有企业在重组过程中要切实加强领导，建立责任清晰、分工明确的工作机制，认真落实"三重一大"制度，重大投融资活动和重大投融资项目要按程序报批，切实防范投融资和债务风险；扎实做好干部职工的思想政治工作，依法妥善处理劳动关系、职工安置、社会保险关系接续等问题，维护企业职工合法权益。纪检监察、组织和国资监管等部门要加强对重组期间有关纪律要求执行情况的监督检查，防止违规违纪现象发生。市直有关部门和企业要讲政治、顾大局，做好相关工作，提供服务保障，确保社会和谐稳定。

4. 加强宣传，营造氛围

市级各新闻媒体要加大对市属国有企业优化重组及转型发展工作的宣传报道力度，重点宣传中央和省、市关于全面深化国有企业改革的方针政策，宣传市属国有企业优化重组及转型发展的重要意义、目标任务和工作要求，引导企业干部员工理解、参与、支持改革，营造有利于市属国有企业改革的良好舆论氛围。

（三）后期管理

1. 健全监管体系

以国资监管为主，加快建立统一的企业国有资产监管体系和出资人制度，进一步理顺国资监管体制机制，加快推进经营性国有资产监管全覆盖。

2. 创新监管方式

以管资本为主，推进市国资委职能转变，创新监管方式和手段，重点抓好国有资本布局、规范资本运作、提高资本回报、维护国有资产安全。根据中央和贵州省的精神制定和实施改革方案，研究创新监管方式，充分整合各方资源，引入大数据信息技术，建立监管数据库，实施动态监管。

3. 强化制度建设

完成重组后各集团公司应强化《董事会和董事任期考核评价办法》《监事会工作制度》《经营业绩考核办法》等各项监督管理制度，筑牢监管制度"笼子"，确保做到以制度管人、按制度办事。

4. 加强产权管理

强化国有资产"红线"意识，加强日常监管，重组后的集团公司按照市国资委授权，切实履行好出资人职责，探索国有资本管理有效形式，完善国有资本经营预算制度，从根本上解决出资人缺位和政企不分、政资不分问题。

B.9
遵义市第三产业发展对策研究

陈斗林*

摘　要：　第三产业作为国民经济的重要组成部分，其发展水平是衡量
一个国家或地区发达程度的重要标志。对遵义而言，加快发
展第三产业是实现"守底线、走新路、奔小康"的关键举
措，是"学习贵阳、紧跟贵阳、紧追贵阳"的重要抓手，是
推进全市经济结构调整、产业结构优化升级的重大任务，也
是扩大就业、满足人民群众日益增长的物质文化生活需要的
内在要求。本课题组紧密结合市委五届三次全会有关要求，
着重从遵义市第三产业发展现状入手，客观分析遵义与贵阳
之间差距，以及当前遵义第三产业发展的优势、劣势，寻求
加快第三产业发展的对策措施，为市委、市政府凝聚共识，
汇聚力量，找准差距、补齐短板，全面加快第三产业发展，
不断提高遵义经济外向度，着力建设黔川渝结合部中心城市，
奋力打造西部内陆开放新高地提供决策参考。

关键词：　遵义　第三产业　产业发展

一　遵义第三产业发展现状

近年来，在市委、市政府的坚强领导下，遵义市第三产业平稳快速发

---

* 陈斗林，遵义市发改委节能减排监察支队副支队长。

展，对国民经济增长的支撑作用日渐突出，中流砥柱作用越发明显，全市第三产业呈现出增长势头较为强劲、内部结构持续改善、经济社会效益显著、发展后劲不断增强的良好发展态势，并与工业并驾齐驱成为遵义市经济加快发展的重要一翼。

（一）增长势头较为强劲

一是增长较快。2010～2016年，遵义市第三产业年均增速14.9%，高于同期经济增速0.4个百分点。2017年1～9月，遵义市第三产业增速高于同期经济增速2个百分点。二是总量扩大。2016年遵义市第三产业实现增加值970.46亿元，比2011年的476.88亿元翻了一番，绝对值增加了493.58亿元。三是贡献度提升。遵义第三产业对经济增长的贡献度由2011年的42%提升到2016年的46.3%，年均提升0.68个百分点，2016年其与第二产业46.5%的贡献度仅相差0.2个百分点，形成了工业、服务业"双轮驱动"的新格局。

表1　2011～2016年遵义市三次产业对GDP贡献度及拉动经济增长

单位：%，百分点

指标	2011年		2012年		2013年		2014年		2015年		2016年	
	贡献度	拉动增长	贡献度	拉动增长	贡献度	拉动增长	贡献度	拉动增长	贡献度	拉动增长	贡献度	拉动增长
GDP	100.0	17.0	100.0	15.9	100.0	14.0	100.0	14.4	100.0	13.2	100.0	12.4
第一产业	1.4	0.2	7.1	1.1	5.3	0.7	5.1	0.7	5.3	0.7	7.3	0.9
第二产业	56.6	9.6	54.0	8.6	50.7	7.1	49.2	7.1	48.5	6.4	46.5	5.8
第三产业	42.0	7.1	38.9	6.2	44.0	6.2	45.7	6.6	46.2	6.1	46.3	5.7

资料来源：《遵义统计年鉴》（2011～2016年）。

（二）内部结构持续改善

随着新技术、新产业、新业态、新模式"四新"经济的不断涌现，遵义市第三产业的服务领域不断拓展，传统第三产业行业如批发零售、住宿餐

饮业比重持续下降；与现代经济发展相适应的新兴行业如金融保险、房地产业快速发展，比重不断提高，第三产业的内部结构不断调整优化。其中金融保险业自2012年以来一直保持20%以上的增长，2016年其行业增加值是2011年的3倍多。

表2　2011～2016年遵义第三产业各行业占比情况

单位：亿元，%

类别	2011年		2012年		2013年		2014年		2015年		2016年	
	绝对值	占比	绝对值	占比	绝对值	占比	绝对值	占比	绝对值	占比	绝对值	占比
第三产业	476.9	—	544.5		632.7		746.2		848.3		970.5	
批发和零售业	136.8	28.7	158.5	29.1	175.0	27.7	200.6	26.9	216.8	25.6	234.6	24.2
交通运输、仓储和邮政业	92.6	19.4	106.3	19.5	117.9	18.6	129.3	17.3	140.9	16.6	147.0	15.1
住宿和餐饮业	35.0	7.3	40.6	7.4	46.0	7.3	54.8	7.3	60.9	7.2	64.3	6.6
金融保险业	32.8	6.9	41.2	7.6	51.4	8.1	63.0	8.4	80.2	9.5	101.9	10.5
房地产业	25.5	5.3	27.5	5.1	33.1	5.2	39.9	5.3	42.6	5.0	46.0	4.7
其他服务业	154.2	32.3	180.5	33.1	209.3	33.1	258.5	34.6	307.0	36.2	361.8	37.3
一营利性服务业	55.4	11.6	62.1	11.4	72.1	11.4	92.8	12.4	117.1	13.8	150.9	15.5
一非营利性服务业	98.8	20.7	118.3	21.7	137.2	21.7	165.7	22.2	190.0	22.4	210.9	21.7

资料来源：《遵义统计年鉴》（2011～2016年）。

（三）社会效益显著提升

一是从业人数近百万。在"大众创业、万众创新"等决策部署推动下，遵义市第三产业吸纳就业数量不断增加，第一产业则持续下降。2016年遵义市从业人员353.89万人，其中第三产业92.13万人，比上年增加6.31万人，占新增从业人数的77.6%，已成为吸纳就业的主要渠道。二是税收贡献大。2016年，遵义共征收第三产业税收255.62亿元，占税收总收入的59.2%，比第二产业高18.5个百分点；第三产业税收同比增长16.6%、增收36.4亿元，增收贡献率达到87.2%。

表 3　2011～2016 年遵义市三次产业从业人员数

单位：万人

类别	2011 年	2012 年	2013 年	2014 年	2015 年	2016 年
第一产业	205.49	206.61	205.10	203.64	202.12	199.23
第二产业	39.87	43.90	48.34	53.02	57.82	62.53
第三产业	72.28	74.26	77.68	82.7	85.82	92.13
合　　计	317.64	324.77	331.12	339.36	345.76	353.89

（四）发展后劲不断增强

一是领导高度重视。近年来，遵义市委、市政府高度重视第三产业发展，特别是 2017 年 7 月 25 日，市委五届三次全会专题研究全市第三产业发展，出台了《关于加快第三产业发展的意见》，市政府成立了以常务副市长为组长的第三产业发展领导小组，成立以副市长挂帅的七大工作专班，重点围绕康旅集聚区、金融集聚区、大数据服务集聚区、商贸物流中心、会展中心、文化中心"三区三中心"及房地产等领域，扎实开展相关工作。二是投资力度加大。2011 年以来，第三产业已成为全市投资的主战场，成为拉动经济增长的主力军。2016 年，第三产业完成投资 1598.74 亿元，占投资总额的 77.3%，增长 29.8%，比全部投资增速高出 7.7 个百分点。三是财政支持有力。遵义财政预算支出中用于教育、社会保障和就业、科学技术、医疗卫生和节能环保等支出占比较大。市财政计划每年安排 1 亿元第三产业专项资金，专项支持第三产业发展。

表 4　2011～2016 年遵义三次产业投资占比情况

单位：亿元，%

类别	2011 年		2012 年		2013 年		2014 年		2015 年		2016 年	
	绝对值	占比	绝对值	占比	绝对值	占比	绝对值	占比	绝对值	占比	绝对值	占比
固定资产投资	603.7	—	1047.6	—	1327.0	—	1365.27	—	1693.74	—	2068.88	—
第一产业	23.2	3.8	41.3	3.9	54.2	4	36.30	2.7	51.15	3.0	82.13	4.0
第二产业	251.0	41.6	443.8	42.4	505.0	38.1	344.96	25.2	415.54	24.3	388.01	18.8
第三产业	329.5	54.6	562.5	53.7	767.8	57.9	984.00	72.1	1231.6	72.7	1598.74	77.3

资料来源：《遵义统计年鉴》（2011～2016 年）。

二 遵义与贵阳第三产业对比分析

对标贵阳找差距，学习贵阳添动力。遵义与贵阳的差距，主要集中在第三产业，"学习贵阳、紧跟贵阳、紧追贵阳"一直是遵义努力的方向和目标。近年来，遵义市第三产业保持了良好的发展势头，但与国民经济整体发展水平和人民日益增长的美好生活需要相比，还存在着一些不容忽视的问题，突出表现在：服务业占地区生产总值的比重偏低，生产性服务业的支撑作用不强，生活性服务业质量有待提高，农村服务业比较薄弱，服务业企业竞争力不强，改革开放力度不够，营商环境亟待改善，服务业的潜力尚未得到充分挖掘等。特别是在对标贵阳、追赶贵阳方面，遵义市第三产业发展的短板尤为明显。

（一）总量差距逐渐拉大

2010年，遵义市第三产业增加值400.7亿元，比贵阳少207.06亿元；2016年，遵义市第三产业增加值970.46亿元，比贵阳少831.31亿元；尽管遵义市年均增速比贵阳高1.1个百分点，但绝对值差距呈逐年扩大趋势，每年相差近120亿元。

表5　2010～2016年遵义与贵阳第三产业增加值对比

年份	增加值			增长速度		
	遵义（亿元）	贵阳（亿元）	两者差距（亿元）	遵义（%）	贵阳（%）	贵阳与遵义（百分点）
2010	400.7	607.76	−207.06	13.5	14.3	−0.8
2011	476.88	733.68	−256.8	16.6	15.2	1.4
2012	556.46	910.7	−354.24	14.4	14.1	0.3
2013	632.65	1155.26	−522.61	14.5	14.6	−0.1
2014	746.2	1421.2	−675	15.4	14.3	1.1
2015	848.32	1652.75	−804.43	14.1	11.1	3
2016	970.46	1801.77	−831.31	14.5	11.9	2.6
年均差距	—	—	−118.7	14.7	13.6	1.1

资料来源：遵义、贵阳统计公报（2010～2016年）。

（二）总量占比整体偏低

"十二五"以来，遵义市第三产业占 GDP 比重始终在 40% 左右徘徊，2016 年第三产业增加值占比为 40.37%，比 2010 年下降了 3.72 个百分点，分别比全国、全省低 11.2 个、4.3 个百分点，比贵阳低 16.7 个百分点。而贵阳第三产业比重持续上升，由 2010 年的 54.18% 提高到 2016 年的 57.06%，提高了 2.88 个百分点。遵义第三产业对地区生产总值的贡献度为 46.3%，比贵阳低 12 个百分点。

表6　2010～2016 年遵义与贵阳第三产业增加值及其占 GDP 比重

单位：亿元，%

年份	第三产业增加值		地区生产总值		第三产业增加值占 GDP 比重	
	遵义	贵阳	遵义	贵阳	遵义	贵阳
2010	400.7	607.76	908.76	1121.82	44.09	54.18
2011	476.88	733.68	1121.16	1383.07	42.53	53.05
2012	556.46	910.7	1343.93	1700.3	41.41	53.56
2013	632.65	1155.26	1584.67	2085.42	39.92	55.40
2014	746.2	1421.2	1874.36	2497.27	39.81	56.91
2015	848.32	1652.75	2168.34	2891.16	39.12	57.17
2016	970.46	1801.77	2403.94	3157.7	40.37	57.06

资料来源：遵义、贵阳统计公报（2010～2016 年）。

（三）金融业差距较大

在现代服务业方面，特别是金融业发展方面，遵义落后于贵阳，2016 年遵义市金融业增加值占第三产业比重为 10.5%，贵阳为 18.73%，低于贵阳 8.23 个百分点，绝对值相差 235.66 亿元。

（四）投资力度有待加强

2010～2014 年，遵义市第三产业投资占比一直在 50% 左右徘徊，投资

力度弱于贵阳，2016 年虽然投资占比高于贵阳，但投资总量比贵阳少
966.56 亿元。可以看出，第三产业是遵义市经济社会发展的短板，同时也
是遵义市的发展潜力和增长空间，是遵义市打造"三大高地"的着力之处、
希望所在。

表7　2016 年遵义与贵阳第三产业各行业发展情况

单位：亿元，%

地区	贵阳		遵义	
类别	绝对值	占比	绝对值	占比
第三产业	1801.77	—	970.5	—
批发和零售业	269.32	14.95	234.6	24.2
交通运输、仓储和邮政业	263.64	14.63	147	15.1
住宿和餐饮业	128.99	7.16	64.3	6.6
金融业	337.56	18.73	101.9	10.5
房地产业	92.97	5.15	46	4.7
其他服务业	700.23	38.86	361.8	37.3
一营利性服务业	290.28	16.11	150.9	15.5
一非营利性服务业	409.95	22.75	210.9	21.7

资料来源：遵义、贵阳统计公报（2016 年）。

表8　2010～2016 年遵义与贵阳第三产业固定资产投资情况

单位：亿元，%

年份	第三产业固定资产投资		总固定资产投资		第三产业固定资产投资占总固定资产投资比重	
	遵义	贵阳	遵义	贵阳	遵义	贵阳
2010	225.4	723.73	429.93	1019.31	52.43	71
2011	329.53	1032.14	603.71	1600.59	54.58	64.48
2012	562.51	1663.68	1047.61	2482.56	53.69	67.01
2013	767.79	1515.87	1327.01	1958.14	57.86	77.41
2014	942.39	1713.5	1735.68	2336.06	54.30	73.35
2015	1231.6	2223.87	1693.74	2804.45	72.7	79.3
2016	1598.74	2565.3	2068.88	3380.73	77.28	75.9

资料来源：遵义、贵阳统计公报（2010～2016 年）。

三 遵义第三产业发展的优劣势

（一）优势分析

1. 拥有良好的历史机遇

一是全球经济服务化。当前，世界经济已经迈向服务化阶段，服务业增加值占 GDP 比重与日俱增，我国第三产业占 GDP 比重已经超越第二产业，成为拉动经济增长的主动力，国家强力推进"一带一路"、长江经济带等大战略，在互联网与各领域加速融合渗透形势之下，新业态、新模式大量涌现，遵义市第三产业的发展也迎来了春天。二是省级层面利好政策推动。目前，服务业占贵州地区生产总值的比重为 44%，已成为贵州经济稳增长的"压舱石"。贵州省先后获得国家级大数据综合试验区、国家内陆开放型经济试验区、国家生态文明试验区这三大"国字号"政策，先后出台《关于推进实施现代服务业"十百千"工程的通知》《关于加快发展现代物流业的若干意见》等政策，强力推进大数据、大旅游、大健康医药等战略产业，为遵义市第三产业发展带来了良好机遇。三是苦练内功自我发力。市委五届三次全会专题研究遵义市第三产业发展，市政府高规格强力推动"三区三中心"建设；全市城市工作会提出"加快构建黔川渝结合部中心城市"，并以中心城区骨干路网为突破口，投资 350 亿元改扩建城市道路 100 多公里；遵义通过苦练内功、加压式发展将加速自身潜力释放。

2. 拥有较为扎实的经济基础

一是经济发展水平较高。"十二五"时期遵义市经济年均增速达到 15% 左右，2016 年经济总量突破 2400 亿元，在全省增比进位中列第一方阵、排名第二，在西部 30 个非省会城市中增速第一、经济总量列第 5 位，较好的经济发展水平将有利于第三产业的发展。二是工农业基础较为扎实。当前，遵义已经步入工业化中后期阶段，素有"黔北粮仓"美誉，工业、农业产业总量稳居全省第一，拥有工业园区 17 个、农业园区 170 个，国家级经济

技术开发区 1 个、省级高新技术开发区 1 个,以晴集团、巴斯巴新能源汽车等一批大项目建成投产,较强的制造业和工业基础为第三产业的发展提供了有力支撑。三是服务业发展迅速。2010 年以来,遵义市第三产业年均增速达到 14.7%,高于贵阳 1.1 个百分点,发展后劲明显强于贵阳;遵义国际商贸城、新雪域冷链物流等一批大型综合市场建成运营,阿里巴巴·遵义产业带、淘宝·特色中国遵义馆、爱特购等电商平台相继涌现,建成一批县级电商平台,全市限额以上商贸企业达到 827 家,市场主体达到 38 万户,外贸进出口总额达到 40 亿美元;拥有银行业金融机构 47 家、保险机构 25 家,实现"新三板"挂牌企业 6 户,金融机构存款余额达 4305 亿元;住宿、餐饮、汽车等消费以 20% 以上速度增长。

3. 拥有较为完善的基础设施

一是交通条件显著改善。遵义成为全国第一批 50 个"公交都市"之一,遵义新舟机场旅客年吞吐量突破 110 万人次,茅台机场建成通航,渝黔快铁建成通车。高速公路和一级公路通车里程突破 1000 公里,实现县县通高速。新增国省干线 3200 公里、二级公路 1400 多公里,农村公路通车里程达 2.6 万公里,基本实现村村通油(砼)路、乡乡有客运站、建制村通客运,建成航运码头 17 个。二是水利保障能力增强。建成骨干水源工程 56 座,城镇供水厂 222 座,新增供水能力 8 亿立方米。治理病险水库 186 座、中小河流 71 条,发展灌溉面积 67.6 万亩。400 万农村群众喝上安全饮用水。三是能源通信基础夯实。正安等页岩气勘探取得重大进展;一批火电、水电、风电项目建成发电,电力总装机容量突破 1000 万千瓦,农村电网改造全面完成。中卫—贵阳(遵义段)和遵义—习水天然气支线管道全线贯通。遵义与贵阳、安顺实现通信同城化,在全省率先实现移动 4G 信号乡乡覆盖,中心城区免费 WiFi 覆盖面达 20 平方公里。

4. 拥有较为难得的资源禀赋

一是拥有世界"双遗产"。遵义总面积 30766 平方公里,总人口 778 万,是贵州省第二大城市。遵义因著名的"遵义会议"被称为"转折之城",因出产国酒"茅台"而誉满全球,是首批国家历史文化名城之一,拥有世界文化遗产海龙屯、世界自然遗产赤水丹霞，享有中国长寿之乡、中国名茶之乡、中国吉他制造之乡等称号，曾获得国家森林城市、国家卫生城市、双拥模范城市、中国优秀旅游城市等多项殊荣。二是自然资源良好。遵义属亚热带湿润气候，冬无严寒、夏无酷暑，光、热、水资源较丰富；境内地貌类型多样，以山地为主，海拔高度一般在 1000～1500 米，年降水量一般为 1000～1200 毫米，年平均气温 13℃～18℃，辖区风景秀丽，气候适宜。结合四在农家·美丽乡村打造，遵义抢占避暑经济的"风口"，释放生态红利，掀起旅游"井喷"热潮，2016 年全市接待游客 8400 万人次、旅游综合收入 740 亿元，分别增长 35% 以上。三是生物资源种类繁多。遵义森林覆盖率达到 55%，是天麻、吴茱萸、石斛、天冬等贵重药材的主产区，是全国四大优质烤烟生产区；能源和矿产资源具有很高的工业开采价值，拥有可开发水力资源 428 万千瓦，已探明 60 多种矿产中，铝土矿、煤炭、锰、硫铁矿、硅石、镍、钼、钒为优势矿产，储量居全省或全国领先地位；旅游资源优势明显，风景名胜区 7 个（国家级 1 个）、自然保护区 8 个（国家级 3 个）、森林公园 8 个（国家级 4 个）、国家级地质公园 1 个、国家 4A 级旅游景区 13 个。

（二）劣势分析

1. 经济下行压力影响加大

受经济下行影响，"十二五"期间，遵义经济发展的速度一路走低，从 2011 年 17% 下降到 2016 年 12.4%，虽然高于全国、全省及西部平均水平，但离 13% 的增长预期仍有一定差距。第三产业增速由 2011 年 16.6% 下降到 2016 年 14.5%。特别是城乡居民收入增长水平一直全省挂末，在 10% 左右徘徊，一定程度上影响了消费预期。当前，遵义经济发展同全国、全省的形势一样，正处于结构调整阵痛期、增长速度换挡期、前期刺激政策消化期，脱贫攻坚任务重，面临既"赶"又"转"的双重压力。

2. 同质化竞争日趋激烈

当前，遵义城镇化率为 47%，落后于全国 10 个百分点左右，更低于发达国家 80% 左右的水平；第三产业发展的主要是城市，城市化水平的高低

直接影响第三产业的发展。从全国层面上看，遵义地处成渝和黔中两个城市群之间，北连重庆，南接贵阳，是贵州、四川、重庆交界处最大的一个城市，但我们必须现实地看到，重庆作为四大直辖市之一，经济发展和政策都优于遵义；贵阳是省会城市，经济实力强于遵义，且其在近年发展的大数据、大生态、金融等产业已经占了先机；由于两大城市的虹吸效应，同质化竞争在所难免，必须引起我们的高度警觉。为此，遵义必须按照市委提出的"黔川渝结合部中心城市"的城市战略定位来谋划城市发展。从遵义市辖区来讲，"四大区域"在发展产业、招商引资方面同质化竞争问题同样存在，如辣椒产业、汽车产业发展等问题需引起高度重视。

3. 市场化程度整体偏低

在第三产业整体分布中，2010 年以来，遵义市非营利性服务业增加值占服务业总增加值 21% 左右，占比低于贵阳 1 个百分点左右，是除批发零售业以外的第二大产业，可见政府部门提供的服务占整个服务业比重很大，说明遵义市第三产业市场化程度较低。另外，遵义的金融业主要还是传统的金融业，证券、信托、咨询服务等新型金融业还不具规模。在各个服务业产业的发展中，政府主导作用比较强，大多依靠政府的政策支持，独立性、创新性还有待提高。

4. 品牌效应引领带动不强

在日益激烈的市场竞争中，品牌已成为企业和一个地方发展的战略性资源和市场竞争力的核心要素之一。服务业品牌的培育有利于提升产业竞争力，品牌效应的形成不仅有利于企业的发展、附加值的增加，也有利于带动其相关产业的发展。然而遵义第三产业相关行业大品牌、大企业、大项目缺乏，市场竞争力、品牌影响力不强。比如，白酒行业除茅台外，其他品牌白酒知名度、市场占有率整体偏低；遵义茶叶虽然品质很好，但茶品牌对外影响力不够，也比较分散，整体宣传不好，无法形成品牌效应。强大的品牌集群已成为一个国家或地区经济发达的特征和标志，因此，发展品牌经济势在必行。

四 加快遵义第三产业发展的对策建议

全市上下必须解放思想，扩大开放，凝心聚力，精准发力，贯彻落实市委五届三次全会精神，突出第三产业工作重点，加快推进"三区三中心"建设，为决战脱贫攻坚、决胜同步小康，加快打造西部内陆开放新高地和黔川渝结合部中心城市，奋力开启全面建设社会主义现代化新征程打下坚实基础。

（一）切实提高认识，加强组织领导强势推进

1. 持续提高思想认识

党的十九大报告是当前和今后一个时期党和国家事业的总设计、总定向、总指引，对遵义市抓好经济社会发展特别是第三产业发展意义深远、作用重大。要以党的十九大精神为指引，结合市委五届三次全会精神抓好全市第三产业发展，不断提高思想认识，坚决在思想上政治上行动上同以习近平同志为核心的党中央保持高度一致，更加扎实地把中央、省委、市委决策部署落到实处，共同发力推进全市第三产业跨越发展。

2. 切实加强组织领导

遵义市第三产业发展领导小组要尽快充实力量，健全完善相关制度，统筹协调序时推进相关工作；市直各部门必须按照职能职责，明确专人负责，各负其责抓好第三产业发展相关工作；各县（市、区）要结合地方实际，深入研究和系统谋划本地第三产业发展的具体目标和重点方向，找准坐标点，挂出作战图，明确突破口，并进一步健全机构、完善制度、统筹协调推进，务必做到聚焦主题不散光、保持清醒不走神、执行决策不打折。

3. 认真抓好政策落地

要抢抓服务业全球化带来的机遇，活学活用中央、省、市关于加快第三产业发展的政策，争取让更多的资金、项目落户遵义，落地生根、立见实效，助推全市第三产业提速发展、跨越发展。

（二）聚焦投资项目，加快推进"三区三中心"建设

1. 健全完善第三产业项目库

要坚持科学性、重大性、可行性的原则，紧紧围绕国家和省、市产业政策和相关专项规划，按照旅游康养产业、现代金融业、现代商贸物流业、会展业、文化产业等分类谋划、储备、推进一批项目，编制好第三产业项目库，确保各项决策部署具体化、目标化、项目化。

2. 加快推进"三区三中心"建设

康旅集聚区、金融集聚区、大数据服务集聚区和商贸物流中心、会展中心、文化中心"三区三中心"是遵义市加快第三产业发展的重点，必须紧紧围绕"三区三中心"目标定位和市场需求，科学布局生产性和生活性服务业，着力构建功能完善、优质高端、特色鲜明、充满活力的第三产业体系；按照项目化落实、实物化推进、品牌化打造的思路，高起点谋划、高标准实施、高效率推进，以项目化管理高效推进工作落实。

3. 加大第三产业投入力度

紧紧抓住第三产业中投资占比较大的交通运输、水利建设、教育卫生等重点不放松，继续加大投入，稳定支柱地位；对公共管理和社会组织、金融业及信息传输等投入占比小的产业，要采取"走出去、请进来"、加大招商引资、积极向上对接争取资源、发行企业债券、争取国家专项资金等方式，持续加大投入力度，适时面向社会推出一批好项目、大项目、带动性强的项目，吸引社会资本参与建设、共享收益；特别是对遵义与贵阳对比差距较大的金融业，要更加关注和倾斜，围绕金融集聚区建设，突出在金融一条街、金融小镇、保险业发展、证券市场等方面着力，增强自身实力，不断缩短差距。

（三）突出工作重点，着力构建高效第三产业体系

1. 做优做强文化旅游产业

坚持把旅游作为拉动第三产业发展的龙头，坚持文化唱好旅游戏、旅游

打响文化牌，以遵义会议、茅台镇、海龙屯、赤水丹霞四大国际性"金字招牌"为重点，大力实施"创A工程"，完善旅游基础设施，打造一批精品旅游线路，丰富旅游产品，完善旅游功能，提升旅游质量，加快"智慧旅游"建设，全力创建国家全域旅游示范区。确保"十三五"期末，全市至少有2个5A级景区，每个县（区、市）有2个4A级景区，每个乡镇至少有1个3A级景区。

2. 做大做实金融服务业

深入实施"引金入遵""引资入遵"工程，加快推进以国有四大集团公司整合重组为重点的投融资体制改革，引导金融机构加大服务实体经济力度，研究出台鼓励支持企业上市融资和"新三板"挂牌融资的扶持办法，深入实施上市企业行动计划，出台优惠政策，实施精准招商，着力打造一批金融小镇、证券小镇、基金小镇，做大做实金融服务业，形成新的经济增长极。

3. 做好做足商贸物流业

按照"依托大通道、建设大市场、组织大物流、培育大主体"的发展思路，争取把黔北现代物流新城打造成为西部内陆国际物流港，着力规划建设一批引领性、支撑性的现代物流集聚区，努力把遵义建设成为成渝经济区和黔中经济区连接长三角、珠三角大通道的商贸物流中心。

4. 做特做靓房地产业

牢固树立"经营城市"的理念，制定支持和鼓励房地产业健康发展的政策，坚决整治"问题房开""烂尾楼"，规范房地产市场秩序，推进房地产业健康发展；拓展商业地产、旅游地产、休闲地产、文化地产、温泉地产、养老地产等特色高端房地产开发，提升城市品质；抢抓国家棚户区改造三年的"窗口期"，用好用足用活相关政策，确保如期完成棚户区改造任务；加大房屋租赁市场、保障房建设，形成"高端有需求、中端有支撑、低端有保障"的良性发展格局。

5. 做强信息技术服务业

以国家创新型试点城市建设为抓手，深入实施信息基础设施会战计划，

不断提升各级创新能力，推动信息产业发展；坚持遵义与贵阳、贵安融合发展和差异化发展思路，深入研究大数据时代遵义信息产业发展规划，加快推进贵阳—贵安—遵义大数据产业核心区建设，建设智能终端产业集聚区；统筹抓好大数据基础设施层、系统平台层、云应用平台层、增值服务层产业链，挖掘大数据的政用、商用、民用价值，大力发展农村电子商务，打造电子商务遵义版。

（四）狠抓"四大工程"，着力提升市场竞争力

1. 服务平台建设工程

平台是服务业加快发展的基础性支撑，要突出加强集聚型平台、创新型平台、服务型平台三个平台建设，大力支持和鼓励社会资本参与各类平台建设和运营管理，培育和引进一批平台运营机构和企业。

2. 市场主体培育工程

坚持以龙头企业为引领，围绕白酒、农产品、建材、化工、汽贸等优势产业，着力培育一批上规模、品牌优、实力强的本地大型现代物流企业集团；要推动优势旅游企业实施跨地区、跨行业、跨所有制兼并重组，打造跨界融合的产业集团和产业联盟；积极引进一批企业总部、地区总部、采购中心、研发中心、结算中心，大力发展总部经济；借鉴国际通行规则和复制发达地区经验，创新产业招商、以商招商、精准招商等体制机制，引进一批世界知名企业、行业领军型企业和战略投资者，大力培育一批外经贸骨干企业和外向型龙头企业。

3. 服务品牌创建工程

鼓励第三产业行业和企业规模化、品牌化、网络化经营，形成一批拥有自主知识产权和知名品牌、具有较强竞争力的龙头企业；以"一大十星"白酒品牌和"遵义红"、"遵义绿"、"大树茶"茶叶品牌为重点，加强遵义地方特色品牌建设；加强品牌市场、品牌旅游、品牌会展建设，培育知名商业中心、特色街区、特色城镇，支持遵义老字号行业和企业保持优良品质，转型升级，扩展市场，扩大品牌影响力。

4. 行业标准建设工程

立足于规范第三产业市场秩序和服务行为，制定并推广全市旅游康养、金融、物流、会展等行业服务标准，切实推动服务业标准体系建设、标准信息平台建设、标准化人才队伍建设，加强服务业标准化示范试点工作，引导服务企业参与国际国内标准化活动，建立完善服务业标准化推进机制，加强自主创新，逐步形成"遵义服务"标准体系，扩大"遵义服务"品牌影响力。

（五）推进"四化"融合，加速产业转型升级

1. 推动第三产业与工业化融合发展

坚持工业强市战略，面向新型工业化，优先发展现代物流业、现代金融业、科技与研发设计业、商务服务业等生产性服务业，提高生产性服务业对名优白酒、新能源汽车、大数据端制造、军民融合产业等带动力，形成现代服务业与遵义传统优势产业、战略性新兴产业融合发展新格局；着力建设以经开区、高新区为核心区，辐射周边产业园区的综合型生产服务业集聚区；加大对工业领域生产性服务企业投资建设的研发设计、检测检验、信息服务、文化创意、技能培训等投入，充分发挥财政资金对服务发展的引领作用，积极争取各级财政资金支持服务业项目发展。

2. 推动第三产业与农业现代化融合发展

坚持以生态产业化、产业生态化理念引导传统农业转变发展方式，走产品安全、产出高效、资源节约、环境友好的山地特色农业现代化之路，加快建设农业强市。加强农业科技创新和农业社会化综合服务体系建设，建立健全农产品冷链物流、粮食现代物流等现代农业物流体系，强化农产品质量安全保障；积极发展农产品、农资流通及农村物流服务，大力推进农超对接，建设高效率的农村现代流通体系。加快健全农业社会化服务体系，大力发展农业生产性服务业和农村生活性服务业，不断实现小农户和现代化农业发展有机结合。

3. 推动第三产业与城镇化融合发展

围绕"一心、一圈、三带"城乡一体化发展新格局集聚发展服务业，坚持"以人为本、和谐宜居"的理念，着力在"疏老城、建新城"过程中优先安排保障现代服务业和新兴服务业发展用地，新城区建设要立足形成以服务经济为主体的产业结构，重点优化中心五城区第三产业发展布局，构建以现代服务业为主导的城镇产业体系，着力破解"同质化"问题；按照产业兴旺、生态宜居、乡风文明、治理有效、生活富裕的总要求，深入实施乡村振兴战略，大力推广"五化促五园"改革经验，打造"四在农家·美丽乡村"升级版，使乡村让城市居民更向往。积极推动服务设施向农村延伸，加快推进城乡公共服务均衡化，加快发展一批新型城镇化乡镇服务业示范点。

4. 推动第三产业与信息化融合发展

实施"遵义智造"行动、以信息技术改造提升传统产业行动和"大数据＋工业"深度融合专项行动，引领传统制造向智能化、数字化、高端化变革。充分利用互联网＋、大数据、云平台等信息化手段，转变传统金融服务、商贸服务的发展方式，提高网络化服务水平；抢抓国家智慧城市试点、国家信息消费试点项目机遇，加快电子信息产业发展；以互联网经济、研发设计、广告动漫、金融服务、返乡创业等为重点，加强信息基础设施建设，加快完善大数据平台建设，提升科技创新水平，推动大众创业、万众创新，打造遵义数字经济"蓝海"。

（六）做好服务保障，推动第三产业加快发展

1. 优化发展环境

推动第三产业跨越发展，必须在转变职能、提高效率、规范市场秩序等方面下功夫，按照"程序最简、时限最短、收费最低"的要求，进一步规范服务内容、办事程序，开展一站式服务，努力营造亲商、富商、安商的发展环境；坚持发展为要、民生为本、企业为基、环境为重，建立健全第三产业市场准入机制，实施负面清单和特许经营权管理，切实做到"非禁即入"

"非限即允";深化"放管服"、商事制度改革,加强公共服务平台建设,加快贸易自由化、投资便利化改革步伐,构建"亲""清"新型政商关系,营造良好的发展氛围。强化事中事后监管,严厉打击各类违法犯罪活动,持续提升服务质量。

2. 不断扩大对外开放

加大开放通道建设力度,加快推进高速公路、国省道升级改造为重点的新一轮公路建设行动计划,推进昭通至黔江、遵义至泸州、涪陵至柳州、重庆至贵阳客运专线等铁路项目建设,规划建设中心城区连接各县(市、区)的城际铁路,加密遵义新舟机场和茅台机场国际国内航线,规划建设一批通用机场,加强乌江航运建设,加强信息基础设施建设,努力构建集公路、铁路、航空、航运、信息网络为一体的便捷高效的开放通道体系。加快开放平台建设,全面提升遵义国家级经济技术开发区、遵义综合保税区和遵义国家级高新技术产业开发区对外开放承载能力,加快湄潭国家级农业高新区以及航空口岸、铁路口岸和其他指定进境口岸申建工作,努力把遵义漕河泾开发区打造成为东西扶贫协作示范区,把茶博会、辣博会、物博会和以酒文化、红色文化等为载体的展会(论坛)打造成对外交流的"遵义品牌"。走开放提升之路,加快承接现代服务业转移,鼓励有条件的企业开展跨国和跨区域经营,积极开拓国内外市场。

3. 强化政策保障

积极保障第三产业发展的用地需求,鼓励各类企业盘活现有建设用地优先发展第三产业;大力实施"引智入遵"、"引才入遵"、人才培育工程,建立完善高端人才柔性引进机制,针对第三产业发展需求,培育、引进、重用一批实用型人才,建立完善人尽其才的体制机制,增强人才智力对第三产业发展的支持。充分发扬财政资金对第三产业发展的导向作用,适时设立第三产业发展基金,分别研究制定对"三区三中心"建设的资金支持政策,采取多种方式支持和保障第三产业发展需求。

4. 加强统计督促调度

建立健全第三产业发展的统筹调度机制、考核督察机制、调查统计机制等制度，加强第三产业发展的督促检查和考核评价，加强监测调度，科学研判，以强有力的措施，锲而不舍、驰而不息地推动各项政策措施落地生根、开花结果，奋力开创遵义第三产业发展新局面。

B.10
推动遵义农产品入沪研究

杨安东*

摘　要： 2017 年 8 月 21 日，沪遵扶贫协作第六次联席会议在遵义召开，沪黔两地达成"创新农产品产销对接机制，努力把贵州建设成为上海绿色农产品供应基地"的共识。随后，两地党委、政府高度重视、积极探索，推动共识落地落细落实。遵义作为上海对口帮扶地区和贵州农业"首善之区"，应借此东风系统谋划、先行先试，实质性迈出"遵品入沪"步伐，在"黔货出山入沪"中当标杆。

关键词： 遵义　农产品　对口帮扶

一　对上海所需、遵义所能的调查分析

（一）上海市农产品需求情况调查

1. 主要消费品种、购买渠道及来源

目前上海消费人口 2700 万，其"米袋子""菜篮子""果盘子""礼盒子""奶瓶子""茶壶"等刚性需求和市场增长潜力大，日均消耗农产品约 7 万吨。

（1）粮食。年销售约 550 万吨（其中口粮 370 万吨），90% 以上依靠国

---

* 杨安东，遵义市发展研究中心经济研究科副科长。

内产粮区调入及进口，市民主要在超市、粮油店购买粳稻米、小麦面粉、玉米等品种。

（2）蔬菜。年销售约 800 万吨。"客菜"占 70% 以上，以土豆等耐储存、便于运输品种为主，主要来自我国北方地区，全年价格相对平稳；"郊菜"以绿叶菜、食用菌等为主，目前基本自给但供应量逐年减少，夏季高温天绿叶菜价格季节性上涨，上海市、区政府此阶段在中心城区实施平价菜摊位补贴政策。市民主要在标准化菜场购买绿叶菜和番茄、小葱、土豆、莲藕、青辣椒、黄瓜、西兰花、娃娃菜、刀豆等品种。

（3）肉类。年销售约 64 万吨、折合生猪约 1280 万头，本地、外地供应量分别占 30%、70%。市民主食猪牛羊、鸡鸭鹅等肉类品种。生猪及其肉品约占外省供应肉品的 50%。本市屠宰与外地屠宰进沪比例为 3:1，市民主要在标准化菜场购买，以分割肉、托盘包装形式在超市、专卖店销售的约占 10%。

（4）水果。年销售约 200 万吨，其中本地水果 46 万吨、国内购进水果 114 万吨、进口水果 40 万吨。现有水果批发及配送企业 130 家，形成五大水果集散中心，销售业态正从传统方式向网上销售、配送到家转变。市民主要购买西瓜、香梨、哈密瓜、柠檬、水蜜桃、牛油果等品种。

（5）茶叶。饮茶人口占比超过 50%，年人均茶叶消费量超过一千克。上海老字号茶庄占据茶叶销售主导地位，业务从实体店扩展到大超市、电商，甚至推出"网红茶"。市民主要购买西湖龙井、太湖碧螺春、信阳毛尖、黄山毛峰、都匀毛尖、湄潭翠芽等绿茶，祁红、闽红（大红袍、正山小种、金骏眉）、滇红和印度、斯里兰卡、尼泊尔等国红茶及浙江安吉白茶、云南普洱特种茶、安溪铁观音乌龙茶，绿茶共占茶叶消费 60% 以上。

（6）涉农产品包装礼盒。涵盖茶叶、中药材、水果、蔬菜、水产、肉类、禽蛋等品种，各地农产品包装礼盒在上海市场线上线下迅猛发展，其中易果生鲜取得不俗成绩，进口农产品包装礼盒销售逐年增长，节庆期间市民到郊区自采后现场包装成为新宠。

2. 流通渠道和质量安全管理

（1）流通渠道。外地农产品入沪主流渠道是批发—零售。批发环节：

经工商注册登记的农产品批发市场 50 家以上，主要市场 25 家，发挥集散和辐射作用，年交易量 1200 万吨、交易额约 1000 亿元；江桥、江场、上农 3 个一级批发市场承载约 90% 外地进沪食用农产品批发交易量；40 个区域二级批发市场重点发挥集中购销、区域分拨、品种组合功能，可直接向宾馆、饭店、餐饮集团、学校、机关企事业单位等批量供应；8 个专业批发市场主要发挥行业集聚和专业服务能力。零售环节：传统与现代的融合。986 家菜市场是零售主渠道，其中标准化菜场 880 家、年销售农产品 650 万吨，目前出现社区生鲜超市、邻里购物中心等细分类型的标准化菜场，社区菜店、限时菜场、周末蔬菜直供点快速发展；2700 家连锁超市和卖场、40 家生鲜配送企业、1427 家无人售菜智慧微菜场和网络电商、农夫集市等是零售补充渠道。流通创新：农社、农标、农餐对接和生鲜电商宅配等多元渠道蓬勃发展，农超对接的永辉超市、"线上电商、线下门店"的盒马生鲜等，起到了减少中间环节、降低流通成本作用。龙头企业：推动外地农产品到沪销售的主要龙头企业是上海西郊国际农产品交易有限公司、各一级批发市场和区域二级批发市场，其对合作对象比较看重的是从事安全绿色农产品经营和有生产基地、有相当规模的品牌企业，江桥市场目前与全国 89 个蔬菜生产基地开展产销对接。

（2）质量安全管理。上海市、区两级食药监部门负责，商务、农业等相关部门参与，按照《食用农产品市场销售质量安全监督管理办法》《上海市食品安全条例》的规定和上下游农业企业的检验检测标准，通过日常监管、专项整治、一门式快检、监督抽检、问题溯源、处理投诉举报等方式，开展农产品质量安全监管。对粮食、肉类、禽蛋及其制品和蔬菜、水果、水产、豆制品、乳品、食用油等实行质量安全追溯管理。农产品进入大型批发市场，需快检并获得检验检疫合格凭证，检验检测内容涉及微生物及生物毒素、农药及兽药残留、营养成分及常规理化、重金属及微量元素、食品添加剂、非法添加物及接触材料等内容。

3. 正在发生的消费趋势变化

（1）对产品质量安全高度关注。消费理念从满足温饱转向注重健康，70%、67%、65% 的受访者分别关注农产品的新鲜度、安全性、营养，对行

业规范管理、产品丰富度、品质要求位居前列。中高收入家庭对品牌化有机
农产品需求大幅增长，连锁超市、大型综合超市、生鲜（进口）食品超市
是销售主渠道，有机食品标准化、订购便捷化、冷链物流成熟化推动了有机
食品线上普及，77.5%的消费者购买动机为追求健康、73.2%为追求品质生
活保证；本科以上学历、已婚有子女、家庭年收入 12 万~25 万元的女性消
费者是有机食品消费市场主力军（占 59%），有机蔬菜、粮食、水果消费率
居首位，其次是有机肉制品、奶制品、水产品。

（2）对用途不同农产品的包装关注度不同。自用消费农产品包装关注
度 27%，希望简单实用；对茶叶、糕点、禽蛋等"礼盒子"，希望包装精
致，能凸显地区特色和文化内涵，喜好小包装、品牌化。

（3）希望产品质价相配。若品质确实优良，对价格心理承受能力较高。
6~10 元/斤的"吉林大米"十分畅销，西湖龙井销量位居绿茶前列（特级
茶 3000~8000 元/斤），500~2000 元/斤的大佛龙井、开化龙顶、安吉白茶
销量大，高品质红茶受到普遍欢迎。

（4）办公室群体时间无价。该群体希望购物便利，"鲜果切"风靡沪
上。网上购买、网订店取、定制与体验、自助机买果蔬等人群逐年增多，食
行生鲜、厨易时代、强丰等微菜场年销售额过亿元，三角地、永昌等传统菜
场进军线上市场，电商巨头推出淘宝生鲜、京东生鲜等。

（二）遵义市农产品供给能力调查

1. 发展的基础条件、潜力和现状

2016 年，全市耕地面积 84.1 万公顷、园地 2.7 万公顷、林地 163 万公
顷（森林覆盖率 57%）、草地 16.5 万公顷，水域可养殖面积 2 万公顷。年
末户籍总人口 801.8 万，其中农业人口 402.7 万、乡村常年居住人口 312.8
万，第一产业从业人员 199.2 万。第一产业法人单位 8318 个，从业人员 8.4
万。年产值 100 万元以上农产品加工企业 509 户，总产值 346.7 亿元，从业
人员 3.1 万，带动辐射农产品原料生产基地 335 万亩。农机总动力 425.5 万
千瓦，农田有效灌溉面积 16.5 万公顷。农作物播种面积 12.9 万公顷，粮食

总产量304.4万吨。第一产业占GDP比重15.4%，贡献度7.2%。农林畜牧渔业总产值620.9亿元，其中农业381.5亿元、林业30.2亿元、牧业174.3亿元、渔业15.1亿元、农林牧渔服务业19.9亿元。农林牧渔业增加值385.5亿元，其中农业235.6亿元、林业21.3亿元、牧业102.4亿元、渔业11.3亿元、农林牧渔服务业15亿元。从业者人均农产品产量为：粮食1517千克、油料137千克、肉类243千克。第一产业劳动生产率18462元/人，远低于全社会劳动生产率68718元/人。农村居民人均可支配收入10109元，收入主渠道是外出务工。

2.市级五大农业主导产业和区域特色农业

（1）茶。主要分布在湄潭、凤冈、余庆、正安、道真、务川、赤水等地，有中国西部茶海、茶海之心、仡山茶海等商品化生产基地，有绿茶、红茶、白茶、虫茶等产品类型。2016年全市实有茶园面积182万亩、可采面积109万亩，茶叶产量5.9万吨、增长20.5%（红茶3819吨、增长43.8%，绿茶4.7万吨、增长18.9%，其他茶3210吨、下降55.2%），总产值61.9亿元。在湄潭县组建了黔茶联盟，主推遵义红茶和绿茶，正着力实现生产全程可视化、质量安全可追溯，茶叶精制中心明年春茶采摘后可投用，80家成员企业（80%以上是遵义茶企）抱团解决规模化、标准化、闯市场问题，2016年销售产值18.8亿元（其中在沪销售额8000多万元），正依托联合利华助力遵茶外销，2017年签订干桂花茶外销协议5吨、已交付3吨，正建立黔茶联盟上海分公司，在上海租赁的900平方米茶叶营销中心计划今年11月运营，下一步拟研发水果茶饮料，消化低端原料茶。

（2）蔬菜（辣椒）。品种齐全，全市皆种。商品蔬菜种植基地主要分布在市辖区郊区、桐梓、绥阳、道真、正安、仁怀等地，绥阳小米辣、折耳根、生姜等传统种类商品化程度高，近年花椰菜、香菇、羊肚菌等开始商品化种植。2016年全市种植面积360万亩、产量449万吨、总产值160.4亿元，其中辣椒产值44.3亿元。目前，全市有除辣椒外的年产值100万元以上蔬菜经营主体64个，其中企业24家、合作社29个、家庭农场5个、种植大户6个。

（3）中药材。业界赞誉遵义为"天然药库·黔北药都"，有野生和人工

种植药用植物 2048 种，资源储量约 12 万吨，综合地道、特色、大宗三个特点，有杜仲、黄柏、厚朴、刺梨、党参、玄参、天麻、白芨、金银花、金钗石斛、野木瓜、太子参 12 个主要品种，播州、习水、正安、道真、绥阳、赤水、余庆是全省中药材产业发展重点县，目前少数品种商品化发展。2016年全市中药材种植面积 171 万亩、产量 6.3 万吨、总产值 42.5 亿元。

（4）干鲜果。品种齐全，全市皆种。水果主要有桃、梨、枣、杨梅、葡萄、樱桃、柑橘、柿子、猕猴桃等品类，坚果主要有核桃和板栗。2016年全市果园面积 54.2 万亩、产量 21.83 万吨、总产值 20.4 亿元。

（5）生态畜牧。商品化程度较高的是猪牛羊兔等牲畜和鸡鸭鹅等家禽，全市各地皆有分布，凤冈牛产业、务川和习水羊产业比较集中。2016 年全市肉类总产量 48.7 万吨（其中猪肉 40.3 万吨、牛肉 3.2 万吨、羊肉 1.3 万吨）、总产值 14.9 亿元，年末存栏大牲畜 93.9 万头、家禽 1870 万只，禽蛋 4.8 万吨、牛奶产品 6823 吨。此外，市域有竹、烤烟、红粱、水产、特色食粮等区域性农业特色产业。其中：赤水、桐梓、绥阳、正安竹产业相对集中，2016 年全市采伐竹材 795 万根（用作造纸、竹地板、竹工艺品等生产）、竹笋产量 1.5 万吨、竹业总产值 30.4 亿元。播州、仁怀、习水等地普遍种植红粱，供给茅台集团和地方酒企作大宗酿酒原料，2016 年全市种植面积 85 万亩、产量 21 万吨。播州、湄潭等地普遍利用水库、池塘、河沟、稻田等进行淡水养殖，2016 年全市养殖水域 19.5 万亩、产量（含捕捞）6.7 万吨，主要是淡水鱼和虾蟹甲壳类水产，大鲵特种养殖产量达 116 吨。

3. 品牌化建设和质量安全管理

（1）品牌化建设。2016 年，全市认证"三品一标"农产品 211 个，目前开展"三品一标"产地认证 1268 个 742 万亩。截至今年 9 月，全市年产值 100 万元以上农产品加工企业有 682 户，其中：茶叶及茶制品加工企业 138 户，设计年加工能力 12 万吨，自建基地 18 万亩、辐射带动 63 万亩；辣椒及辣椒制品加工企业 31 户，设计年加工能力 29.5 万吨，订单基地 9 万亩、辐射带动 19.5 万亩；中药材加工企业 28 户，设计年加工能力 15 万吨，自建基地 5.6 万亩、辐射带动 14 万亩；竹加工企业 52 户，订单基地 15.5

万亩、辐射带动 28 万亩；优质稻米加工企业 33 户，设计年加工能力 85.5
万吨，订单基地 9.2 万亩、辐射带动 42 万亩；肉类加工企业 35 户，设计年
加工能力 52 万吨，带动养殖场及订单养殖农户 3500 多户；果蔬及山珍加工
企业 20 户，设计年加工能力 8 万吨，订单基地 2.2 万亩、辐射带动 17 万多
亩；以菜籽油为主的植物油加工企业 17 户，设计年加工能力 28.6 万吨，订
单面积 3.1 万亩、辐射带动 18.6 万亩。优势农产品主要有：遵义红茶、湄
潭翠芽、绿宝石、凤冈锌硒茶、正安白茶、赤水虫茶、余庆小叶苦丁等茶叶
类产品，老干妈、贵辣、贵三红、乡村妹等辣椒类制品，正安白芨（业界
堪称"药黄金"）、道真洛党参、赤水金钗石斛、习水厚朴、凤冈茯苓、绥
阳金银花等中药材产品，凤冈肉牛、黔北麻羊等生态畜牧产品及桐梓和绥阳
方竹笋、赤水冬笋和晒醋、桐梓团豆和干豇豆、绥阳空心面和金银花饮料、
湄潭茅贡米、凤冈有机莲藕、务川冰糖大蒜、道真灰豆腐果、习水岩蜂蜜和
苕丝糖及红稗、正安野木瓜果脯及饮料、汇川杨老大米粉、播州刺梨果脯及
饮料、南白黄糕粑、谢氏鸡蛋糕、石佛洞牛肉干、豆豉、板鸭、奶油玉米
花、绿茶油、"两鸡两蛋"、腊肉、香肠、乌江鱼等。

（2）质量安全管理。建立了市级农产品质量检验检测中心 1 个、县级检
验检测站 12 个、全省联网的电子监控点 184 个，为 227 个乡镇（社区）配备
了农药残留速测设备，食药监机构已延伸到 185 个乡镇，正着力开展全国食品
安全示范城市和农产品质量安全示范县创建，已分别建成国家级和省级畜禽
标准化示范场 3 个、43 个，国家级农产品安全示范县、农业综合标准化示范
区、黔北麻羊标准化养殖示范区和蔬菜、水果、酒用高粱、金银花标准化种植
示范区各 1 个，兽药安全监管示范县和出口茶叶标准化种植示范区各 2 个。

（三）遵义农产品入沪的形势分析

（1）问题不容忽视。上海是"买全球、卖全球""买全国、卖全国"
的国际化大都市，无论行政力量介入与否，国际国内各地农产品必定抢占上
海市场，各方比拼的要素是品质、市场知名度和终端价位，上海市场竞争激
烈，行政手段推动只是辅助，真正让消费者发自内心认可遵义农产品，才是

站稳脚跟的王道。遵义可用作农业发展的土地、饲草、水域、森林、人力、粮食优良品种、降雨量等资源虽丰富，气候、生态环境虽好，但农业发展依然处于传统的小农经济阶段，"遵品入沪"面临不少亟须解决的问题，离上海市场需求和遵义现代山地特色高效农业发展目标还有较大差距。长期以来，遵义农业发展总体面临产业集中度、标准化程度、组织化市场化程度、农产品转化率、农产品品牌占有率、农业科技含量、农业配套建设水平、农业综合效益、农业副产品利用率、农产品品牌竞争力"十低"问题，遵义农产品企业能在京东、天猫、苏宁易购、供销e家开设旗舰店或专卖店的只有茶、酒类企业（兰馨茶业2016年电商交易额1700万元，是茶企电商的领头羊）。近年来，遵义市通过举办展销会、开旗舰店等方式，积极推动遵义农产品入沪，但后续效果不够理想，各部门对接上海各自为政，多重对接，无法形成合力，上海市民对遵义农产品的知晓率不高，认可度较低（遵义电商平台数据显示：上海网民对遵义农产品关注度只排全国第7位，关注度最高的10项遵义农产品是白酒、辣椒制品、茶叶、大米、"两蛋"、方竹笋、食用菌、调味品、小吃、滋补保健品）。近段时间，遵义市组织85吨蔬菜入沪，出现以下问题：价格倒挂。沪遵两地相距1800公里，遵义市目前冷链物流体系建设还不完善，生鲜农产品运输车辆返程空驶不能享受国家高速公路通行费免收政策，在运输成本和耗损率高企双重作用下，遵义生鲜农产品在上海市场不具备价格竞争优势，目前县级地方政府组织每吨蔬菜入沪需倒贴2000多元。认可度低。鲜销蔬菜在采摘、分拣、包装、运输等方面缺乏统一标准，在上海市场卖相不佳。品牌多散小乱，质量安全不可追溯，无上海市民认可的拳头产品，入沪产品与其他地区产品同质化，市民购买的热情不高。持续供应能力不足。遵义农产品除茶叶、辣椒、白酒自给后可大量外销外，其他品类要么基本自给或"买全国、卖全国"（如蔬菜）、要么大量依靠外采（如精品水果、粮食），若遵义市某个单品全面打开上海市场，将面临持续供应能力不足问题（如竹笋）。遵义农产品抢滩上海市场，运输及配送成本相对较高，若不着力解决同质化、成本控制、知名度等问题，上海消费者不会"买单"，遵义农业管理者、经营者在标准化种养殖、粗深加工、冷链物流、质量安全追溯、线上线下营销、与上海市政府和市场的对接等方面还任重道远。

（2）机遇千载难逢。沪黔两地协力推动"黔品入沪"是最大的机遇，遵义作为上海对口帮扶地区，尤其占有先机。上海市党委、政府积极落实国家关于东西部扶贫协作的决策部署，2013～2017年，在农业领域对口帮扶遵义实施项目67个、帮扶资金9810万元，夯实了遵义农业发展基础条件，提升了产业扶贫成效；支持遵茶入沪，上海市委主要领导亲自向国际友人、企业家推介遵义好茶，遵义红（已订300斤）、湄潭翠芽（已订200斤）已明确作为上海市委办、市政府办、机关事务局接待和会议用茶，目前订购量虽小，但开局可喜，遵义茶成为"十九大"会议专用茶之一。为稳价保供，上海市与江苏、山东、海南、云南4省共建外延性蔬菜基地24个、总面积9万亩以上（其中与云南共建11个精准扶贫、产销对接的外延蔬菜基地，总面积3万亩），上海市前不久已商签遵义市务川、道真为蔬菜产销扶贫基地，确定近期在遵义市继续增加4个基地；上海市政府正在市内大批发市场开展"发挥枢纽作用、缩短流通环节、引导从基地直供零售终端"试点，尝试建立批零联盟，今后外延蔬菜基地产品可通过此平台进入市场，实现网上批发对接。贵州省委、省政府在政策、资金等方面强力支持黔品入沪，省供销集团在遵义布局6个冷链物流点，省政府大力支持遵义建设"遵品中心"。遵义市冷链物流体系正在完善，今年底黔北现代物流新城将形成5万吨产能，明年将形成30万吨产能，市铁投集团已联合遵运集团、市公交集团订购20辆冷藏运输车，拟引进社会加盟车100辆，计划明年形成自购车100辆、加盟车1000辆规模。正通过社会化方式组建20亿元的遵义农产品保底价收储基金，正加紧在每个县各建1个农商旅综合体。

二 国际、国内的两个典型案例分析

（一）中国猕猴桃变身新西兰奇异果的传奇：偶然"移民"—自然发展—身处绝境—改革自救—独占鳌头

1904年，一位新西兰女教师到湖北宜昌看望传教的姐姐，被中国猕猴

桃的鲜美味道征服,将种子带回国试种成功,新西兰肥沃的土壤、适宜的气候、人民的钟爱促进中国猕猴桃在该国广泛栽培,1952 年开始外销国际市场。1959 年,为合法规避英国高额关税,新西兰将猕猴桃更名为 ZESPRT(奇异果)。20 世纪 80 年代,新西兰有 2000 多名果农种植猕猴桃,猕猴桃成为该国第一大水果产业。1988 年,在果农无序竞争、国际市场推广支出巨大、最大海外市场(美国)反倾销三重因素作用下奇异果严重滞销,多数只能喂猪,许多果农退出行业,余下的借贷生存。为自救,在数百果农发起行动和政府支持下,果农注销了各自经营数十年的品牌,停用了旧的销售渠道,协力打造唯一的地域公共品牌——新西兰奇异果,组建统一的销售窗口——新西兰奇异果营销局(1997 年更名为新西兰奇异果国际营销公司)。随后,新西兰奇异果开始在全世界攻城略地,新西兰成为稳定种植、出口猕猴桃最多和产品附加值最高的国家,目前年产 40 多万吨 1 亿多箱,销售 70 多个国家和地区,约占全球市场三成份额,是"论个卖不论斤卖"(在京东网,新西兰奇异果 12 个 126 元,国产猕猴桃 10 斤 30～50 元)且限量销售(今年其 16 号阳光金果巨无霸在中国区域限量销售 6032 组,4 月 11 日网上首发,半小时抢购一空)的国际化高端水果。2016 年,新西兰奇异果供应中国市场近 2000 万箱约 7.6 万吨、占其出口总额的 17%;2017 年,预计突破 2300 万箱约 9 万吨,中国将成为新西兰第一大奇异果出口目的地。新西兰奇异果产业身处绝境后改革自救,在国际市场大放异彩,实现政府、企业、果农三方共赢,与其各方扮演的角色到位而不越位密不可分,其中:新西兰政府是规则的制定者和执行者,制定了严苛的奇异果种植、运输、包装设计、分级包装、冷储等规范,通过法令明确规定国内任何果农以自己品牌出口销售视作违法,严厉制裁违规生产者和销售者,2016 年新西兰国家法院责令新西兰奇异果国际营销公司拒绝了中国 2 家分销商的增量合作申请,原因是认为不能进一步增加果农收益。其国际营销公司实质是农业龙头企业,主要任务是动态调整种植规模、组织科技研发、推广公共品牌、建设营销渠道,其运用经济杠杆作用,协调品种选育、果园生产、包装、冷藏、运输、配售、广告促销等各环节,在全球销售管理中实现产、加、销一条龙，保障一年四季可配售和每箱都有一张"身份证"，消费者通过识别码能快捷查询产地溯源信息。果农是高标准、规范化生产的组织者，新西兰奇异果全是私人农场种植，每个农场都有种植基地、包装生产线、自动机械选果车间、储存保鲜气调冷库以及生产、运输专用机械。其生产环节需要执行的标准主要有：划网格化生产小区、栽树木防风墙、搭大棚架、稀植和起垄栽植、机械修剪整形、有机肥深埋、生物防治病虫害、行间种草和采摘、采果车进果园、全国统一包装设计和分级包装、先降温再气调等。此种商业模式，起到了四个方面作用：一是2000多名果农以土地和资金入股营销公司，年终获取分红，相当于股东众筹聘请了一个职业经理人团队，让专业的人做专业的事。二是集中一个国家在一个水果种类上下游产业的集体力量，对抗别国的反倾销，提升了话语权。三是按比例提取科技研发、市场开发费用，资金充足、使用有效、成本降低，能快速准确采集全球市场信息。四是通过惩戒私售、"饥饿营销"等手段，牢牢控制了经过挑选和培育的区域总代理商。

（二）冰糖脐橙变身"励志橙"的传奇：尊重自然规律、市场规则，怀一颗敬畏之心打造冰糖脐橙的差异化价值，借助微博讲故事，引爆电商卖产品，人文精神的营销革命成就了屌丝水果的逆袭

因成功打造"红塔山"卷烟品牌，褚时健成为曾经有名的"中国烟草大王"和"中国十大改革风云人物"之一，古稀之年因经济问题入狱，75岁高龄保外就医后东山再起、再次创业，在云南哀牢山承包2000多亩荒山种橙子。为确保橙子品质，他用科学的方法标准化生产，把工业的制度引进农业，严格控制水质、浇水频次、土壤有机质比例、肥料配比、剪枝频率、开花时间、挂果多少、果子口感等每个细节，把农业传统的70%靠天吃饭降低到30%，果园曾连续10年增产，牢牢控制产量和品质的主动权。开始几年，橙子挂果量小，他靠朋友帮忙团购、参加展销会销售，着力避免生鲜水果积压库存这一灾难，吃了不少苦头。从2009年起，他的果园产量开始飞速增长，褚时健虽对自身橙子的品质充满信心，但在冰糖脐橙本平凡、竞争者亦众多的现实

情况下，面对传统营销方式成本高、效果差、质优价不优的问题，他不敢懈怠。2012 年，褚时健 85 岁，其紧扣"互联网＋"这一时代的脉搏，发挥名人传播效应讲故事，依托电子商务让消费者购买产品及附加的文化，他的橙子被消费者称为"励志橙"，成为价格中高端的长期紧俏水果，他被业界赞为"中国橙王"。目前，他的果园已扩展到几万亩，2020 年产量预计达到 6 万吨。其综合运用四大营销策略，既实现了成本领先、市场聚焦，更创造了顾客喜欢的差异化价值，挑起了消费者的好奇心。一是为产品贴上励志文化标签。他改变农产品以产地＋品类命名的传统，将自己种植的冰糖脐橙以姓氏＋品类命名——褚橙，他把自己跌宕起伏的人生经历以正能量的方式与冰糖脐橙的特点有机结合并用故事的形式讲出来，拨动消费者内心深处那根弦。故事的核心是：人生总有起落，精神终可传承。85 年的跌宕人生，75 岁再次创业，耕耘十载，结出 6 万吨累累橙果和得出了 21∶1 的黄金甜酸比经验。甜中微微泛着酸，像极了人生的味道。二是为产品及附加故事找到快速传播的渠道。他的褚橙图片、励志文化、销售信息，通过自己的企业家朋友传播，在王石、韩寒等网络大 V 的点赞和转发下，在网上迅速流传，使网民通过互联网知道褚时健在种橙子，种的是"励志橙"，褚橙一时间成为不放弃、不消沉的励志图腾，他把产品变成了励志文化。三是包装设计个性化。他的团队共设计印上网络流行语的 12 款个性化包装箱，直击不同目标消费者内心，褚橙销售供不应求。比如：包装箱上印着"谢谢你让我站着把钱赚了"的褚橙，往往被企业家购买用于发放员工福利和送业务关系户、欠钱供货商；包装箱上印着"我很好，你也保重"的褚橙，往往被"不做夫妻做朋友"的离异者购买；包装箱上印着"在复杂的世界里，有你一个就够了"和"即便你很有钱，我还是觉得你很帅"的褚橙，往往被 80 后、90 后文艺小青年购买。四是一反电商渠道产品的传统定价策略。电商销售产品，网购一族是买主，所有销售在网上完成，快递取代了经销商，支付宝取代了零售终端，网络传播取代了媒体广告，营销成本大幅下降。为赢得买主，同类商品网上销售，往往打的是价格竞争战。对农产品而言，低价格意味着低价值，消费者反而不能放心购买，褚时健在网上销售褚橙，并未走低价路线，反其道而行走中高端路线，却快速引爆全国市场。

（三）经验启示

市场经济不留情面，商品供求关系是决定市场价格的风向标，在国际国内农产品产能过剩大环境下，同行业之间主要是质量和价格的竞争，新西兰奇异果、美国车厘子、法国波尔多葡萄酒、荷兰郁金香、澳大利亚牛羊肉、日本稻米、韩国泡菜和烟台苹果、安岳柠檬、阳澄湖大闸蟹、褚橙等农业品牌产品，国际国内消费者耳熟能详，消费冲动持久不衰，企业成功解决了大品类小品牌、大产地小企业、质优价不优三大难题，综合归纳其成功之道，主要有六条。一是坚持市场导向，适度规模经营。按照产销相适思路，摸清需求侧不同层次消费者的实际需求，预测消费者未来喜好变化，锁定目标消费人群，市场需要什么就种养什么，走适度规模化发展道路，既确保市场供应不中断，又避免产能过剩，把"物以稀为贵"的市场规律发挥到极致。二是坚持重点突破，聚焦主导产业。把鸡蛋放在同一个篮子或少数几个篮子里，集中精力重点突破一个或几个农业主导产业，持续发力助推地域公共品牌冲刺行业"金字塔"的顶端，让消费者成为忠实的"粉丝"。三是坚持品质为王，严格按照标准生产。针对农产品是入口食材的特殊性，主动适应消费理念变化，制定并严格执行产地认证、品种选育、种养、病虫害和疫病防治、饲料和肥料使用、加工、包装、冷储、运输等规范，扩大农产品在安全、健康、味道方面的比较优势。四是坚持分工合作，扩大成本优势。改变"单打独斗"方式，搞好利益平衡，利用经济利益纽带，联结政策、土地、资金、机械、科技、品牌、渠道等分散的资源，政府、企业、农户各司其职、各负其责，打造产加销全产业链，集中产业上下游力量抱团促生产、塑品牌、闯市场、降成本。五是坚持品牌打造，提升附加价值。在确保农产品优质的基础上，持久为产品附加安全、健康、文化等理念，广而告之，让消费者头脑中形成根深蒂固的观念，甘愿花更多钱为附加的差异化价值买单，让产品占领市场的制高点，优质更优价。比如"农夫·山泉·有点田"这一广告语，就暗含了安全健康、原生态、乡愁文化三种理念。六是坚持渠道创新，引爆市场卖点。紧跟时代潮流，拥抱科技革命，在线上线下、区域代

理、合作公关、卖场试吃、限量销售、巡回展销等方式中，不拘一格选取适合自身产品特点的营销渠道和方式，在市场引爆"蝴蝶效应"，千方百计把好产品高价卖出去。

三　推动遵义农产品入沪的工作建议

（一）基本思路

围绕国家农业供给侧结构性改革要求，结合遵义农业发展实际求变求新，紧扣"上海所需、遵义所能"，按照"茶叶开路、多元并进"思路和"政府引导、企业主体，产销对路、重点突破，试点示范、分期（短中长）推进"原则，着力产品差异、成本控制、市场聚焦三个关键，发挥工匠精神、建设"百年老店"，持续推动遵义现代山地特色高效农业标准化、规模化、品牌化发展，长效打造人无我有、人有我优、人优我特的遵义绿色有机农产品，稳扎稳打、步步为营，形成品质、销量、价格三优局面，深耕上海市场赢得消费者认可，辐射全国、走向世界，为遵义打造无公害绿色有机农产品强市和推动农产品风行天下、"泉涌"发展探路子，助力全市决胜脱贫攻坚、同步全面小康，打造西部内陆开放新高地。

（二）关键举措

1. 生产让消费者放心购买的遵义农特产品

针对综合发展的比较优势、上海市民的消费喜好、耐储存便运输、短平快产业扶贫四个特点，选定市域茶叶、辣椒、蔬菜三类大宗农产品和竹笋等"小众"农产品为聚力发展的主攻产业，持续开展遵义农产品入沪试点，待成效初步显现、模式基本成熟后再在其他农业产业领域逐步推开。

（1）严格按照标准生产。坚持宁缺毋滥，严格按照国家标准，开展绿色、有机、地理标志保护农产品产地认证，高标准确定入沪商品化生产专属基地。参照国际国内行业生产标准，建立完善品种选育、规范种收、病虫害防治、粗深加工、包装设计、冷链物流等标准。通过加强生产标准培训、严格检验检测、动态调整入沪专属基地等综合性措施，严格执行生产标准，着力解决产品同质化问题。近期要邀请上海专家到遵义指导入沪鲜销蔬菜的采摘、包装、分拣、运输标准化培训。

（2）适度规模发展。长短结合，每个县（市、区）加快布局形成一个主导产业，为规模化、集中化创造条件。生产前对接好上海市场，在订单生产的基础上适度确定生产规模，切忌贪多求大。待该品类农产品真正赢得上海消费者认可后，再适度扩大生产规模，避免大起大落，确保产品附加值始终处在较高水平。

（3）提升品牌价值。深入研究遵菜入沪，以解决问题、服务目标为导向，逐步退出行政干预。锁定家庭食用和礼品市场目标消费群体，确定中高端价格定位，以地名＋品类＋特点方式，集中力量打造具有遵义地域特色的农产品公共品牌。塑造遵义入沪拳头农产品，从品质（健康、营养、味道等）和文化内涵（生态、农耕、乡愁等）方面挖掘不可复制内容，在产品包装和风格上强烈凸显遵义特色，塑造差异化价值，让消费者有持续体验的冲动。着力完善农产品质量安全可追溯管理系统，探索建立远程监控体系，力争为每一箱（包）入沪农产品办理"身份证"，实现产品来源可查询、出现问题可追溯。

2. 搭建让消费者便捷购买的专业营销渠道

适应时代发展潮流，围绕购买渠道便捷要求，遵循"适度饥饿营销"思路，以龙头企业引领入沪农产品全产业链发展，不拘一格采取线上线下多元营销方式，在实践中找准遵义绿色有机农产品入沪的长效通道，让遵义优质农产品优价进军上海市场。前期，采取政府＋企业方式，合力打开遵品入沪大门；待步入正轨后，企业绕开中间环节，直接对接上海市场主体，政府力量逐步退出，做好服务工作。

（1）由黔茶联盟统筹负责遵茶入沪，市茶办、市政府驻上海办等有关部门配合，体制内用茶（会议用茶、接待用茶、公务用茶）和体制外用茶（国内市场内销茶、国际市场外销茶）齐头并进，近期抓好邀请遵义琦福苑

红茶企业加入黔茶联盟、上海公务用茶跟进、在上海东方购物电视节目推广遵义茶等工作。

（2）依托市铁投集团冷链物流体系建设和农产品保底价收储基金组建优势，聚合各方力量，将其扶持打造为除茶叶外统筹遵义农产品入沪的"航空母舰"，面向全国抓好职业经理人等实用人才延揽工作，鼓励社会化主体以股份制等形式加入，可成立各单品分公司，加快形成铁投统筹、独立经营、互相竞争、各自发展的局面。遵义龙头企业要根据遵品入沪实际，以企业化运作思路，开展农村电商扶贫，建立上海分销网络，推动沪遵线上线下融合。

3. 建立政府企业农户三方共赢的利益联合体

从长远来看，要充分发挥市场对资源配置的决定性作用，更好发挥政府作用，用好经济杠杆原理，让政府、企业、农户各做自身专业的事，实现财政增长、企业增效、农民增收三方共赢的和谐发展局面。

（1）市、县两级政府当好行业规则的制定者和执行者。成立由市政府分管副市长任组长、市外协办主要负责人任副组长、市直有关部门和各县（市、区）政府分管领导为成员的"遵品入沪"工作领导小组，统筹生产、流通、销售各个环节；办公室设在市外协办，负责日常工作；建立领导小组会议制度，完善工作推动、督导、调度、专报长效机制，定期研究解决工作中存在的困难和问题；按照"各司其职、各负其责"要求，重点做好以下工作：一是在基地认证、品种选育、种植采收、病虫害防治、粗深加工、分类包装、冷链物流等全环节，制定规范的行业生产标准，对违反规则的短视行为进行惩戒。二是统一与上海政府和市场对接的渠道。三是加强遵义入沪绿色有机农产品的打假维权。四是实质性整合市、县两级涉农专项资金，集中投入三个方面：完善入沪农产品商品化生产专属基地的水、电、路、讯基础设施和烤房、冷链物流等配套设施，可采取道真模式，将财政投入的设施转换成村集体财产，作价租赁给龙头企业，租金作为村集体资金，既减少企业投入，也调动基层村集体组织和农民积极性。强化检验检测能力建设和把关，建立完善农产品质量安全可追溯体系，让遵义绿色有机农产品质量安全接轨国际国内高端水平，让消费者甘愿付出较高价格放心购买。制定对选定的龙头企业经费补助标准和方式，每年精确统计企业对遵义地域公共品牌农产品的品牌打造投入、产品入沪销量和价格、种植户获得收益、政府获得税收和就业等指标，对企业大张旗鼓进行物质和精神表彰，激发企业积极性。

（2）龙头企业当好全产业链条发展的引领者。以保底价收购、入股分红等形式，构建好与种植户的利益联结机制。根据市场需求变化，动态调整种植规模。从销售利润中按比例安排资金，组织科技研发（如茶饮料、生鲜冷链、熟食包装等）和品牌推广、渠道建设。运用经济杠杆原理，协调品种选育、种植、包装、冷藏、运输、配售、广告促销等各环节，有机整合行业分散的土地、资金、人力、科技、设备、品牌等各种资源，实现产＋销一条龙服务，力争一年四季可配售，保障好产品质量安全。按照"遵品入沪、沪品入遵"思路，力争降低"遵品入沪"运输车辆回程空驶率。

（3）种植户当好高标准、规范化生产的实施者。根据自愿原则，按照政府制定的行业生产标准和企业确定的种植计划规范生产，从企业保底价收购和销售分红中获取较高收益，呵护土地、精心灌溉、扩大可利用资源，改善自身资源库，推动高效、集约、标准化生产，发挥小农农业的可塑性和多功能性。

旅　游　篇

Tourism Articles Reports

B.11
全域旅游视角下遵义市乡村
旅游发展探讨

陈茹茜*

摘　要：　在全球经济一体化的背景下，人们的生活水平不断提高，旅游业快速发展起来，乡村旅游作为一种富有特色的旅游方式受到了广大消费者的喜爱。遵义乡村旅游起步早，有较好的基础，但全域旅游背景下，乡村旅游发展有了新的要求，遵义乡村旅游要实现可持续发展，必须抓住机遇，加快转型。本文从全域旅游视角分析了遵义市乡村旅游存在的问题，并从树立资源整合意识、加强乡村旅游资源整合、改善交通条件、加大"吃、住、游、购、娱"五大要素的投入力度、挖

* 陈茹茜，遵义师范学院历史文化与旅游学院副教授，研究方向为乡村旅游、地方文化旅游开发。

掘乡村旅游文化内涵等多方面提出对策建议。

关键词： 遵义市　乡村旅游　全域旅游

一　引言

自 2016 年全域旅游在全国旅游工作会议上被确定为我国新时期的旅游发展战略以来，迅速引起了社会各界的强烈反响。在全域旅游背景下，乡村旅游发展需要整合区域内的资源并进行优化，发展"全域乡村旅游"，把一定区域内的景点当作一个整体加以规划，从而推动乡村旅游产业融合发展，力求满足消费者多样化的需求。这就要求乡村旅游发展结合全域旅游的发展理念，从传统农家乐转变为综合型旅游模式，即树立"全景观、全方位、全产业、全过程"的发展理念，全力打造新旅游体系，满足旅游者差异化的需求。遵义市作为首批全国全域旅游示范区之一，在全域旅游背景下，旅游发展必然迎来新的机遇。遵义乡村旅游起步早，有较好的基础，但全域旅游背景下，乡村旅游发展有了新的要求，遵义乡村旅游要实现可持续发展，必须抓住机遇，加快转型。因此，从全域旅游视角探讨遵义市乡村旅游的发展具有一定的现实意义。

二　遵义市乡村旅游发展现状

（一）规模不断扩大

根据遵义市旅游发展委员会公布的数据，随着旅游业的发展和国家全域旅游示范区建设的全面推进，遵义市旅游规模不断扩大，旅游接待人数持续上升，旅游总收入稳步增加，2017 年接待国内外游客达 1.15 亿人次，比上年增长 36.9%；实现旅游综合收入 1151.8 亿元，同比增长 45.3%，形成了

23 家 4A 级景区、18 家 3A 级景区、5 家 2A 级景区的高等级景观集群。① 旅游的稳步发展，也为遵义乡村旅游发展带来了契机，遵义乡村旅游产品系列逐渐形成，已经形成乡村旅游五星级经营户 9 家，其中绥阳县有四家，即凤凰度假村、公馆别院、募阳驿站、家和农庄；播州区有一家，即顺然农场；汇川区有一家，即娄山谷镇度假村；务川县有三家，即龙潭荷花山庄、龙潭仡寨山庄、栗园度假村。②

（二）旅游设施逐渐完善

随着社会经济发展加速以及旅游发展的不断推进，遵义市旅游发展相关设施正在逐步完善，以美丽乡村建设为依托，乡村基础设施建设正进一步完善。例如加大了交通设施改善的力度，进一步强化农村卫生设施建设，不断加大农村厕所修建改造力度。据遵义市统计局发布的报告，遵义市在基础设施的投资上持续强劲，2017 年全市的基础设施投资 848.09 亿元，同比增长 31.3%，拉动了全市的投资增长 9.8 个百分点。旅游专门设施方面，遵义对旅游住宿设施、娱乐设施等也加大了投资力度。逐渐完善的旅游设施系统有利于完善遵义市的旅游设施网络体系，对带动乡村旅游的发展起到了积极作用。

但是，从全域旅游发展的视角看，遵义市乡村旅游要实现可持续发展，还存在很多亟待解决的问题。

三　全域旅游视角下遵义市乡村旅游发展存在的问题

（一）乡村旅游整合发展意识不强

从全域旅游的视角来看，要形成全景观、全区域的旅游格局，必须树立

---

① 遵义市旅发委：《遵义市 A 级景区名录》，遵义市旅游政务网，2018。
② 数据来源：遵义市统计局。

整合发展意识，整合乡村旅游发展的各项资源，从而推动乡村旅游健康可持续发展。目前来说，遵义市乡村旅游整合发展意识不强，表现在：一是没有树立全域旅游意识。发展全域乡村旅游要注重全景观的规划格局。随着旅游业的发展，遵义市对乡村旅游发展越来越重视，不断出台相关政策，为乡村旅游业的发展保驾护航，虽然取得了一些成效，但是乡村旅游发展缺乏全域旅游意识，没有从全域旅游发展要求的角度进行规划和布局，导致缺乏整体的全域空间旅游规划，不能做到"三标（旅游总体规划的坐标、社会经济发展规划的目标、合理利用土地规划的指标）合一"。另外遵义乡村旅游的形象定位紊乱、产品同质化现象严重，布局散乱，没有形成全区域、全景观的发展格局，一定程度上影响了乡村旅游的整体可持续发展。二是乡村旅游融合发展力度不够。从全域旅游的视角看，遵义市乡村旅游的发展，必须实施"乡村旅游＋"发展战略，将乡村旅游与红色旅游、体育旅游、生态旅游、历史文化旅游结合起来，这样既有利于丰富乡村旅游产品，又能扩大乡村旅游的客源市场。但是，目前遵义市乡村旅游融合发展少，单打独斗多，很多乡村旅游经营点仍然采用家庭式经营管理模式，在一定程度上阻碍了乡村旅游的深入发展。

（二）旅游六要素配置不完善

从全域旅游的视角看，构建全景观覆盖的旅游格局对配套设施的配置提出了比较高的要求，即要求实现全要素发展。发展全域乡村旅游，必须树立全业发展的理念。众所周知，旅游业的发展涉及"吃、住、行、游、购、娱"六大要素，彼此之间联系密切，环环相扣，每一方面的发展都是建立在其他方面发展基础上的。但是遵义市乡村旅游六要素配置不完善，游客对餐饮、住宿、娱乐方面的满意度较低，多样化和个性化需求未得到满足，导致游客的停留时间较短，游客很难进行"深度旅游"，在一定程度上制约着遵义乡村旅游的发展。

在吃、住方面，乡村旅游中"吃"的要素是影响游客满意度的主要要素，很多乡村旅游游客，参与乡村旅游的目的之一，就是吃农家饭。但就目前而

言，遵义市乡村旅游在"吃"这一要素上特色并不明显，真正具有黔北农家特色的餐饮并不多，食材的选择上也并非绿色健康食品。在住的方面，乡村旅游中应该以体现黔北民居特色的民宿为主，但目前遵义乡村旅游市场以周末短期休闲度假为主，对住的要素打造明显不足。在行和游方面，目前遵义市的乡村旅游车队总体来看数量较少，多数乡村旅游者选择自驾游方式出游，但通往乡村旅游点的道路狭窄、没有停车场等也给旅游者带来了不少的麻烦；游览的旅游景区主要是乡村旅游经营点及其周围的自然景观，人工打造的痕迹较重，缺乏对乡村旅游资源的整合，农家味不足，使得乡村旅游产品单一。在购和娱方面，乡村旅游发展中的"购"，除了能满足游客日常生活需要的自选超市、购物商场等，更多的应该开发具有乡村特色的旅游纪念品和土特产品，激发旅游者的购买欲望，目前遵义乡村旅游基本上不注重这一点；娱方面，也要尽力打造黔北特色的传统娱乐项目，大力构建相关娱乐设施。

（三）乡村旅游产品体验不足

旅游体验就是旅游者通过亲身参与去体验当地独特文化的过程。全域旅游背景下，乡村旅游发展必须为游客提供全过程的旅游体验，这就要求乡村旅游产品开发必须注重体验性，开发能使游客广泛参与的旅游项目。但目前遵义市乡村旅游产品明显体验性不足，表现在：其一，遵义的乡村旅游目前开发的旅游产品多集中于观光采摘和休闲度假上，如摘草莓、赏景、吃农家饭等简单化项目，乡村旅游产品的体验性不足，很难满足游客体验的需要。其二，从旅游者参与遵义乡村旅游的情况来看，以观光为主，对于遵义特有的民俗文化、传统文化等体验不多。其三，在目前的乡村旅游过程中，遵义未能将具有乡村特色的内容进行深度开发，导致旅游产品体验中"农家"味道不足，游客得到的关于乡村文化的体验不足，造成乡村旅游产品同质化现象严重，游客满意度和重游率低。

（四）旅游资源文化内涵挖掘不足

文化是旅游的灵魂。从全域旅游的视角看，乡村旅游发展必须重视文化内涵的挖掘，为游客提供全方位的文化体验。虽然遵义市旅游资源文化内涵丰富，但乡村旅游发展中没有对文化旅游资源进行深度的挖掘，依托资源优势打造的文化旅游精品不多，很多独具特色的文化旅游资源没有得到有效的利用，如传统的节庆文化、黔北农村生产生活民俗、黔北农耕文化等。文化内涵挖掘不足，导致乡村旅游产品品位不高，很难形成品牌。

四 全域旅游视角下遵义市乡村旅游发展对策

（一）"全景观"整合发展乡村旅游

整合发展是旅游业发展到一定时期后的必然要求，整合的效果会直接影响所在地的旅游形象定位、产品优势、经济效益、市场竞争环境等[①]，遵义乡村旅游资源十分丰富，从全域旅游视角看，"全景观"整合发展乡村旅游非常有必要。

首先，树立资源整合意识。由于乡村旅游的发展势头良好，各地的乡村旅游经营者纷纷出现，但同时也出现了单打独斗、盲目开发、资源闲置、管理不当等问题，例如别的地方发展乡村旅游形势大好，就会出现一哄而上，盲目开发，造成资源浪费。因此，遵义市在发展乡村旅游的过程中，必须树立资源整合意识，树立全局发展意识，构建大旅游模式，这是乡村旅游得以持续发展的保障。

其次，加强乡村旅游资源整合。其一，遵义市在开发乡村旅游资源时，必须跳出传统思维模式的局限，要在全域理念的引导下，整合乡村旅游发展的资源要素，努力实现资源共享。其二，实施"乡村旅游+"的战略，将乡村旅游与红色旅游、生态旅游、体育旅游、民俗文化旅游等有机整合起来，丰富乡村旅游的内容。其三，充分发挥政府的主导作用。政府通过制定

---

① 王欣、吴殿廷、方修琦、肖敏：《旅游资源整合新论》，《桂林旅游高等专科学校学报》2005年第4期，第29～33页。

旅游从业人员培训机制、全域视角下旅游合作管理机制及整合旅游资源产品链等方法来进行资源管理。因此，遵义市政府部门要积极引导市场主体投入乡村旅游的建设中，在更为广阔的平台上进行整合开发产品，拓展市场，对现有的旅游资源的产品组合、结构、区位条件以及市场竞争环境进行研究，以更好地促进乡村旅游业的持续发展。

（二）"全业观"均衡发展旅游六要素

在遵义乡村旅游的开发过程中，要树立乡村旅游发展"全业观"，加大物力、财力的投入力度，全方位完善旅游设施建设，促进旅游六要素均衡发展。

首先，改善交通条件。大力推进遵义市全域旅游示范区建设，实现公路、铁路以及航空等立体化的交通网络体系，既要将遵义市与外界的交通体系进行无缝对接，又要努力改善通往各乡村旅游点的交通状况，要构建"进得去，游得开，出得来"的全位化体系，提高遵义乡村旅游的可进入性。比如：改善直达遵义乡村旅游景区的道路，多开设旅游专线客车，完善乡村停车场等的建设，解决乡村旅游发展中的交通问题。其次，要加强"吃、住、游、购、娱"五大要素的投入力度，大力发展民宿旅游、特色黔北民居等，以服务于全域乡村旅游发展；科学地开发绿色健康、有特色的美食，并加强特色美食文化的推广和宣传，建立美食品牌，吸引更多的游客；丰富乡村旅游的购物产品，不断完善全域乡村旅游购物要素体系，着力为游客营造优良的旅游购物环境，开发乡村特色旅游纪念品，提高乡村旅游的附加值；打造乡村旅游娱乐产品，让游客在乡村旅游中动起来、乐起来，用娱乐提升乡村旅游的品质。最后，要提高乡村旅游服务人员的服务意识，树立全员参与的乡村旅游发展理念，鼓励乡村居民积极参与到乡村旅游发展中来，营造和谐乡村氛围，构建乡村旅游发展的良好环境。

总之，遵义乡村旅游在发展时，力求六要素均衡发展，使涉旅产业在全域乡村旅游中找准位置，相互融合，互动发展。

（三）"全位观"挖掘乡村旅游文化内涵

乡村旅游得以持续发展的保障点是全方位深入挖掘乡村文化的内涵并不断改善充实文化品位，让乡村文化得以传承。虽然遵义市有丰富多彩的文化，但在乡村旅游中真正体现出来的并不多。因此，遵义在推进全域乡村旅游时，必须充分利用乡村文化资源，深入挖掘乡村旅游文化内涵。遵义乡村旅游中有内容丰富的农耕文化；有原生态的村落建筑、原汁原味的民风民俗；有特色明显、古色古香的民居建筑；有文化内涵丰富的民间传统文化等。遵义必须将这些极具地域特色的文化进行深度的挖掘，让这些文化在乡村旅游产品中得以体现，打造具有特色的旅游产品。

另外，遵义市必须充分协调好相关部门的工作力度，比如：政府加大对乡村旅游文化项目的建设工作，丰富旅游产业的产品形式，积极鼓励、引入民间资本、外来资本参与乡村旅游全产业链条延伸。除此之外，要引进高新科技创新型人才，进一步提升遵义乡村旅游文化内涵。比如：可根据当地的民族文化特色，开发出全新的乡村美食，不要让游客只局限于知晓"刘二妈米皮、洋芋粑粑、豆花面、遵义羊肉粉"等小吃。有感于乌镇举办"中外艺术文化大型表演、小镇戏剧狂欢嘉年华"的旅游形式，笔者认为遵义市可规划出融合多种文化的乡村游景区，通过利用当地的多元文化主题，鼓励区域内加强文化建设，让游客实地感受到乡村文化。比如：可利用特有的沙滩文化、仡佬文化、茶文化、土司文化等区域划分出小片区域，给游客提供艺术欣赏、文学创作、文化交流等活动，加强他们对乡村文化的感受力。

总之，文化的差异性是吸引游客的重要来源，遵义市要着重全方位挖掘乡村文化内涵，为游客创设全方位体验乡村文化的旅游空间。

（四）"全程观"打造体验型乡村旅游产品

全域旅游背景下乡村旅游的发展，必须注重旅游产品的体验性，为游客创设全过程体验。所以，遵义市乡村旅游在产品体验性的开发层次和功能上

要加大力度，打造出能满足游客多元需求的全过程旅游产品。

打造全过程的体验旅游产品，必须实现旅游体验主题化。旅游体验主题化指的是定位出具有统一感和整体感的体验主题品牌，再将不同的体验要素与其结合在一起，从而为游客提供多种体验式乡村旅游产品[①]，因此遵义市必须抓住旅游体验主题化这一重点，在定位乡村旅游主题中，改变现有的单一的产品类型，开发出多样体验式产品。比如2018年为了响应"美丽中国——全域旅游年"，杭州临安政府在其乡村旅游发展中，充分将乡村旅游资源与多种传统艺术融合在一起，为游客提供多种旅游体验活动。笔者认为遵义市可以学习最美乡村临安的发展经验，因地制宜，利用遵义市丰富的乡村旅游资源，打造能够给游客全过程体验的旅游产品。比如打造农耕文化体验主题产品，在原有的吃农家饭、赏农家景的基础上进行创新，游客通过在农家乐缴纳一定的租金领取一块土地，体验从播种、除草、施肥到收获的过程，收获的果实归游客所有。游客以居民的身份体验当地的农作乐趣，感受如陶渊明般"采菊东篱下，悠然见南山"的情怀，通过这种参与式活动，游客既能获得一次农村生活难忘的体验又可以丰富现代城市里孩子的田园知识，还可以学习《爸爸去哪儿》节目里面开展的一些乡村活动，如农事耕作、搓苞米、抓稻鱼、挖莲藕、剪纸、踩高跷、滚铁环、原生态美食制作等体验活动，增加了很多的趣味性。

总之，旅游消费者对于乡村旅游的本质要求是能真正地体验到其所带来的快乐，遵义市乡村旅游必须转变现在的发展模式，要丰富旅游产品体验的要素，从真正意义上实现全过程乡村旅游体验，以提升产品附加值从而提高乡村旅游质量。

五 结语

遵义市乡村旅游发展基础良好，发展速度快，并且在未来还将持续建成

---

① 徐露：《基于体验经济视角下的乡村旅游产品深度开发研究》，《农业经济》2016年第6期，第34~36页。

125 个特色小镇，实现美丽乡村建设，促进城乡一体化，这必将对遵义乡村旅游发展起到积极的促进作用。但是，从全域旅游的视角看，遵义市乡村旅游发展还存在很多问题。遵义市乡村旅游的发展，必须树立"全景、全程、全业、全位"的发展观念，整合乡村旅游资源，均衡发展吃、住、行、游、购、娱六要素，深入挖掘乡村旅游文化内涵，打造体验型乡村旅游产品，推动遵义乡村旅游可持续发展。

B.12
渝贵铁路（渝黔高铁）的开通对
遵义旅游业的影响研究

付 强　周莹莹*

摘　要： 随着科技和经济的飞速发展，以及政府的扶持，贵州省的轨道交通在突飞猛进地发展着。2014年12月26日，贵广高铁D211次列车由贵阳北站发出，这是贵州省的第一趟高铁，它标志着贵州省首条跨省高速铁路正式通车，贵州跨入"高铁时代"。2018年1月下旬开通运行的渝贵铁路（渝黔高铁）在重庆枢纽与兰渝铁路、成渝高铁连接，在贵阳枢纽和贵广高铁、沪昆高铁连接，成为西部通往华南珠三角地区的另一个重要的快速通道。渝贵铁路（渝黔高铁）的开通将不仅会对遵义旅游业产生影响，甚至将推动整个西南地区的旅游业高速发展，同时也将带来诸多挑战。

关键词： 渝贵铁路（渝黔高铁）　旅游业　遵义

遵义坐落于贵州省北部，是西南地区承接南北、连接东西、通江达海的重要交通枢纽。由于处在亚热带上，因此遵义全年的气候温和。遵义不仅拥有秀美壮丽的河山，还有深厚的红色文化和酒文化。遵义，有着优越的地理位置、宜人的气候条件、丰富的资源、绚丽多姿的文化等诸多优势，但由于

---

* 付强，遵义师范学院团委副书记，遵义师范学院历史文化与旅游学院旅游管理暨酒店管理专业副教授；周莹莹，遵义师范学院2014级旅游管理专业学生。

交通的闭塞，使得人们进不来也出不去。交通运输的落后，导致遵义旅游业发展长期处于初级阶段。交通运输的完善对于旅游业而言有着正相关的影响，高速铁路的出现无疑是旅游业快速发展的助推器，其高速运输的能力大大缩短了城市与城市间的时空距离。如今，渝贵铁路（渝黔高铁）的开通便成为遵义旅游业发展的助推器，大大缩短了时空距离，不仅加强旅游者对遵义的可进入性，同时为遵义人出行带来了便利快捷。

一　渝贵铁路（渝黔高铁）概况

渝贵铁路（渝黔高铁）北起于山城重庆，经贵州省遵义市后向南来到该线路终点站——有着避暑天堂之美称的贵阳市。该项目的投资总额约449.3 亿元，设计行车速度为 200 公里/小时，实际速度为 250 公里/小时，铁路等级为国铁Ⅰ级。全程约 346 公里，其中重庆境内约 111 公里，贵州境内约 235 公里。总共设有车站 12 座，重庆境内设有 4 个站，由南向北分别为赶水站、綦江东站、珞璜南站、重庆西站，贵州境内设有 7 个站，由南向北分别为贵阳北站、修文县站、息烽站、遵义南站、遵义站、娄山关南站、桐梓东站，其中遵义站是渝贵铁路（渝黔高铁）最重要也是最大的中间车站，并且贵州段 4G 网络全覆盖。渝贵铁路（渝黔高铁）日均客车输送能力超过 80 对，其桥梁隧道比约 75.4%，新建桥梁 209 座，双线隧道 115 座，建造难度巨大。渝贵铁路（渝黔高铁）开通后，成都至贵阳铁路运输时间从原来的 12 小时左右缩减至 3.5 小时左右；重庆与遵义两城之间铁路运输时间从原来的 10 小时左右缩减至 2 小时左右；重庆至广州铁路运输时间从原来的 12 小时左右缩减至 7 小时左右；成都至广州铁路运输时间从原来的 14 小时左右缩减至 9 小时左右；贵阳至遵义仅半小时，大大地改善了当地的区域交通结构，必将带动沿线旅游业的发展。如果将渝贵铁路（渝黔高铁）放在中国的整个铁路版图中，人们会发现渝贵铁路（渝黔高铁）连接西北、华南和华东，一方面极大地提高了西北至西南间铁路运输的灵活性，另一方面完善了我国京广线以西重要的南北向铁路骨干通道。未来渝贵铁路（渝黔高铁）

将成为我国西南地区连接西北的"快车道",该铁路的开通大幅度地缩短了四川重庆等地区与沿海城市的时空距离,将重构西部地区铁路客运格局。以前遵义人想要去上海或广州等地只能选择坐飞机或者自驾车等,花销大且舒适度低;现在可以选择高铁,快速、性价比高、安全系数高、行动力高。

二 渝贵铁路（渝黔高铁）的开通给遵义旅游业带来了新的机遇

渝贵铁路（渝黔高铁）的正式运营,塑造了我国整个西南地区的交通新格局。由于旅游者出行方式的改变,大幅度削减了出行花在路上的时间,人们出行的动机得以最大化地激发。

（一）进一步推动了客流量的增加

遵义这座历史文化名城,拥有世界文化遗产海龙屯和世界自然遗产赤水丹霞,但交通运输方式的落后导致游客可进入性过低,即便有王牌的景点也曾出现过无人问津的尴尬局面,相信随着交通运输方式的逐步完善,遵义旅游业必定能加快发展步伐。渝贵铁路（渝黔高铁）开通后遵义可以积极利用渝、黔两城的纽带优势,全面统筹发展旅游业。以贵阳在开通贵广高铁前后客流量进行对比为例,2014年底贵广高速铁路正式开通运行,由贵阳市旅游产业发展委员会官方网站可查,贵广高速铁路开通之前,贵阳2013年"五一"假期全市共接待国内外游客约为166.5万人次,旅游综合收入约4.1亿元,同比增长31.1%。时间定格到2015年"五一"黄金周,这一年贵广高铁全线开通运行,贵阳旅游市场出现空前的火爆,旅游业发展委员会官方网站数据显示,贵阳市接待国内外游客量约为269.0万人次,旅游收入约为7.4亿元,同比增长39.7%（见表1）。2014年贵阳北站日均游客发送量约6810人次,到了2017年贵阳北站日均游客发送量增长至34310人次左右。随着渝贵铁路（渝黔高铁）的开通,贵阳北站的游客发送量持续上升,由此可见渝贵铁路（渝黔高铁）的开通运行势必将带动遵义的旅游经济发展。又因为遵义一直紧跟贵阳发展的脚步，可以说这两城市在经济、文化等各方面实力都相当，所以推测渝贵铁路（渝黔高铁）的开通必将是遵义旅游业经济发展高速通往春天的列车。2018年1月25日早上7点34分，渝贵铁路（渝黔高铁）首趟列车驶出。渝贵铁路（渝黔高铁）于上午8：20准时驶入遵义站，发送游客量约为6100人次。打开购票平台，自渝贵铁路（渝黔高铁）2018年1月25日营运以来，高铁票持续紧俏，繁忙时段更是出现一票难求的状况。渝贵铁路（渝黔高铁）开通之际恰好是春节期间，作为春运期间缓解运输压力的一支大军，运送旅客量约为62.4万人次。

表1　贵广高铁开通前（2013年）与开通后（2015年）
贵阳"五一"黄金周旅游相关数据对比

时间 ＼ 类别	接待国内外游客量（万人次）	旅游收入（亿元）	旅游收入同比增长率（%）
2013年"五一"黄金周（贵广高铁开通前）	166.5	4.1	31.1
2015年"五一"黄金周（贵广高铁开通后）	269.0	7.4	39.7

（二）深入促进了区域合作

截至2017年，遵义有A级旅游景区46个，重庆有A级旅游景区215个，贵阳有A级旅游景区49个。三市景区与景区之间连成一条线，形成多日旅游经济圈。不止于此，渝贵铁路（渝黔高铁）犹如一条大动脉，与各大铁路相接，构成快速的"出海"大通道。渝贵铁路（渝黔高铁）犹如一把钥匙，开启了遵、渝、贵三市的旅游新时代。2017年11月底，黔北渝南旅游联盟在贵州道真宣布成立。成员包含渝贵铁路沿线的重庆的武隆和贵州省遵义市正安县等区域。由于联盟组织的成立，黔北渝南区域涌现了大批档次高、知名度高、市场认同度高的风景区，成为区域旅游产业的标志性招牌。区域间通过合作可以有效提升区域旅游产业的核心竞争力，从而扩大遵义旅游业的市场。

（三）加速了旅游市场繁荣

渝贵铁路（渝黔高铁）的开通，犹如推进器使得遵义各景区得以高速发展，持续推进旅游井喷式增长，推动遵义的旅游市场再上新台阶。旅游市场繁荣带来的经济效益使景区得以发展，从而对景区的生态起到保护的作用。从表2相关数据可发现，近几年遵义旅游业的综合收入持续增长。遵义市2015年"元旦"小长假接待游客56.25万人次，实现旅游综合收入4.05亿元；2016年"元旦"小长假接待游客69.8万人次，实现旅游综合收入5.13亿元；2017年"元旦"小长假接待游客95.07万人次，实现旅游综合收入7.17亿元；到2018年"元旦"小长假接待游客124.74万人次，实现旅游综合收入9.56亿元。以2017年为时间节点，2015～2016年遵义市接待游客数量和旅游综合收入都在增长，但增速较缓，2017年与2018年增长幅度明显（见表2）。这离不开遵义交通运输的升级，这必定与渝贵铁路（渝黔高铁）的开通有着密切联系。2018年渝贵铁路（渝黔高铁）的开通犹如一把钥匙打开了遵义旅游业高速发展的大门，加速遵义各大旅游景区的发展。渝贵铁路（渝黔高铁）开通适逢2018年春节假期，相关数据显示，遵义市接待游客275万人次，旅游收入达到14.95亿元，创历史新高。58个监测旅游景区共计接待游客129.5万人次，同比增长34.6%。58个监测旅游景区实现门票收入3990.98万元，同比增长30.2%。2018年第一季度全市接待游客2747.6万人次，同比增长33.1%。由以上数据推知渝贵铁路（渝黔高铁）的开通将加速遵义旅游市场的繁荣。

表2　2015～2018年遵义市"元旦"小长假游客接待相关数据

单位：万人次，亿元

年份　类别	接待游客数量	旅游综合收入
2015	56.25	4.05
2016	69.8	5.13
2017	95.07	7.17
2018	124.74	9.56

三 渝贵铁路（渝黔高铁）的开通使遵义旅游业面临新的挑战

（一）加剧了交通工具间的竞争

旅游六要素中"行"占有十分重要的地位，游客出行免不了交通工具上的选择。旅游交通的日趋完善使得游客出行方式选择越来越多，这无疑加剧了交通工具间的竞争。中国高铁可以称得上是全球最发达的地面交通网络，2018 年春运期间，全国铁路发送旅客约 4 亿人次，比上年增加约 3132 万人次，同比增长约 8.9%，日均发送旅客量高达 955 万人次，创历史新高。随着"八纵八横"铁路网的逐步铺设，铁路运输必定会给各大运输交通工具，特别是航空运输和公路运输等带来巨大的竞争压力。2018 年初，渝贵铁路（渝黔高铁）的开通彻底改变了遵义的交通格局。受渝贵铁路（渝黔高铁）影响，华夏航空在不久的将来将停开重庆到贵阳的直达航线。这还只是开始，高铁"350 时代"来了，2017 年 9 月"复兴号"按时速 350 公里正式上线运行，而且速度还在提升。据相关消息称，未来，我国有 1/3 的高铁时速将逐步进入 350 时代。轨道运输的全面提速，导致飞机票价大面积下降，近年来报道的相关新闻屡见不鲜。通常情况下，400 公里左右的旅程，高铁占有绝对的优势；700 公里左右的旅程，高铁大约能够分流 25% 的乘客；1100 公里左右里程，高铁将会分流 17% 左右的乘客。从积极的角度看待问题，高铁速度的提升也许对游客来说是有益的，但这将无形中加强市场竞争，使得高铁、民航形成良性竞争，为适应社会需求，提升服务质量。公路交通受到的挤压也是十分严重，客运结构发生变化。有数据显示，公路客运量下降 1.6%，第一次出现负增长。遵义的公路客流量持续减少，司机面临着失业，客运承运公司也只能另谋出路。越来越多的人更倾向选择高铁出行，它的舒适性，它的性价比高，它的速度快，它的准点率和安全系数极高，受外界影响的因素极少，这是航空运

输和公路运输无法比拟的。这些特点使得高铁在交通运输业中表现突出，是其抢占市场的制胜法宝。但现在交通工具间的竞争不仅是技术硬件上的竞争，更是硬件与软件服务结合的配套化竞争。没有竞争，交通工具只能彼此间各司其职拼速度，只有在竞争环境下，旅游交通这一领域才会不得不围绕自身属性打造全新的属于自己的旅游生态链，不同交通工具间软硬件整合服务的竞争将有利于未来新型旅游产品的出现。自复兴号动车上加入 WiFi 和提速后，更多乘客不再选择坐飞机，坐着动车可以看着风景上着网。紧接着在几个月后东航也带头宣布手机可以开启飞行模式不用关机，甚至还要推出机上 WiFi。旅游交通工具的软实力竞争将对游客及旅游产品产生影响，旅行社产品的制定也会发生变化，但做到这些还有很长的路要走，面临着巨大的挑战。

（二）游客停留时间变短

渝贵铁路（渝黔高铁）高速运行在带来游客的同时，也加快了游客的流失，尤其体现在酒店住宿方面。2015～2018 年"元旦"小长假期间，遵义全市星级宾馆酒店客房平均出租率分别为 72.6%、72.8%、83.8%、73%。酒店出租率虽然在 2015～2017 年的元旦期间出现了增长但是增速极其缓慢，且于 2018 年出现了更快的下跌。在交通运输工具越来越完善的情况下反而出现了客人入住率的下降，说明客流的流动速度加快在无形中也带动了酒店住店客人的流失速度加快。截至 2017 年 7 月 31 日，遵义市共有星级酒店 42 家，高星级酒店较少，住宿业发展较为滞后。渝贵铁路（渝黔高铁）开通前，人们到遵义因为交通工具运输速度较慢和路途舟车劳顿等因素，可能会选择在遵义过夜。现在城际交通工具的改善，使人们选择在遵义一日游的概率更大。产生这一现象的原因主要有：一是酒店配套设施不够完善，如客房、餐厅、茶楼、娱乐、康体等设施过于落后，服务人员服务意识的缺乏导致住店游客体验感差，围绕酒店展开的一站式游玩项目稀缺等；二是旅游地现有的深度旅游线路开发不足，没有激起游客继续探索的欲望；三是游客传统的打卡式旅游观念已经根深蒂固，大多数游客抱着"到此一游"心态，没有用心去感知旅游地的民俗文化、特色文化；四是游客的旅行理念缺乏参与感与体验感，普遍停留在走马观花式的初级理念。

（三）全方位考验景区承载力

随着人们收入的增加和对生活质量要求的提高，旅游业出现了前所未有的兴盛局面，一跃成为发展速度最快的新兴产业。大量的游客涌入旅游地，在使旅游目的地得到发展的同时，也带来越来越多的问题。游客的过量涌入给景区发展也带来了负面的影响，尤其是在法定国家节假日，如"五一"黄金周、国庆节、春节，出现了严重的景区超载接待游客的现象。这一现象在国内普遍存在，使得旅游景区可持续发展受到破坏，如对当地居民的影响、对当地民风的影响、对当地物价的影响等。关于景区承载力的问题，从旅游六要素——游、食、住、行、购、娱去进行分析。在"游"方面，渝贵铁路（渝黔高铁）沿途美景富集。从重庆北站出发至贵阳北站，沿途知名景点有重庆的磁器口、洪崖洞、重庆夜景，珞璜的白沙古镇、四面山、爱情天梯，綦江的古剑山，铜梓东的"十里桃花"松坎；遵义的遵义会议旧址、娄山关红军战斗遗址、海龙屯景区，息烽的息烽温泉、息烽集中营，贵阳北站的甲秀楼、青岩古镇和花溪平桥。部分景点具有季节性，会出现景区过载现象，国内"黄金周"期间景区超负荷运行现象普遍。在"食"方面，渝贵铁路（渝黔高铁）沿途不乏美食小吃，有重庆火锅、重庆小面、米花糖、百合牛肉、腌鱼、肠旺面、丝娃娃等。但景区附近的餐馆大多味道不正宗且分布不合理，在旅游旺季这种现象尤为突出，游客吃不好、饮食不卫生的现象频频出现。在"住"方面，遵义的酒店等设施还不够完善，至今还没有一家五星级酒店。在"行"方面，站点与景区之间的摆渡车还需增设。在"购"方面，景点附近商圈不够完善，景区旅游产品质量差，还停留在低端消费，没有自身的特色。在"娱"方面，种类少无特色。经过以上分析，遵义的景区承载力还有很大的改善空间。

四　在渝贵铁路（渝黔高铁）开通背景下使遵义旅游业更好更快发展的建议

随着遵义旅游业的持续升温，越来越多的问题凸显，为打造一个更健康的旅游市场，采取相应的对策显得必要且刻不容缓。

（一）加速基础设施建设，全面提高整体接待能力

渝贵铁路（渝黔高铁）的运行解决了游客进不来的问题，现在游客大量涌入，但遵义的接待能力达不到要求。为更加深入推进遵义旅游业的进程，应大力跟进基础设施的建设。加大力度建设交通运输工具，增设站点和衔接的运输工具。在配套设施的建设上，如在地铁和轻轨未建成的情况下，可以增设接驳、短驳与各种交通工具之间的无缝连接，使得高铁站与酒店、旅游景区之间进行直接的转接与联通。如此一来不仅改善了基础设施还能缓解渝贵铁路（渝黔高铁）开通对遵义道路交通的挤压，使得各大交通运输工具发挥其优势，提升接待能力。基础设施的建设一定要以高铁站为核心枢纽来打造核心的商圈，继而向外蔓延和扩展。可以参考上海虹桥枢纽，其高铁站、机场、长途客运中心以及商场购物都集中在一起，高架地铁向外进行扩散联通。如此一来，以高铁站为核心，直接辐射周边进而开启联通旅游产业的通道，同时周边的游客也都被带动起来。建设以高铁站为枢纽中心向四周蔓延的交通网，完善升级住宿、垃圾处理回收、污水的排放、网络通信、餐饮、购物、娱乐设施、供水供电、医疗保健等设施，提升遵义的接待能力。

（二）整合旅游资源，打造特色旅游路线

遵义的旅游资源极为丰富，是全国6个拥有世界"双遗"的城市之一。全市共有自然生态、人文景观和社会资源三大类，40多个品种，120多处。通过遵义人民和政府的多年努力，"红色圣地，醉美遵义"的品牌现在已是

深入人心。以红色旅游为主题的线路也十分丰富，但多为短途。现建议不断扩大市场，一方面，深度开发周边市场，包括云南、四川、重庆、湖南、湖北和贵州等辖区的中大城市；另一方面，加强开发北京、上海、深圳等较远的大城市，将旅游资源整合并推进跨区旅游合作。可以推出一些精品路线和一批顺应市场、主题鲜明、游客喜爱的一日游、两日游和多日游。比如以重庆为主要客源地的环遵义游，串联正安、务川、仁怀茅台酒镇等区域大力发展乡村旅游，打造美丽乡村、风情小镇。以农村闲置的房子发展民宿旅游，相信不久的将来其必将成为一条亮丽的风景线。开发潜在的旅游景点，提升旅游产品的质量，整合旅游资源并打造有遵义特色的旅游路线才是留住游客的根本。

（三）把握好旅游景区承载力

交通运输工具的提升，使遵义涌入大量游客。在带来旅游经济效益的同时，也给景区带来了消极的影响。景区的发展和保护存在着天然对立统一的关系，国内旅游经济发展不平衡、景区管理不善、"中国式休假"等因素加重了景区负荷。针对以上问题建议根据景点的特性确定合理的游客接待量，加强对导游人员的培训，提升导游人员的服务质量及责任。还有一个方法是对景区进行区域性开放，根据景点特点进行分区轮流开放，发展和恢复两手抓，以保持可持续发展。游客参观量控制在一个景区承载力的合理范围，尤其是在旅游旺季。如此一来不仅提升了游客的参观游览质量还能使景点更好地发展。

（四）发挥政府主导作用，加大宣传力度

大力发展旅游业，是贵州省委、省政府做出的战略性决策，符合中央要求，符合十九大精神，符合贵州实际，符合经济社会发展规律。近年来我们以钉钉子的精神抓旅游，连续 12 年举办旅发大会，依托全城独特的地貌特征，大力拓展开发山地旅游项目，促进旅游＋多产业融合发展并与周边城市进行密切合作，整合旅游资源辐射全国范围，实现旅游经济持续快速健康发

展。坚持党和政府的领导，坚持实事求是的思想路线，回顾遵义旅游经济建设历史发展进程，深入调查研究，系统地掌握情况，不断深化旅游路线，使政府的主导作用发挥到极致。为刺激地方旅游经济的增长，加大力度对遵义各大景点的宣传尤为重要。随着网络时代的到来，微信平台使用的普及，利用微信平台进行宣传营销是一个不错的选择。长远来看这是一个性价比极高，受众较多的宣传方式。其次采用传统的宣传方式，也尤为重要，中国现在迎来了老龄化社会时期，较大年纪的人们有闲有钱，也想出去看看。但他们对网络上的信息往往持怀疑的态度，所以采用传统的宣传方式也显得尤为必要，如发放宣传类手册、登报等。

（五）大力推进线上产品

在基础配套设施越来越完善的条件下，依托网络平台大力推进线上产品，定能扩大遵义旅游业的影响。首先列出直接与当地旅游公司或旅游景点的相关业务进行对接。然后将 App 化的智能管理软件植入高铁，游客在上车后可以通过扫描座位上的二维码了解当地的旅游景区，饿了的时候还可以通过手机客户端在平台上订套餐。平台针对旅游活动安排活动套餐，游客可以根据自身喜好和时间进行选择。游客只需要输入到达时间和离开时间，在车上就可以预订好之后一日或多日在当地的旅游行程。根据游客预订好的酒店位置，推荐游客旅游产品，游客只需要在上面做选择。系统会进行不断的优化，最后生成一个当地的行程图呈现给游客。再将相应的配套设施跟进，游客拿着这张行程图，行程在下车的那一刻便开始了。

五 结束语

综上所述，渝贵铁路（渝黔高铁）的开通势必加快遵义旅游业的发展。遵义丰富的旅游资源和优越的区位优势，再加之政府的支持和指导，现在是天时地利人和，继续加大力度对基础配套设施的建设、加强区域间合作、对服务人员培训及有效地监测服务质量，深化对景点的细节建设及对旅游景点的包装和宣传，相信在不久的将来遵义旅游业将呈现出繁荣景象。

参考文献

李学伟：《高速铁路概论》，中国铁道出版社，2010。

《"三快""三严"保障黔铁路江津段建设》，新华网，2013。

赵妮娜：《打开高铁问号：高铁知识与解读》，机械工业出版社，2012。

王晴、闫枫：《渝贵铁路首个春运客流量持续"火爆"日均超过万人》，中国新闻网，2018。

韩松：《高铁》，新星出版社，2012。

覃博雅、萱菁：《大数据里的"中国年"新变化》，《人民日报》2018 年 2 月 22 日。

梁军：《遵义进入高铁时代》，《遵义日报》2018 年 1 月 11 日。

曾秦：《40 分钟从贵阳到遵义》，《贵阳日报》2017 年 12 月 28 日。

吴雨：《遵义高铁客运站开通 71 条线路》，《遵义日报》2018 年 1 月 24 日。

任文劼：《渝贵铁路 25 日运营 重庆 2 小时到贵阳》，《重庆晚报》2018 年 1 月 19 日。

张米良：《贵州"高铁时代"后发先至》，《贵州日报》2017 年 5 月 1 日。

王金雪等：《贵州高铁营运里程超 1200 公里》，《人民日报》2018 年 3 月 9 日。

遵义统计局：《2013 年遵义市国民经济和社会发展统计公报》，2016 年 10 月 31 日。

B.13

挖掘遵义立体气候优势
助推遵义全域旅游发展

罗晓松　敖芹　肖修炎*

摘　要：　遵义地处中亚热带季风气候湿润地区，四季分明，冬无严寒，
　　　　　夏无酷暑。年平均气温在13℃~18℃，雨量充沛，日照充足。
　　　　　如何挖掘遵义立体气候优势助推遵义全域旅游发展是值得我
　　　　　们思考的问题。本文详细地分析了遵义气候的特征，认为遵
　　　　　义应该立足避暑气候优势，着力打造山地特色避暑旅游小镇；
　　　　　立足自然生态优势，着力打造康养旅游最佳目的地；运用大
　　　　　数据和互联网，着力推进智慧旅游气象服务体系建设。

关键词：　立体气候　全域旅游　遵义

一　遵义旅游气候资源特征

（一）遵义旅游气候资源总体特征

遵义位于贵州北部，西、北毗邻毕节、四川和重庆，东、南接铜仁、黔东南和贵阳，介于东经105°36′~108°12′和北纬27°8′~29°17′之间，地处云贵高原向湖南丘陵和四川盆地过渡的斜坡地带，辖区内地形起伏大，地貌类

---

* 罗晓松，遵义市气象局副局长；敖芹，遵义市气象局工程师；肖修炎，遵义市气象局正研级
高级工程师。

型复杂，海拔高差大（最低海拔 221 米、最高海拔 2227 米）。全市处于中亚热带高原季风湿润气候带，四季分明，年均气温 13.3℃ ~ 18.0℃、降雨量 991.3 ~ 1205.1 毫米、日照时数 989 ~ 1194 小时，雨水多，日照少，立体气候资源丰富，素有"天无三日晴、地无三里平"之说。

（二）遵义旅游气候资源空间分布特征

遵义总体气候在全国气候带划分中属于"中亚热带季风湿润气候区"，但由于山区海拔高度的垂直差异，形成了显著的立体气候特点，具有从中亚热带至冷温带的基本特征。开发和利用遵义市旅游气候资源，只笼统地依据"中亚热带"或"亚热带"的气候，而不考虑山区立体气候特点是不准确、不科学的。因此，必须遵循客观的气候规律，精细分析、深度挖掘、精准施策，才能更好发挥得天独厚的气候资源在助推全域旅游发展方面的关键作用。

根据云贵高原气候带划分指标，可将遵义市立体气候划分为四个气候层，即中亚热层、凉亚热层、暖温层、中温层及冷温层。全市气候层的划分指标见表 1。

表 1 遵义市立体气候层划分气温有关指标

单位：℃

层序号	气候层名称	≥10℃积温	1 月平均气温	7 月平均气温
I	中温层及冷温层	2000 ~ 3000	-4 ~ -3	16 ~ 22
II	暖温层	3000 ~ 4000	-1 ~ 6	18 ~ 25
III	凉亚热层	4000 ~ 5000	2 ~ 8	20 ~ 27
IV	中亚热层	5000 ~ 6000	5 ~ 10	23 ~ 29

说明：气候带是根据划带指标，对全市作平面性的气候带划分，气候层是借用划层指标对全市立体气候的层次性划分，本研究中，气候带、层划分指标是统一的。

中温层及冷温层：气候冷凉，生长季短。本气候层年平均气温 7.5℃ ~ 10.9℃，1 月平均气温 -4℃ ~ -3℃，7 月平均气温 16℃ ~ 22℃，≥10℃积温 2000℃ ~ 3000℃；年降水量 814 ~ 1400 毫米，年日照时数 1010 ~ 1240 小时。

暖温层：气候温凉，湿润，春暖迟，秋凉早，夏季短促凉爽。本气候层年平均气温10.8℃～13.7℃，1月平均气温-1℃～6℃，7月平均气温18℃～25℃，≥10℃积温3000℃～4000℃；年降水量1000～1420毫米；年日照时数990～1280小时。

凉亚热层：具有冬无严寒、夏无酷暑、温和湿润的气候特点，是代表全市大部分地区主要气候特点的典型气候层。本气候层年平均气温13.3℃～16.2℃，1月平均气温2℃～8℃，7月平均气温20℃～27℃，≥10℃积温在4000℃～5000℃；年降水量1000～1420毫米；年日照时数990～1250小时。

中亚热层：光热资源丰富、气候生产潜力大。本气候层年平均气温15.9℃～18.8℃，1月平均气温5℃～10℃，7月平均气温23℃～29℃，≥10℃积温5000℃～6000℃；年降水量900～1380毫米；年日照时数1010～1300小时。

各气候层中各县（区、市）的乡镇政府驻地数及有实辖区域的乡镇数统计见表2。

从表2中可见，如按乡镇政府驻地统计，全市228个乡镇中分别有26.3%、66.7%、6.6%和0.4%的乡镇政府依次分布于中亚热层、凉亚热层、暖温层和中温层及冷温层；按各乡镇实辖区域内的实有海拔高度范围统计，全市228个乡镇中，分别有59.4%、100.0%、83.8%、27.2%依次分布于中亚热层、凉亚热层、暖温层、中温层，还有0.9%分布于冷温层。由以上两种方法统计，全市以凉亚热层为最大气候层。按乡镇政府驻地统计，中亚热层为第二大的气候层，按乡镇有实辖区域统计则是暖温层为第二大气候层。

以习水县为例，一般以为习水县代表全市热量资源最差的地方，实际上这只说明县政府驻地的气候特点，而该县有7个乡镇政府驻地，14个乡镇有实辖区域，在中亚热层，全市具有中亚热层区域最多的为赤水、桐梓、正安、仁怀、习水等5个县（区、市）。因此，在进行分析决策时，要注意这些驻地对气候层的代表性是有局限的，不可简单地推广使用。

表2　遵义市各气候层乡（镇）政府驻地数和有实辖区域的乡（镇）数

单位：个，%

县名	赤水	习水	桐梓	仁怀	正安	道真	务川	中心城区	播州	绥阳	湄潭	凤冈	余庆	全市合计	占乡镇总数比例
乡镇数	14	23	24	19	19	14	15	11	35	15	15	14	10	228	100
最高海拔高度（米）	1423	1751	2227	1652	1820	1940	1742	722	1795	1802	1592	1433	1446		
各气候层有实辖区城镇乡镇数 冷温层			1			1								2	0.9
中温层	0	7	13	1	7	9	12	1	4	6	1	1	0	62	27.2
暖温层	7	22	24	10	19	14	15	5	22	15	14	14	10	191	83.8
凉亚热层	14	23	24	19	19	14	15	11	35	15	15	14	10	228	100
中亚热层	14	14	18	18	16	10	11	0	15	7	1	1	8	135	59.4
最低海拔高度（米）	221	275	320	326	455	310	325	720	541	590	410	398	452		
各气候层中的乡镇政府驻地数 中温层及冷温层	0	0	0/1	0	0	0	0	0	0	0	0	0	0	1	0.4
暖温层 乡镇	0	4	3	0	1	2	3	0	0	1	1	0	0	15	6.6
暖温层 上半层/下半层	0	1/3	0/3	0	0/1	0/2	0/3	0	0	0/1	0/1	0	0	1/14	
凉亚热层 乡镇	0	12	10	11	9	7	11	11	34	10	14	14	9	152	66.7
凉亚热层 上半层/下半层	0	6/6	2/8	6/5	5/4	3/4	4/7	0/11	9/25	4/6	6/8	6/8	2/7	53/99	
中亚热层 乡镇	14	7	10	8	9	5	1	0	1	4	0	0	1	60	26.3
中亚热层 上半层/下半层	2/12	2/5	5/5	3/5	9/0	3/2	1/0	0	1/0	4/0	0	0	1/0	31/29	

（三）遵义旅游气候资源时间分布特征

1. 季节气候分布特征

春季：全市平均气温15.4℃、平均降水量284.6毫米、日照时数252.2小时。一般在3月中旬全市各地气温逐渐回升，若日平均气温稳定维持在10℃以上且低于22℃，便标志着当地进入气象意义上的春季。

夏季：全市平均气温24.3℃、平均降水量493.0毫米、日照时数435.8小时。一般在6月上旬全市各地平均气温稳定维持在22℃以上，便表明当地进入气象意义上的夏季。

秋季：全市平均气温16.4℃、平均降水量232.7毫米、日照时数236.5小时。一般在9月中旬全市各地平均气温稳定维持在22℃以下且大于或等于10℃，便表明当地进入气象意义上的秋季。

冬季：全市平均气温6.1℃、平均降水量71.7毫米、日照时数107.5小时。一般在11月下旬全市各地平均气温稳定维持在10℃以下，便表明当地进入气象意义上的冬季。

2. 月气候分布特征

从气温来看，遵义各地最冷月为1月，平均气温在2.9℃～7.9℃；最热月为7月，平均气温在22.8℃～27.1℃。夏季最高气温大于35℃的天气除赤水常年在10天以上外，其余各地仅有3～5天。冬季最低气温在0℃左右的天气除习水常年在15天左右外，其余各地仅有1～3天。遵义各县（市、区）月平均气温具体见表3。

表3　遵义各县（市、区）月平均气温统计（统计时段
为1980年1月1日至2010年12月31日）

单位：℃

月 \ 县（市、区）	赤水	习水	桐梓	正安	道真	务川	仁怀	中心城区	播州	绥阳	湄潭	凤冈	余庆	全市平均
1月	7.9	2.9	4.3	5.5	5.2	5.1	5.2	4.8	4.0	4.3	4.3	4.4	5.4	4.9
2月	9.9	4.8	6.2	7.3	7.0	6.8	7.1	6.6	5.8	6.0	6.1	6.1	7.4	6.7
3月	13.7	8.7	10.1	11.2	10.8	10.6	11.2	10.7	9.9	9.9	10.0	10.0	11.2	10.6

月份 \ 县（市、区）	赤水	习水	桐梓	正安	道真	务川	仁怀	中心城区	播州	绥阳	湄潭	凤冈	余庆	全市平均
4 月	18.4	13.6	15.1	16.5	16.1	16.0	16.2	15.9	15.2	15.2	15.4	15.5	16.6	15.8
5 月	22.1	17.5	19	20.5	20.1	20.2	20.1	20.0	19.3	19.3	19.5	19.7	20.6	19.8
6 月	24.3	20.1	21.7	23.4	23.1	23.2	22.6	22.8	22.1	22.3	22.6	22.8	23.7	22.7
7 月	27.1	22.8	24.3	26.2	25.8	25.9	25.4	25.3	24.6	24.8	25.0	25.2	25.7	25.2
8 月	27.0	22.3	24.0	25.9	25.5	25.7	25.1	24.9	24.3	24.3	24.6	24.8	25.3	24.9
9 月	23.2	18.8	20.5	22.3	21.8	22.0	21.6	21.5	20.9	20.9	21.2	21.3	22.1	21.4
10 月	18.2	13.8	15.4	16.8	16.5	16.5	16.3	16.3	15.6	15.8	15.9	16.0	17.1	16.2
11 月	14.0	9.4	11.1	12.3	11.8	11.9	12.0	11.8	11.1	11.2	11.3	11.3	12.5	11.7
12 月	9.2	4.5	6.1	7.2	6.9	6.9	6.9	6.7	6.1	6.1	6.3	6.3	7.5	6.7

从降水来看，夏季降水多，其中 6 月降水量最多，为 188.2 毫米；冬季降水少，月降水量基本在 30 毫米以下。年降雨日数 168.3～217.0 天，大部分地区晴雨天对半，由于山地气候特征明显，降雨往往以夜雨为主，夜间降雨后，白天空气更清新。遵义各县（市、区）月降水量具体见表 4。

从日照时间来看，遵义各地年平均日照时数为 966.2～1144.9 小时，其中冬季 1 月日照最少，为 26～35 小时。夏季 8 月日照最多，为 167～185 小时。遵义总体属寡照区，日照百分率为 23%～29%。遵义各县（市、区）月日照时数具体见表 5。

表 4　遵义各县（市、区）月平均降水量统计（统计时段为 1980 年 1 月 1 日至 2010 年 12 月 31 日）

单位：毫米

月份 \ 县（市、区）	赤水	习水	桐梓	正安	道真	务川	仁怀	中心城区	播州	绥阳	湄潭	凤冈	余庆	全市平均
1 月	33.6	27.1	18.3	19.5	17.4	23.4	28.3	26.0	27.2	24.2	24.2	28.7	24.8	24.8
2 月	30.0	27.6	15.1	20.7	21.2	24.8	24.5	22.6	24.6	21.1	23.5	27.8	30.4	24.1
3 月	52.8	46.6	34.4	40.0	37.7	43.1	41.2	38.3	36.6	42.5	42.3	50.1	48.4	42.6
4 月	87.7	85.0	77.1	96.1	101.8	102.2	76.9	78.1	80.6	90.8	90.5	103.3	99.7	90.0
5 月	155.5	136.9	135.0	155.4	150.1	174.8	144.1	137.2	140.1	166.0	153.1	163.9	164.1	152.0
6 月	175.2	178.9	177.7	181.8	173.8	207.6	163.9	193.9	171.7	208.8	212.9	223.2	177.7	188.2
7 月	198.4	183.9	159.3	162.0	160.3	187.1	168.5	163.4	166.2	162.0	176.4	188.0	146.0	170.9
8 月	162.7	144.7	131.4	135.6	130.0	139.5	131.2	130.1	110.7	137.9	128.6	135.7	123.5	134.0

续表

月份 \ 县（市、区）	赤水	习水	桐梓	正安	道真	务川	仁怀	中心城区	播州	绥阳	湄潭	凤冈	余庆	全市平均
9 月	111.9	86.3	96.0	91.6	95.0	91.9	93.8	89.4	91.5	97.9	92.0	92.9	87.7	93.7
10 月	96.1	80.9	89.4	91.4	85.8	101.5	84.4	93.9	91.7	97.7	100.8	112.7	87.6	93.4
11 月	55.9	42.7	39.4	47.2	42.3	51.1	42.1	40.3	41.8	45.0	44.8	55.1	46.2	45.7
12 月	35.9	26.1	18.1	17.1	16.5	21.5	26.6	22.7	23.1	20.6	21.9	23.7	21.6	22.7

表5 遵义各县（市、区）月平均日照时数统计（统计时段
为1980年1月1日至2010年12月31日）

单位：小时

月份 \ 县（市、区）	赤水	习水	桐梓	正安	道真	务川	仁怀	中心城区	播州	绥阳	湄潭	凤冈	余庆	全市平均
1 月	34.4	32.6	28.7	28.0	31.8	31.6	30.5	28.6	30.5	27.3	29.6	26.5	31.5	30.1
2 月	43.0	36.9	33.8	27.8	29.2	28.3	36.6	32.9	34.8	30.0	32.0	30.4	36.8	33.3
3 月	79.9	65.4	62.2	53.0	52.9	50.4	69.7	60.3	60.6	53.1	54.4	48.0	55.8	58.9
4 月	111.7	92.0	87.9	82.0	84.3	75.3	97.0	87.3	87.4	79.7	79.7	77.7	81.8	86.5
5 月	130.2	110.2	107.1	103.0	105.9	97.4	116.2	108.0	106.2	100.3	102.5	98.8	102.2	106.8
6 月	113.2	98.5	98.1	97.5	99.6	93.9	105.2	99.5	100.6	94.0	99.6	95.6	101.6	99.8
7 月	181.1	164.9	158.0	160.3	152.8	148.1	183.1	159.2	168.7	156.6	161.3	148.2	157.1	161.5
8 月	184.3	171.4	171.5	174.0	175.6	169.1	183.5	174.8	175.4	174.5	177.8	167.2	169.5	174.5
9 月	115.0	116.0	115.8	113.1	115.1	111.0	123.7	116.3	118.9	112.8	122.4	115.0	119.9	116.6
10 月	59.2	54.5	57.8	58.9	61.9	62.8	61.0	62.4	62.0	59.9	64.4	64.2	70.4	61.5
11 月	54.8	57.0	58.1	53.1	57.8	57.1	59.8	57.1	61.7	58.0	61.5	58.6	65.4	58.5
12 月	37.9	47.3	45.0	37.5	41.6	41.2	46.5	43.6	46.3	44.9	46.0	43.9	52.2	44.1

二 遵义旅游气候优势分析

（一）旅游气候舒适度总体分析

本研究对遵义 13 个国家级气象观测站 1981～2010 年的历史气象资料进行统计分析，得出遵义各县（市、区）旅游舒适时段和全年旅游舒适日数。其中赤水旅游舒适时段从 4 月上旬至 6 月中旬、9 月上旬至 10 月下旬，全

年旅游舒适日数为 120 天；习水旅游舒适时段从 5 月上旬至 9 月下旬，全年旅游舒适日数为 145 天；桐梓旅游舒适时段从 4 月下旬至 7 月中旬、8 月上旬至 10 月上旬，旅游舒适日数为 141 天；其余县市旅游舒适时段从 4 月中下旬至 6 月中下旬、8 月下旬至 10 月中旬，旅游舒适日数为 105～130 天；其中遵义中心城区为 114 天。

表 6　遵义各县（市、区）旅游舒适时段和全年旅游舒适日数统计

县名 / 日期	赤水	道真	凤冈	湄潭	仁怀	绥阳	桐梓	务川	习水	余庆	正安	中心城区	播州
起始日期（月/日）	4/6	4/15	4/21	4/23	4/19	4/23	4/27	4/18	5/7	4/14	4/15	4/19	4/25
终止日期（月/日）	6/12	6/18	6/21	6/29	7/4	6/26	7/18	6/19	9/28	6/15	6/19	6/22	7/6
起始日期（月/日）	9/10	9/1	8/31	8/21	8/21	8/21	8/9	8/31	—	8/30	8/31	8/28	8/18
终止日期（月/日）	10/31	10/16	10/12	10/9	10/11	10/9	10/5	10/15	—	10/20	10/18	10/15	10/8
全年旅游舒适日数	120	111	105	118	129	115	141	109	145	115	115	114	125

（二）旅游气候舒适度季节分布特征

1. 春季旅游气候舒适度分布特征

春季（3～5 月）旅游气候舒适度分布特征：3 月赤水河谷流域和北部局地低海拔地区舒适度属凉舒适，全市绝大部分地区处于微冷状态；4 月除赤水西北部的大同、复兴、天台、旺隆、元厚外，赤水河谷和北部局地海拔在 600 米以下的乡镇属于最好舒适度，全市大部分地区处于凉舒适状态；5 月除桐梓黄连、风水、马鬃等局地海拔在 1400 米以上的区域处于凉舒适状态，全市基本处于最佳舒适状态，十分适合户外旅游休闲。

2. 夏季旅游气候舒适度分布特征

夏季（6～8 月）旅游气候舒适度分布特征：6 月除赤水河谷和少部分海拔低于 400 米的地区旅游气候舒适度等级属于热舒适外，全市基本处于最佳舒适状态。一年中最热的 7～8 月，其中最舒适的地区主要集中在习水、桐梓、仁怀和播州西北部海拔高于 1000 米以上的区域，这些区域气候舒适度在 59～70 之间，绝大部分人感觉舒适，气候舒适度非常好，因此，这些

地区夏季旅游气候条件对开展避暑旅游很有优势。此外，全市东部、南部和赤水东部等地夏季户外处于热舒适状态。

表7　遵义市各县（市、区）、不同海拔高度7~8月旅游气候舒适度指数

县名 \ 海拔高度	400米	500米	600米	700米	800米	900米	1000米	1100米	1200米
赤水	73	72	72	71	70	69	69	68	67
习水	73	72	72	71	70	69	69	68	67
桐梓	73	73	72	71	70	70	69	68	67
正安	75	74	73	72	72	71	70	69	68
道真	75	74	74	73	72	71	71	70	69
务川	75	74	73	72	72	71	70	69	68
仁怀	74	73	73	72	71	70	69	69	68
遵义	75	74	73	73	72	71	70	69	69
播州	74	74	73	72	71	70	70	69	68
绥阳	74	74	73	72	71	70	70	69	68
湄潭	74	73	72	72	71	70	69	68	68
凤冈	74	74	73	72	71	71	70	69	68
余庆	73	73	72	71	70	69	69	68	67

说明：旅游舒适度59~70为感觉舒适范围。

3. 秋季旅游气候舒适度分布特征

秋季（9~11月）旅游气候舒适度分布特征：9月遵义全市全部处于气候舒适状态。10月除赤水部分乡镇、赤水河谷和一些低海拔乡镇处于舒适状态外，全市大部分地区处于凉舒适状态。11月全市大部分地区开始进入微冷状态。

4. 冬季旅游气候舒适度分布特征

冬季（12~2月）旅游气候舒适度分布特征：12月遵义大部分地区处于微冷状态，一些高海拔乡镇处于冷状态。1月是一年中最冷的月份，全市大部分地区处于冷状态。2月全市大部分地区处于微冷状态，一些高海拔乡镇仍处于冷状态。由于冬季遵义市气温低、湿度大，使得旅游气候舒适度降低。

（三）夏季避暑旅游气候精细化分析

1. 夏季气象要素和空气质量统计分析

遵义各地夏季时长差别大，夏季时长赤水最多，为126天，习水最短，

为 44 天，遵义城区为 89 天，其余各地在 80～111 天。全市夏季平均相对湿度 78%～84%；平均风速 1～2m/s；日照时数 410～480 小时。

表8　遵义各县（市、区）夏季（6～8 月）气象要素值和空气质量统计分析

县名	赤水	习水	桐梓	正安	道真	务川	仁怀	中心城区	播州	绥阳	湄潭	凤冈	余庆
夏季日数	126	44	78	111	100	105	88	89	83	87	88	89	106
平均相对湿度（%）	84	84	79	78	79	79	78	78	80	81	81	82	79
平均风速 m/s	1.5	1.7	1.9	1.1	0.8	1.1	1.4	1.0	1.5	1.2	1.8	1.2	1.3
平均日照时数（小时）	478.6	434.8	427.6	431.8	428	411.3	472.1	434	444.7	425.1	438.7	411	428.2
空气质量优良天数	92	92	92	92	92	91	90	92	92	92	92	92	92

说明：空气质量数据来源于遵义市环保局官网环境月报，近 5 年平均值。

2. 夏季避暑旅游气候精细化区划

遵义夏季适合避暑的区域主要分布在赤水东部、习水大部、桐梓大部、仁怀东部、播州西北部、绥阳北部、正安西北部和东南部、道真北部和西部、务川北部以及湄潭、凤冈、余庆局部等海拔高于 1000 米或 1100 米以上的区域；最佳避暑区域海拔在 1200 米以上，主要分布在习水东皇镇、双龙乡、仙源镇，桐梓马鬃、风水、黄连，绥阳西部、道真北部等高海拔的乡镇，这些区域夏季避暑评分值在 85 分以上，适合发展避暑乡村旅游，打造避暑旅游特色小镇。海拔在 700 米以下的低海拔区域夏季避暑评分值在 70 分以下，夏季高温日数多，避暑气候条件差。遵义大部分地区海拔在 800～1000 米之间，夏季旅游舒适度属于热舒适。

（四）遵义与重庆夏季避暑气候优势分析

1. 遵义与重庆夏季气温对比分析

由于遵义毗邻重庆，夏季重庆又是全国著名的"火炉"城市，因此，

表9 遵义各县（市、区）夏季避暑指标评分值

单位：分

县名	赤水	习水	桐梓	正安	道真	务川	仁怀	中心城区	播州	绥阳	湄潭	凤冈	余庆
夏季时长评分	37.0	78.0	61.0	44.5	50.0	47.5	56.0	55.5	58.5	56.5	56.0	55.5	47.0
平均相对湿度评分	96.3	96.1	100.0	100.0	100.0	100.0	100.0	100.0	99.7	98.6	99.5	98.2	100.0
平均风速评分	97.5	98.5	99.5	95.5	94.0	95.5	97.0	95.0	97.5	96.0	99.0	96.0	96.5
日照时数评分	92.1	96.5	97.2	96.8	97.2	98.9	92.8	96.6	95.5	97.5	96.1	98.9	97.2
空气质量优、良天数评分	100	100	100	100	100	99	98	100	100	100	100	100	100
夏季避暑评分	60.8	85.9	76.3	65.9	69.1	67.8	72.4	72.5	74.4	73.1	73.1	72.6	67.6

遵义夏季避暑旅游应重点关注重庆客源市场。本研究选择遵义不同海拔高度的县级及以上城市（习水海拔1181米、桐梓海拔972米、遵义中心城区海拔844米）和重庆进行气温对比分析。

根据国内外学者研究结果，人体感觉最舒适的气温一般在16℃～25℃之间。

由表10可知，从平均气温来看，桐梓、习水6～8月平均气温在24.5℃以下，尤其是习水最热月7月平均气温不足23℃，均在人体感觉最

表10 遵义（中心城区、习水、桐梓）与重庆夏季气温对比分析

区域	海拔	6月	7月	8月	≥35℃	极端最高气温
	（m）	平均气温（℃）	平均气温（℃）	平均气温（℃）	日数	（℃）
习水	1181	20.1	22.8	22.4	0.1	36
桐梓	972	21.8	24.3	24	1	36.6
遵义城区	844	22.8	25.3	25	1.9	37.1
重庆	259	25.1	28.3	28.3	30	43

舒适的气温范围内；遵义中心城区6月平均气温在24℃以下，7平均气温略高于25℃；而重庆6~8月平均气温均高于25℃，尤其是7~8月平均气温高达28.3℃。从高温日数来看，桐梓平均每年出现≥35℃高温日数1天，习水几乎没有≥35℃高温天气，而重庆≥35℃高温日数长达30天。重庆1981年以来的极端最高温高达43℃，习水、桐梓低于37℃。

2. 遵义与重庆夏季舒适度对比分析

习水、桐梓夏季（6~8月）舒适度在64~70之间，处于舒适状态；遵义城区7~8月处于热舒适状态，重庆6月处于热舒适状态，7~8月处于热状态。

表11　遵义与重庆夏季舒适度对比分析

区域	海拔(m)	6月	7月	8月
习　水	1181	64	68	67
桐　梓	972	66	70	70
遵义城区	844	69	72	72
重　庆	259	72	76	76

对习水、桐梓、遵义城区1981~2010年最热月7月一天中不同时段的2:00、8:00、14:00、20:00舒适度进行分析：习水7月有31天02时、08时、20时舒适度在70以下，均处于舒适状态。桐梓7月有31天02时、08时舒适度在70以下，处于舒适状态；20时有5天处于舒适状态。遵义城区7月02时有5天处于舒适状态；08时有11天处于舒适状态；其余时段处于热舒适状态。因此，即使在最热的7月，遵义城区一天中仍绝大部分时段处于舒适状态。

表12　习水、桐梓、遵义城区7月2时、08时、14时、20时舒适度对比分析

区域	02时		08时		14时		20时	
	旅游舒适度	舒适日数	旅游舒适度	舒适日数	旅游舒适度	舒适日数	旅游舒适度	舒适日数
习水	66	31	67	31	70.5	13	69	31
桐梓	68	31	68	31	73	0	71	5
遵义城区	71	5	71	11	74	0	74	0

3. 遵义与重庆空气质量、森林覆盖率对比分析

2016 年遵义森林覆盖率 57.7%，重庆森林覆盖率 45%。遵义城区空气质量优良天数一年有 340 天，优良率达到 92.9%；重庆市区有 301 天，优良率为 82.5%；遵义空气质量优良率明显高于重庆。

表 13   2014～2016 年遵义城区与重庆市区空气质量对比

单位：%

区域	2016 年		2015 年		2014 年	
	优良天数	优良率	优良天数	优良率	优良天数	优良率
遵义城区	340	92.9	332	91	283	77.5
重庆	301	82.5	292	80	246	67.4

资料来源：遵义市环保局官网环境公报和重庆市环境公报及简报。

三 利用气候优势助推全域旅游发展的建议

（一）立足避暑气候优势，着力打造山地特色避暑旅游小镇

避暑气候优势是遵义市夏季旅游得天独厚的自然资源优势，精细分析遵义山地垂直立体气候特点，充分挖掘其避暑气候优势，在推进全域旅游示范区创建，助推脱贫攻坚，大力发展乡村旅游、避暑旅游等方面具有重要意义。在垂直立体气候分层中，全市有 1 个乡镇处于中温层，为桐梓黄莲乡；15 个乡镇处于暖温层，主要有习水东皇、双龙、桃林、仙源，桐梓九坝、马鬃、茅石，道真阳溪、忠信，正安桴焉，务川分水、泥高、石朝，绥阳宽阔，湄潭茅坪。142 个乡镇处于凉亚热层，占全市乡镇总数的 66.7% 左右。60 个乡镇处于中亚热层，占全乡镇总数的 26.3% 左右，主要分布在西部、北部低海拔河谷地带。总体来说，处于凉亚热层及以上的乡镇，都具备打造避暑旅游小镇的气候优势条件。

（二）立足自然生态优势，着力打造康养旅游最佳目的地

通过对森林覆盖率、空气质量、气候舒适度等指标与邻近的重庆进行对

比分析，遵义在自然生态方面具有明显的优势。立足自然资源禀赋，牢固树立绿水青山就是金山银山的绿色发展理念，集中打造"春赏花、夏避暑、秋怡情、冬康养"的旅游产品业态体系。利用丰富的地热资源，围绕人们对健康养生的需求，着力打造康养旅游最佳目的地。

（三）运用大数据和互联网，着力推进智慧旅游气象服务体系建设

挖掘遵义旅游气候资源优势，需要更加发挥气象的科技支撑作用。一是优化完善旅游气象观测站网，开展负氧离子浓度、气温、降水等气象要素和生态环境的观测，在不同气候层科学布设旅游生态气象观测站，为挖掘遵义山地立体气候资源提供基础数据。二是将智慧旅游气象服务系统纳入智慧旅游系统，运用大数据技术，实现好天气、好空气信息产品的智能推送，努力达到让游客听了就想来的效果。三是充分发挥气象在遵义市旅游宣传营销中的积极作用，按照"春赏花、夏避暑、秋怡情、冬康养"旅游产品业态，分季节、分区域、分对象策划旅游气象宣传营销产品，充分利用传统媒体和新媒体，策划多形式、多层次、多领域的宣传营销活动，切实以凉爽的天气、清爽的空气赢得更多的人气和财气。

B.14
遵义市旅游扶贫典型经验及保障体系研究

杨丽 刘亮*

摘 要： 旅游扶贫是党中央、国务院确定的新时期扶贫开发十项重点工作之一，通过发展旅游能够助推农民脱贫，带动农民致富。旅游扶贫是践行五大新发展理念的必然选择，是实现乡村振兴战略的重要举措。本文通过对遵义市旅游扶贫实践进行调查、分析、总结，归纳出遵义市建设美丽乡村、深挖红色文化、发展山地农业、打造特色景区四个方面的典型扶贫经验，并以此实践为基础，构建旅游扶贫工作保障体系，具体包括组织保障、资金保障、利益保障、政策保障和人才保障。

关键词： 遵义市 旅游扶贫 保障体系

党的十九大报告指出，我国脱贫攻坚战已取得决定性进展。近年来遵义旅游扶贫的实践证明，旅游扶贫作为产业扶贫的重要途径，为脱贫攻坚提供了新的路径，有力地推动全面建成小康社会。"十三五"时期，遵义旅游业将认真贯彻落实习近平总书记提出的守住发展和生态两条底线、丰富旅游生态和人文内涵的战略要求，贯彻落实中央和贵州省关于打赢脱贫攻坚战的决定，结合国务院有关部委和贵州省关于旅游扶贫的政策和文件要求，树立

---

* 杨丽，遵义师范学院历史文化与旅游学院副教授；刘亮，遵义市扶贫开发办公室科员。

"大旅游+精准扶贫"发展理念，大力发展红色旅游、山地旅游，充分发挥旅游业在脱贫攻坚中的优势，紧紧围绕遵义市发展旅游业助推脱贫攻坚三年行动方案（2017～2019年）目标，抓细抓实旅游扶贫"九大工程"，确保旅游扶贫在全省走在前列。推动扶贫与产业发展深度融合，做实旅游企业帮扶工作，带动更多贫困人口参与建设和就业，促进贫困人口稳定脱贫。

一　旅游扶贫的内涵和意义

（一）旅游扶贫的内涵

旅游扶贫是产业扶贫的路径之一，是在国家有关扶贫方针、政策指导下，在旅游资源比较丰富的贫困地区，通过对旅游资源保护性的开发利用，兴办旅游经济实体，发展旅游产业，培育区域支柱产业，发挥旅游业在脱贫攻坚战中的拉动能力、融合能力，从而增强贫困地区自我发展能力，使贫困地区和贫困人口走出一条脱贫致富的道路。其核心内涵是通过旅游发展，让贫困人口增加收入和发展机会，实现稳定脱贫、稳步致富的目标。遵义市旅游资源丰富，历史文化悠久，旅游业已然成为遵义市增加农民收入、富民强市的支柱产业，对于贯彻落实五大新发展理念、建设美丽中国及实现乡村振兴等具有重大的理论意义和现实意义。

（二）旅游扶贫的意义

1. 旅游扶贫是国际减贫的重要途径

李克强总理在首届世界旅游发展大会上致辞时指出，旅游业不仅是中国培育发展新动能的生力军和大众创业、万众创新的大舞台，也是实现扶贫脱贫的重要支柱和建设美丽中国的助推器。中国政府将在未来5年内通过发展旅游业使1200万人口脱贫。在"旅游促进扶贫"高峰论坛上，来自阿根廷、埃塞俄比亚、印度尼西亚等国家和世界银行、联合国世界旅游组织、欧洲议会、首旅集团等国际组织和企业的12位嘉宾，围绕强化旅游对扶贫的

贡献、帮助贫困人口融入旅游价值链、建立旅游扶贫评价体系等进行了深入交流，达成了广泛共识。

2. 旅游扶贫是践行五大新发展理念的必然选择

旅游扶贫实践中要坚持贯彻"创新、协调、绿色、开发、共享"的新发展理念，创新发展是引领遵义市旅游扶贫发展的第一动力。创新开发"人无我有、人有我优、人优我特"的特色旅游产品，打造具有时代特点又融合传统地方文化的新产品、新模式、新业态，是进行旅游扶贫供给侧改革的重要任务。遵义市作为首批国家级全域旅游示范区之一，其自然资源丰富，历史文化悠久，发展旅游业有着得天独厚的优势。加快旅游扶贫发展，能够广泛宣传遵义市的资源优势、投资环境、发展成就，极大提高遵义市的知名度、美誉度和影响力，带动区域间资金、技术、人才、管理等生产要素的合理流动，实现资源共享、优势互补、互利共赢。

3. 旅游扶贫是实施乡村振兴战略的重要举措

党的十九大报告指出，要实施乡村振兴战略，按照产业兴旺、生态宜居、乡风文明、治理有效、生活富裕的总要求，不断提高和扩大村民在产业发展中的参与度和受益面，彻底解决农村产业和农民就业问题，确保当地群众长期稳定增收、安居乐业。旅游扶贫可以让农民脑袋"富起来"，通过开发贫困地区丰富的旅游资源，兴办旅游实体，推动当地经济发展，培养贫困人口自我发展能力。很多乡村旅游景点的村民通过参与旅游开发，掌握了新知识、新技能，提高了综合素质，有助于增强贫困地区"造血"功能，实现物质和精神的"双脱贫"。旅游扶贫可以让乡村环境"美起来"。旅游扶贫是一种资源节约型、环境友好型的扶贫开发模式，能够让人们望得见山、看得见水、记得住乡愁，让乡村原生态的自然与文化得以保护、传承和发展，实现百姓富、生态美两者有机统一。

4. 旅游扶贫是决战脱贫攻坚、全面建成小康社会的战略行动

2015年11月，中央扶贫开发工作会议强调指出，消除贫困、改善民生、逐步实现共同富裕，是社会主义的本质要求，是我们党的重要使命。旅游产业覆盖面广，产业链条长，非常适合大众创业、万众创新，激发人们灵

活就业、创业积极性，是农村脱贫奔小康的新引擎。统计数据表明，旅游业每直接增加1个就业岗位，能够带动全社会间接增加5~8个就业岗位。通过旅游产业的发展遵义市的资源优势可转化为产业优势，大力发展乡村旅游、红色旅游、生态旅游等旅游产业，能够有效缓解就业供需矛盾，实现以就业促增收，提高群众收入水平，加快贫困人口脱贫致富奔小康步伐。

二 遵义市旅游扶贫典型经验分析

（一）建设美丽乡村：花茂村

花茂村位于遵义市播州区枫香镇，早年因贫困荒芜，被命名为荒茅村，后改名"花茂"村，寓意为花繁叶茂。全村辖26个村民组1345户4568人。近年来，该村统筹推进精准扶贫和率先全面小康，致力于打造"富在农家，学在农家，乐在农家，美在农家"的美丽乡村，实现了百姓富、生态美、产业旺、文化兴有机统一。2015年该村被评为省级同步小康创建示范村，被习近平总书记称赞为"找到乡愁的地方"。在旅游扶贫实践中，花茂村的主要做法有以下几个方面。

一是加强基础设施建设。花茂村做到了公路组组通达，所有农户通上了自来水，部分农户安上了宽带，90%以上农户用上了沼气池、太阳能热水器等清洁能源。建成占地1600平方米的农民文化家园。无线调频广播站、农家书屋、网吧、便民小超市、文化、卫生等设施布局合理，农户院坝100%实现了硬化，建有花池，配有果皮箱、路灯等设施，呈现出新农村的新风貌。

二是完善旅游服务功能。花茂村开办17家乡村旅馆、8家农家乐、1家大型农家山庄，修建了476米的乡村旅游休闲长廊，630米的休闲便道。多渠道投资2.4亿元，累计新改建黔北民居880栋，建成陶艺文化创意一条街，发展乡村旅游使黔北民居增值近10倍，成为花茂人家的摇钱树。发展乡村游、红色游、田园游，2015年花茂村接待游客130万人次、实现旅游综合收入1.35亿元。成立"互联网＋"服务中心和"青年创客中心"，大

211

力发展农村电子商务，销售额突破 100 万元。强化教育培训，每月举办 2 期农民夜校或道德讲堂，开展中式烹调等直供式技能培训 4000 余人次。

（二）深挖红色文化：苟坝村、土城古镇

苟坝村和土城古镇均具有丰富的红色文化遗址遗迹。苟坝村位于枫香镇东部，辖 18 个村民组，共 836 户 3864 人。80 年前，中国工农红军三进三出遵义县，在这里召开了闻名中外的苟坝会议。遵义县苟坝红色文化旅游创新区就是以苟坝会议会址为核心，依托当地良好的生态文化倾力打造的红色文化风景区，涉及苟坝、花茂、土坝、枫元等村（居），人口 1.5 万人。土城古镇位于遵义市习水县西部，辖 19 个村（居）48658 人，是红军长征四渡赤水第一渡的主要渡口，境内建有"四渡赤水纪念馆"以及青杠坡战斗遗址（红军烈士陵园）。近年来，土城古镇坚持红色传承，推动绿色发展，争当旅游扶贫"领头雁"，发展成效明显，2016 年上半年全镇接待游客 201.2 万人次，旅游综合收入 20.24 亿元。其主要脱贫经验有以下几个方面。

一是当地政府精准帮扶。在红创区，遵义县旅游局有针对性地培训农民，提升农民的服务技能，多次组织农民进行大规模的培训和旅游技能比赛，有礼仪、厨艺等，还请重庆市旅游协会的老师举办专业讲座，每年举办的培训不少于 4 次，有 200 以上人次接受培训。不少农民从不懂旅游成为发展旅游的行家里手。除此之外，在花茂、苟坝红军街，遵义县旅游局投资 20 多万元规划制作了旅游标识标牌、文化墙、雕塑、旅馆招牌、花池等，目前该区域已初具完善的外部旅游业态，农民发展乡村旅游有了比较好的基础。

二是深入挖掘红色文化。土城古镇加大红色文化的挖掘和研究力度，形成《1935 红色记忆》《四渡赤水亲历记》等红色文化系列研究成果。打造"最美丽的女人"（女红军）系列红色文化演艺节目，以此为基础建成遵义市干部特色资源教育基地。发挥红色文化优势，全力构建红色文化体验游品牌体系，把土城红色文化旅游品牌推向世界。打造"四渡赤水"体验游品牌，通过场景复原、角色扮演等复原四渡赤水战役场景，联合二郎、茅台、太平渡等渡口旧址，打造"四渡赤水"超大型真人红色文化体验活动。打

造"重走长征路"系列品牌,加快四渡赤水纪念地项目建设工作,开展"重走长征路"体验活动,打造"红军节""战役体验""最美丽的女人文艺展演"等红色体验活动,构建"重走长征路"特色活动联合体。打造红色文化旅游专线,以古镇至青杠坡快速旅游通道为纽带,将古镇景区、华润景区连为一体。加快华润片区袁咨桐故居、习部农耕文化园、亲子厨房、稻草童趣乐园、水狮河水上乐园、红军纪念馆群和青杠坡红色文化教育基地建设,打造沿古镇红色馆群、一渡渡口、女红军纪念馆群、袁咨桐故居至青杠坡烈士纪念园红色旅游专线。

(三)发展山地农业:杉坪村、金花村

桐梓县娄山关镇杉坪村按照"农旅相生、景田相依"理念,依托万亩花海,调整产业结构,完善基础设施,发展生态旅游,助推脱贫攻坚,农民人均可支配收入从 2013 年底不足 5000 元增长到 2015 年底的 11230 元,闯出了一条旅游推动整村脱贫、率先全面小康的新路径。杉坪村建设"三区三长廊一带满天星",建成 3.6 千米长的世界最长紫薇长廊、2 千米长的盆景长廊和 1.2 千米长的鲜花温室长廊,建成县城高速路口至景区的旅游特色一条街。投资 5000 万元,撬动社会资金 1.5 亿元,建成"黔北花海"景区一期项目 2000 亩,2015 年 8 月投入运营后,累计接待游客 50 万人次,实现旅游综合收入 1.58 亿元,其中门票收入 1226 万元。招商引资 2 亿元,规划建设面积 3500 亩,集农旅体验、康体游乐、湿地观光等于一体的综合型红色生态、农旅观光产业园区。

"七彩部落"位于湄潭县湄江镇金花村,是湄潭"翠芽 27°"4A 级茶旅一体化景区的核心地带。近年来,湄潭县依托资源禀赋,坚持政府主导、村民主体、股份合作、引智引资、创业创新原则,采取统一规划打造、统一资源整合、统一运营管理、统一股份分红和政府兜底基础设施的"四统一兜底"方式,探索建立"户户是股东、家家能分红"的新型农村经营模式,打造了基础完善、产业配套、环境宜人的"七彩部落",走出了一条"产业兴、村寨美、村民富"的茶旅一体脱贫新路子。2015 年 5 月以来,"七彩部

落"旅游综合收入 1200 万元,解决周边及外来贫困群众就业 400 余人。
2015 年农民人均纯收入 16400 元。

主要脱贫经验有:一是发展特色农业。桐梓县娄山关镇杉坪村和湄潭县
湄江镇金花村均通过充分利用当地特色农产品资源、自然风光资源和人文资
源,培育引进企业发展现代高效农业、生态观光、健康养生等特色优势产
业,把园区打造成景区,把农产品变成旅游商品,扶持带动当地贫困户发展
农家乐、销售农特产品,推进第一、第二、第三产业融合发展。二是多渠道
增加农民收入。在特色产业发展中,注重龙头企业和合作社等经营主体带
动,通过土地出租、入股分红、进厂务工、产品销售等,多渠道增加贫困群
众收入,实现"产旅融合、助农富农,企业带动、农户参与,市场导向、
产业融合,经济富裕、环境更美"的可持续发展。

(四)打造特色景区:赤水市

赤水市是贵州省唯一一个实现脱贫摘帽的贫困县。2016 年赤水旅游产
业增加值实现 26.2 亿元,占 GDP 比重 31%。赤水市现有 8 个核心景区、15
个示范乡村旅游点、12 个农业观光园,全市旅游从业人员达 7 万人,带动
贫困人口 4000 余户 9000 余人参与,人均年收入 2 万元以上,仅赤水旅发公
司(赤水景运公司)就为贫困户提供了 200 余个就业岗位,人均年收入 2.4
万元以上。在评估组走访调查的两河口镇黎明村,依托赤水大瀑布景区,村
民踊跃发展乡村客栈、驿站、农庄,并成立乡村旅游发展公司开发漂流项
目,以入股形式参与分红,从"单打独斗"转变为"抱团发展",实现整村
脱贫"摘帽"和 59 户贫困户 163 人稳定脱贫,村级集体经济突破 100 万元。

其主要脱贫经验有:以"全景赤水·全域旅游"为引领,依托丰富的
旅游资源,围绕山地旅游和山地农业,全力做好"旅游+"这篇文章,推
进第一、第二、第三产业围绕旅游转,实现工、农、文、旅的高度融合,通
过"景区带村、产业带民、岗位带人"模式,引导群众吃上旅游饭、走上
旅游路、发上旅游财,带出了赤水旅游扶贫新风景。赤水市落实"三定"
机制(组织定责、目标定位、工作定向),筑牢"三大"设施(畅通交通、

完善配套、亮化环境），推行"三带"模式（农旅融合带产品、工旅融合带商品、文旅融合带商业），聚焦"三联"机制（利益联结、产业联结、就业联结），最终走出了一条绿色脱贫致富旅游路。

三 遵义市旅游扶贫保障体系构建

（一）组织保障

旅游扶贫过程中，要充分发挥基层党组织的重要引领作用，发挥党员在脱贫攻坚中的先锋模范作用。要坚持"抓党建就是抓关键、抓作风就是抓重点"，加强基层服务型党组织建设，推动党群干群同心协力守底线、走新路、奔小康；构建"支部＋协会＋互助组织"等新型组织化体系，引导群众抱团发展，推动旅游开发与扶贫攻坚互动互进。市委、市政府要高度重视，集中人力、物力、财力，集中精力精准扶贫。在原有村党支部的基础上新组建景区管委会支部、公司企业支部，同时成立村党总支部，健全基层组织，拓宽人才通道，为旅游带动脱贫提供组织保障。

（二）资金保障

旅游扶贫不仅仅是旅游部门的任务，更是全社会各个层次都可参与的综合性产业，能够影响人们生产生活的各个方面，推动城乡、区域、经济社会协调发展。脱贫攻坚投入是全方位的，必须舍得"下本钱"，要敢于投入、要大投入。遵义市旅游扶贫实践表明，充足的资金投入是加快实现稳定脱贫的重要保障。遵义市建立了包括财政专项扶贫资金、行业扶贫资金、整合的财政支农资金、社会资金、金融资金、政府投资基金在内的完整的投入机制，确保精准扶贫资金有保障。遵义旅游扶贫子基金遵循"政府主导、企业主体、市场运作、风险可控"原则，政府不向出资人承诺损失担保和最低收益，投资必须以建立贫困户带动关系为条件，从而为旅游带动脱贫提供资金保障。

（三）利益保障

结合精准扶贫理念，将贫困户与旅游产业发展精准捆绑，共享发展成果，构建利益共享机制和保障机制，贫困户参与旅游开发及利益分配。确保旅游扶贫中的多元主体按照实际情况承担相应的权利和义务，确保参与各方拥有对应的权利和义务。按照"民主决策、权力公开、利益共享"原则，通过召开群众会，共同制定村民自治公约，让群众参与建设、参与决策、参与监督。赋予农民更多财产权、经营权，通过"群众会＋"、"一事一议"等方法维护群众参与权、决策权，通过"企业＋合作社＋农户"等模式保障农民收益权、分配权，通过项目整合、打捆投入提升群众幸福感和获得感，有力凝聚党心民心，坚定群众发家致富的信心和决心。深入实施"旅游＋扶贫"行动，采取"旅游＋村集体＋公司＋农户""旅游＋合作社＋农户"等模式，加强景区周边、沿线村开发建设，群众将资金、土地、林地、房屋等资源入股旅游公司或合作社，直接参与旅游开发，由旅游发展公司实施整村包装打造和建设，推进景区自然风光与村庄人文风情融合发展，实现利益联结、景区发展、农户受益。

（四）政策保障

贯彻落实中央及贵州省扶贫政策，将政策落实到户，坚持识贫不漏一人，增强群众认同感；帮扶不漏一方，增强扶贫的责任感；政策不漏一项，增强群众的满意感；产业不漏一家，增强群众的获得感；基础不漏一处，增强群众的共享感；住房不漏一宅，增强群众的安居感；兜底不漏一个，增强群众的幸福感；扶志不漏一员，增强群众的正义感；退出不错一户，增强群众的认可感。脱贫工作是一场攻坚战，更是一场持久战，即使贫困户目前已经退出贫困行列，仍然需要坚持让其享受相关扶贫政策，直到真正的稳定脱贫，不返贫。

（五）人才保障

旅游扶贫工作需要全社会参与，需要大批专业人才参加。一是要建立党委、政府共同负责的脱贫攻坚领导体制和工作机制，扶贫第一书记和扶贫工作队对所有贫困村全覆盖，帮扶责任人对所有贫困户全覆盖。二是要加强对当地农民的教育培训。"扶贫先扶智"，开展贫困户就业创业培训，提高贫困人口脱贫致富能力，提高贫困地区内生发展能力，提升旅游服务水平，定期举办各类窗口服务人员技能大赛，以赛促训、借赛提高，评选表彰一批满意旅游景区、满意农家乐、满意旅行社等行业典型。三是要加强人才队伍建设。与省内外高校加强合作，分级分层开展人才培养培训工作，引导企业、高校、研究机构有效互动，开展旅游人才专场招聘会，积极为企业搭建招才引才平台，通过专业人才培训、人才定向培养等形式加强旅游人才队伍建设。

四 结语

发展旅游扶贫可以让贫困人口分享旅游带来的红利，能够推动产业发展，扩大就业门路，实现群众增收致富，扶贫实践中取得的宝贵经验需要不断总结、不断归纳，以期为其他同类地区提供借鉴。遵义市旅游扶贫工作已取得一定的成效，其扶贫经验对我国集中连片特困地区打赢扶贫攻坚战、巩固脱贫成果、全面建成小康社会具有重要的意义。脱贫攻坚是一场持久战，需要全社会、各部门、多方主体的共同参与，在旅游扶贫过程中需要构建组织保障、资金保障、利益保障、政策保障、人才保障等综合保障体系，从而推动贫困人口稳定脱贫，稳步致富。

参考文献

李培林、魏后凯等：《中国扶贫开发报告》，社会科学文献出版社，2017。
贵州旅游发展委员会内部资料。

B.15
遵义市旅游产业与城镇化耦合协调发展研究

何学海　郑　坤*

摘　要： 城市是旅游的载体，旅游是城市发展的重要推力，两者构成"互利共生"的系统，研究其系统耦合协调度有利于探究两者关系，为其协调发展提供依据。本文以遵义市2008～2017年旅游发展和城镇化发展数据为支撑，通过耦合协调模型对"旅游发展－城镇化发展"系统进行研究，结果显示：一是遵义市旅游发展和城镇化发展总体均呈上升趋势，其中旅游发展上升幅度更大；二是旅游发展和城镇化发展相互影响，且随时间推移影响愈发增强；三是旅游发展和城镇化发展相互影响关系由原先的相互抑制转变为相互促进。最后，为促进遵义旅游和城镇化和谐发展，并从发展旅游产业及相关带动产业和通过旅游发展带动地方经济，促进城镇化发展方向提出对策建议。

关键词： 旅游产业　城镇化　耦合协调　遵义

一　引言

遵义市"十三五"规划纲要明确指出，要以"推动'红色圣地·醉美

---

* 何学海，农学硕士，遵义师范学院历史文化与旅游学院讲师；郑坤，管理学硕士，遵义师范学院历史文化与旅游学院讲师。

遵义'新跨越，谱写遵义经济社会发展新篇章"为总体目标，协调"新型工业化、新型城镇化、农业现代化、旅游产业化、信息化"同步发展，最终确保在全省率先全面建成小康社会，率先向基本现代化迈进。旅游，作为21世纪全球经济活动中发展最为强劲和最具活力的产业之一，对周边产业和区域经济具有极强的带动作用，已成为推动区域经济发展重要的力量。2017年，遵义市旅游综合收入1151.8亿元，占国民经济生产总值的41.91%，支柱性产业地位凸显，发展旅游业已成为遵义市全面建成小康社会的关键。城镇化是指人类生产与生活方式从农村型向城市型转化的历史过程，主要表现为农村人口转化为城市人口及城市不断完善发展的过程，在这过程中城市完善的基础和服务设施能为人们提供更为便利的生活方式，而这正是生活现代化的直观体现。因此，研究旅游和城镇化发展对实现遵义市"十三五"规划目标具有重要的现实意义。

就旅游和城镇化发展而言，两者表现为典型的"共生"关系，旅游的产业带动性较强，旅游投资和旅游消费会促进周边基础设施和服务设施的逐步完善，有利于提高区域城镇化水平，构成新型城镇化的雏形。而作为旅游活动空间载体的地区，其城镇化水平直接决定了区域基础设施和服务设施的完善程度进而影响旅游活动质量，影响旅游产业发展。因此旅游和城镇化可视为一个相互影响的系统，研究该系统的耦合关系有利于探析旅游与城镇化发展的影响关系和融洽程度，为旅游空间扩张以及区域城市规划提供一定的理论支撑。现有关于旅游发展和城镇化的研究主要分为两类：一类学者单纯探讨某一要素对另一要素发展的影响，如余凤龙[1]、麻学锋[2]、傅晓[3]等探究了新型城镇化建设对旅游产业成长的响应机制及影响关系，张振鹏[4]、罗春燕[5]、苏甡[6]等则研究了旅游产业发展对区域城镇化建设的引导及影响；第二类学者将旅游与城镇化视为相互影响的系统，研究其相互影响机制，但多以全国[7-9]、地区[10-11]或省域[12-14]为研究单元，对直接实施旅游发展和城镇规划策略的市级行政单位研究较少，西部城市更甚。基于此，本文以旅游和城镇化均快速发展的遵义市为研究对象，通过构建旅游产业和城镇化发展评价指标体系，计算耦合协调模型，分析两者耦合度及耦合协调

度，以探究遵义市旅游发展与城镇化发展的相互影响关系和融洽程度，为遵义市旅游发展和城镇化和谐发展提供依据。

二 指标、数据及方法

（一）指标筛选

现有研究中评价模型指标选取多样，其中旅游发展评价除选取游客数量、旅游收入、旅游收入占 GDP 比重等共识性指标外，还涉及旅游景区数量[8-9]、星级酒店数量[8-9]、旅行社数量[8-10]、旅游者逗留天数[9-10]、游客人均消费[11-12]、旅游从业人数[13]等个别性指标；城镇化发展评价除选取城镇人口数、城镇人口比重、地区生产总值、人均 GDP 等共性指标外，还涉及第二产业增加值占 GDP 比重[9-10,13]、第三产业增加值占 GDP 比重[9-10,13]、城市居民人均可支配收入[13-14]、地区财政收入[13-14]、全社会固定资产投资[15]、全社会消费品零售总额[16]等个别性指标。

本文在遵循数据的可获取性、指标代表性、科学性和系统关联性原则的前提下，参考现有研究成果，并结合遵义市实际情况，围绕旅游发展和城镇化发展，分别从旅游产业规模、旅游市场规模、旅游经济贡献、人口城镇化、经济城镇化、产业城镇化、社会城镇化、环境城镇化等八个维度出发，详细选取二十五个单项指标，构建"旅游－城镇化"系统耦合协调发展评价指标系统，具体如表4所示。

（二）数据来源

数据来源为2008～2017年《遵义市统计年鉴》、遵义市国民经济和社会发展统计公报以及相关网站。笔者综合搜集了2008～2017年遵义市旅游产业发展和城镇化发展相关数据，个别缺失数据通过 SPSS 统计软件中线性回归法进行缺失值补齐，力求数据的完整性和准确性。

（三）研究方法

研究旅游产业发展与城镇化发展耦合协调关系，需确定各指标权重，并对调查数据进行无量纲处理，最后通过耦合协调公式进行分析。

1. 指标权重研究方法

本文主要采用层次分析法（AHP）对旅游产业发展系统和城镇化发展系统进行指标权重确定，具体方法如下。

（1）构造判断矩阵

判断矩阵表示同一层次因素之间相对重要性的比较，本文采用 1 ~ 9 标度法，将其量化，如表 1 所示。

表 1　九度标准定义

标度 a_{ij}	定义
1	因素 i 与因素 j 一样重要
3	因素 i 比因素 j 稍重要
5	因素 i 比因素 j 较重要
7	因素 i 比因素 j 非常重要
9	因素 i 比因素 j 绝对重要
2,4,6,8	因素 i 与因素 j 的重要性的比较介于上述两个相邻等级之间
倒数	因素 i 与因素 j 比较得到判断值为 a_{ij} 互反 1,1/2,1/3,1/4,1/5,1/6,1/7,1/8,1/9

（2）计算指标权重

采用方根法计算判断矩阵的最大特征值及其对应的特征向量。具体计算步骤如下：

先计算判断矩阵每一行元素的乘积 M_j：

$$M_j = \prod_{k=1}^{n} r_{jk}(j = 1,2,3,\cdots,n)$$

再计算 M_j 的 n 次方根：

$$\bar{w}_j = \sqrt[n]{M_j}$$

对 $\overline{W} = [\bar{w}_1, \bar{w}_2, \cdots, \bar{w}_n]^T$ 进行归一化处理：

$$w_j = \frac{\bar{w}_j}{\sum\limits_{j=1}^{n} \bar{w}_j}$$

则 $W = [w_1, w_{2,}, \cdots, w_n]^T$ 为所求的特征向量，即各指标的权重值。

（3）矩阵的一致性检验

考虑到调查对象的复杂性和多样性，为保证调查结果的可靠性，文章选用 CI 和 RI 两个指标对判断矩阵进行一致性检验，具体过程如下：

计算判断矩阵最大特征根：

$$\lambda_{max} = \frac{1}{n} \sum\limits_{j=1}^{n} \frac{(AW)_I}{w_j}$$

计算一致性指标 CI：

$$CI = \frac{\lambda_{max} - n}{n - 1}$$

计算随机一致性比例 CR：

$$CR = CI/RI$$

计算一致性指标，对于 1~9 阶判断矩阵，RI 值可通过表 2 查知。当 CR < 0.1 时，认为判断矩阵具有较高一致性，否则需要加以调整。

表 2 平均随机一致性指标 RI 值

1	2	3	4	5	6	7	8	9
0.00	0.00	0.58	0.90	1.12	1.24	1.32	1.41	1.45

2. 无量纲处理方法

由于各评价指标单位不一，为便于计算，本文采用阈值法对各指标进行无量纲处理，具体公式如下：

正向指标标准化：$y_i = \dfrac{x_i - \min_{xi}}{\max_{xi} - \min_{xi}}$

负向指标标准化：$y_i = \dfrac{\max_{xi} - x_i}{\max_{xi} - \min_{xi}}$

其中：y_i 是处理后所得无量纲值；$\min_{xi}$ 为某一指标十年间的最小值，$\max_{xi}$ 为某一指标十年间的最大值。

3. 耦合协调度测算方法

耦合源自物理学概念，是指两个或两个以上系统或运动形式通过各种互相作用彼此影响的现象。当系统或系统内部要素间配合较好、协调发展，称为良性耦合，反之则为恶性耦合。耦合度是用来衡量系统或要素间彼此相互作用影响的强弱程度，具体公式如下：

$$C_n = n\left\{(u_1, u_2, u_3, \cdots, u_m)\Big/\left[\prod(u_i + u_j)\right]\right\}^{\frac{1}{n}}$$

当 n = 2 时，符合文中所需"旅游发展 – 城镇化发展"系统的耦合模型：

$$C_2 = \frac{2\sqrt{f(x) \times h(z)}}{f(x) + h(z)}$$

其中 C 为耦合度，$f(x)$、$h(z)$ 分别为旅游发展和城镇化发展函数。但耦合度模型，只能说明相互作用的强弱，而无法反映协调发展水平的高低，因此本文引入耦合协调度模型，以更好地评价系统的耦合协调程度，具体计算公式如下：

$$\begin{cases} D = \sqrt{C \times T} \\ T = \alpha f(x) + \beta h(z) \end{cases}$$

其中 C 为耦合度，D 为耦合协调度，T 为"旅游发展 – 城镇化发展"系统的综合协调评价指标，其中 α、β 为待定系数，根据现有研究成果[9]，并结合遵义市旅游和城镇化重要程度，将两者重要性关系确定为 $\alpha = 0.5$、$\beta = 0.5$。同时采用廖重斌[17]的分布函数来确定协调度划分，具体情况见表 3。

表3　耦合协调度分类

序号	协调度 D 值	协调度等级	序号	协调度 D 值	协调度等级
1	0 ~ 0.09	极度失调	6	0.50 ~ 0.59	勉强协调
2	0.10 ~ 0.19	严重失调	7	0.60 ~ 0.69	初级协调
3	0.20 ~ 0.29	中度失调	8	0.70 ~ 0.79	中级协调
4	0.30 ~ 0.39	轻度失调	9	0.80 ~ 0.89	良好协调
5	0.40 ~ 0.49	濒临失调	10	0.90 ~ 1.00	优质协调

三　研究结果及分析

（一）指标体系权重研究

根据指标权重确定方法，旅游发展系统（U_1）由"旅游产业规模（A_1）"、"旅游市场规模（A_2）"和"旅游经济贡献（A_3）"三个一级指标构成，重要度由高到低为"旅游经济贡献＞旅游产业规模＞旅游市场规模"。三个一级指标可细分为八个二级指标（B_1 ~ B_8），其中旅游总收入占GDP比重指标对旅游发展评价影响最大，其次为国内旅游收入和国内旅游人数。入境旅游人数对旅游发展影响最小。旅游发展函数表示为：

$$f(x) = B_1 \times 0.129 + B_2 \times 0.112 + B_3 \times 0.101 + B_4 \times 0.139 + B_5 \times 0.092 +$$
$$B_6 \times 0.142 + B_7 \times 0.107 + B_8 \times 0.178$$

城镇化发展系统（U_2）由"人口城镇化 A_4"、"经济城镇化 A_5"、"产业城镇化 A_6"、"社会城镇化 A_7"和"环境城镇化 A_8"五个一级指标构成，重要程度由高到低为"人口城镇化＞经济城镇化＞社会城镇化＞产业城镇化＞环境城镇化"。五个一级指标可细分为十七个二级指标（B_9 ~ B_{25}），其中第三产业比重对城镇化发展评价影响最大，其次是城镇人口比重和人口自然增长率。进出口总额对城镇化发展影响最小。城镇化发展函数表示为：

$$h(z) = B_9 \times 0.057 + B_{10} \times 0.105 + B_{11} \times 0.084 + B_{12} \times 0.022 + B_{13} \times 0.036 +$$
$$B_{14} \times 0.054 + B_{15} \times 0.044 + B_{16} \times 0.067 + B_{17} \times 0.071 +$$
$$B_{18} \times 0.113 + B_{19} \times 0.041 + B_{20} \times 0.076 + B_{21} \times 0.084 + B_{22} \times 0.062 +$$
$$B_{23} \times 0.023 + B_{24} \times 0.034 + B_{25} \times 0.027$$

表4　"旅游发展－城镇化发展"系统指标体系及权重

子系统	一级指标	权重	二级指标	权重	类型
旅游发展系统（U₁）	旅游产业规模（A₁）	0.342	重点资源数量（B₁）	0.129	+
			旅行社数量（B₂）	0.112	+
			星级饭店数量（B₃）	0.101	+
	旅游市场规模（A₂）	0.231	国内旅游人数（B₄）	0.139	+
			入境旅游人数（B₅）	0.092	+
	旅游经济贡献（A₃）	0.427	国内旅游收入（B₆）	0.142	+
			国际旅游收入（B₇）	0.107	+
			旅游总收入占 GDP 比重（B₈）	0.178	+
城镇化发展系统（U₂）	人口城镇化（A₄）	0.246	城镇人口数（B₉）	0.057	+
			城镇人口比重（B₁₀）	0.105	+
			人口自然增长率（B₁₁）	0.084	－
	经济城镇化（A₅）	0.223	进出口总额（B₁₂）	0.022	+
			地区财政收入（B₁₃）	0.036	+
			全社会固定资产投资（B₁₄）	0.054	+
			全社会消费品零售总额（B₁₅）	0.044	+
			城镇居民人均可支配收入（B₁₆）	0.067	+
	产业城镇化（A₆）	0.184	第二产业比重（B₁₇）	0.071	－
			第三产业比重（B₁₈）	0.113	+
	社会城镇化（A₇）	0.201	城镇新增就业人数（B₁₉）	0.041	+
			居民基本医疗保险参保人数（B₂₀）	0.076	+
			居民基本养老保险参保人数（B₂₁）	0.084	+
	环境城镇化（A₈）	0.146	建成区绿化覆盖率（B₂₂）	0.062	+
			城市污水处理率（B₂₃）	0.023	+
			生活垃圾无害化处理率（B₂₄）	0.034	+
			工业固体废物综合处置利用率（B₂₅）	0.027	+

说明："＋"表示正向指标，"－"表示负向指标。

"重点景区数"为 5A、4A 级景区及国字头景区数目，具体包括国家级风景名胜区、世界遗产地、国家森林公园、国家地质公园、国家级自然保护区、国家水利风景区。

（二）综合评价指标分析

本文将获取数据进行无量纲处理后代入旅游发展和城镇化发展函数，求得遵义市2008～2017年旅游发展指数、城镇化发展指数及综合评价指数数值。由图1可知，遵义市旅游发展指数由2008年的0.0758增长至2017年的0.9179，年均增长率为31.93%，整体呈上升趋势，增幅明显。城镇化发展指数由2008年的0.2814上升至2017年的0.8067，年均增长率为12.41%，整体表现为上升趋势，增幅小于旅游发展指数。综合评价指数介于两者之间，数值由2008年的0.1786，增长至2017年的0.8623，年均增长19.12%，增速一般。可见，除个别年份外，旅游和城镇化的发展趋向大体一致，整体呈上升趋势，且旅游发展增速，于2016年超越城镇化发展增速。

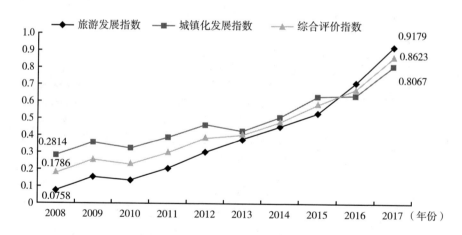

图1 2008～2017年遵义市"旅游发展－城镇化发展"系统综合指标走势

（三）耦合协调度及类型分析

将遵义市旅游发展指数和城镇化发展指数分别代入耦合度及耦合协调度公式，求得"旅游发展－城镇化发展"系统耦合协调度指数。由图2可知近十年遵义市"旅游发展－城镇化发展"系统耦合度较高，且整体呈上升趋势，表明遵义市"旅游发展"和"城镇化发展"具有较强的相关性，且随着时间推移两者关系愈发密切。系统耦合协调度表示旅游发展和城镇化发展的融洽程度。由图2可知，系统耦合协调度由2008年的0.3822上升至2017年的0.9276，由"轻度失调"调整至"优质协调"，表明遵义市旅游发展和城镇化发展关系由相互抑制转变为相互促进。

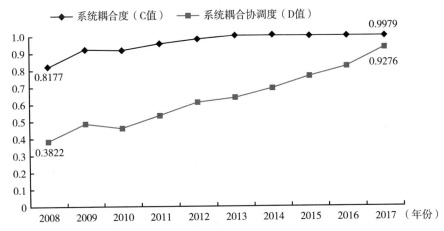

图2　2008～2017年遵义市旅游发展－城镇化发展系统耦合度及系统耦合协调度

2008～2017年遵义市"旅游发展－城镇化发展"系统耦合协调度数值及等级如表5所示。从表5可知遵义"旅游发展－城镇化发展"系统耦合协调分为三个阶段，第一阶段为2008～2010年，该阶段系统处于失调状态，主要表现为旅游发展滞后，城镇化发展未能对旅游发展产生有效的推动作用，甚至存在相互抑制。第二阶段为2011～2015年，该阶段系统表现为基本协调状态，城镇化发展对旅游发展的推动作用逐步显现，旅游发展加快，两者关系逐渐融洽。第三阶段为2016～2017年，该阶段系统表现为良好协调状态，两者相互促进，"互利共生"关系明显。

就发展趋势而言，系统从失调转为协调，旅游发展和城镇化发展关系从相互颉颃转为相互促进，互利共生。但更多表现为旅游产业的快速发展带动了周边产业发展，进而促进周边基础设施和服务设施建设，人居环境得以改善，从而加快城镇化建设。

表5　遵义市旅游发展－城镇化发展耦合协调时间演化规律

年份	耦合协调度（D）	协调度等级	$f(x)$、$h(z)$	耦合协调类型及特征
2008	0.3822	轻度失调	$h(z) > f(x)$	旅游发展滞后，系统失调
2009	0.4848	濒临失调	$h(z) > f(x)$	旅游发展滞后，系统失调
2010	0.4576	濒临失调	$h(z) > f(x)$	旅游发展滞后，系统失调
2011	0.5305	勉强协调	$h(z) > f(x)$	城镇化发展超前，系统基本协调
2012	0.6103	初级协调	$h(z) > f(x)$	城镇化发展超前，系统基本协调
2013	0.6322	初级协调	$h(z) > f(x)$	城镇化发展超前，系统基本协调
2014	0.6911	初级协调	$h(z) > f(x)$	城镇化发展超前，系统基本协调
2015	0.7583	中级协调	$h(z) > f(x)$	城镇化发展超前，系统基本协调
2016	0.8172	良好协调	$f(x) > h(z)$	旅游发展超前，系统良好协调
2017	0.9276	优质协调	$f(x) > h(z)$	旅游发展超前，系统良好协调

四　结论及建议

城镇是旅游活动的主要载体，而旅游是提高城镇知名度和带动地方经济发展的重要手段，两者构成相互影响的系统。了解系统耦合协调度关系及发展类型有利于增强区域核心竞争力，促使两者协调发展。本文以遵义市为案例，结合2008～2017年相关数据资料，综合分析全市旅游发展和城镇化发展系统耦合协调度关系及发展类型，得到以下主要结论：（1）遵义市旅游发展整体呈上升趋势，且上升幅度较大，情况良好；城镇化发展整体亦呈上升趋势，但上升幅度小于旅游发展，情况一般；（2）遵义市"旅游发展－城镇化发展"系统耦合度数值较高，整体呈上升趋势，表明旅游发展和城镇化发展具有较强的相关性，且随时间推移关系愈发密切；（3）遵义市"旅游发展－城镇化发展"系统耦合协调度整体呈上升趋势，系统经历了"轻度失调→濒临失调→勉强协调→初级协调→中级协调→良好协调→优质协调"的转变，表明旅游发展和城镇化发展关系由原先的相互抑制变为相互促进。

根据以上结论，并结合系统指标体系权重，笔者对促进遵义市旅游和城镇化协调发展提出以下建议。

第一，旅游发展应更关注其产业带动性。目前遵义市旅游发展已优于城镇化发展，就系统耦合协调度而言，更多表现为旅游发展带动地方经济发展，进而促进城镇化发展，从而提高系统的耦合协调度。结合系统指标评价体系，未来几年遵义市旅游发展重心应从扩大旅游规模向提高旅游综合收入、旅游财政贡献以及旅游就业等方面转移，提升城镇化建设水平，提高系统耦合协调度。

第二，加快产业结构转型，促进城镇化发展。近年来遵义市城镇化建设整体呈上升趋势，但增幅一般，就系统耦合协调度而言，需提高城镇化发展指数，提高系统耦合协调度。结合系统评价体系，未来几年遵义市城镇化发展应从单纯提高城镇人口比重向优化城镇产业结构转变，提高第三产业增加值比重及第三产业就业，最大效率提高城镇化发展指数，进而提高系统耦合协调度。

参考文献

［1］余凤龙、黄震方、曹芳东等：《中国城镇化进程对旅游经济发展的影响》，《自然资源学报》2014年第8期。

［2］麻学锋、崔盼盼：《集中连片特困区城镇化对旅游产业成长响应的实证分析——以大湘西为例》，《中央民族大学学报》（哲学社会科学版）2018年第1期。

［3］傅晓：《新型城镇化背景下旅游业发展时空差异研究——以辽宁省为例》，《中国农业资源与区划》2017年第2期。

［4］张振鹏：《充分发挥城郊旅游产业对新型城镇化的带动作用》，《经济纵横》2014年第2期。

［5］罗春燕：《旅游产业导向下区域经济流通与城镇化综合开发模式研究》，《改革与战略》2017年第7期。

［6］苏甦：《旅游产业驱动的新型城镇化研究》，《农村经济与科技》2014年第7期。

［7］徐洁、华钢、胡平：《城市化水平与旅游发展之关系初探——基于我国改革开放三十年的时间序列动态计量分析》，《人文地理》2012年第2期。

［8］周蕾、王冲：《中国旅游产业－新型城镇化－生态环境耦合协调度实证研究》，

《西南交通大学学报》（社会科学版）2016 年第 6 期。

［9］ 王恩旭、吴燕、谷云华：《中国旅游产业与城镇化耦合协调发展评价研究》，《旅游论坛》2015 年第 1 期。

［10］ 许辉云、郑涵丹、伍蕾：《旅游产业、城镇化、生态环境耦合协调性分析——以长江中下游六省为例》，《福建农林大学学报》（哲学社会科学版）2017 年第 4 期。

［11］ 向丽：《长江经济带旅游产业——城镇化—生态环境协调关系的时空分异研究》，《生态经济》2017 年第 4 期。

［12］ 亓秀芸：《江苏省旅游产业与城镇化耦合发展研究》，南京师范大学硕士学位论文，2016。

［13］ 张广海、赵韦舒：《山东省旅游产业与新型城镇化融合发展机理与时空演化特征》，《山东科技大学学报》（社会科学版）2017 年第 1 期。

［14］ 王亚菲、瓦哈甫·哈力克、王芳、王新芸：《基于耦合模型的新疆旅游业与新型城镇化协调关系量化分析》，《新疆师范大学学报》（自然科学版）2017 年第 4 期。

［15］ 穆学青、陈亚颦、郭向阳：《基于耦合模型的旅游业与城市化协调发展研究——以云南省为例》，《乐山师范学院学报》2017 年第 8 期。

［16］ 周莹、王昕、曹华盛、李进林：《重庆市武隆区旅游化与城镇化耦合协调发展评价》，《重庆师范大学学报》2017 年第 4 期。

［17］ 廖重斌：《环境与经济协调发展的定量评判及其分类体系》，《热带地理》1999 年第 2 期。

B.16
遵义市"旅游＋"战略发展构想

陈奉伟 钱军 蓝波*

摘　要： "旅游＋"时代的到来，为旅游业变革、升级发展拓展了新的方向和空间。遵义市作为全国首批全域旅游示范区之一，应挖掘特色产业，充分利用资源优势，大胆进行"旅游＋"的探索和尝试。本文指出遵义市"旅游＋"战略可以围绕"一个中心，三条主线，六大特色领域"开展工作。"旅游＋"战略的目标是：到2020年，全市"旅游＋"发展取得明显成效，旅游与遵义市优势和特色产业深度融合发展，旅游新业态不断涌现；"旅游＋"对相关产业的融合、催化和集成作用显著，有力推动了旅游业与城镇、农业、工业、文化和信息等产业的深度融合。本文在详细阐述遵义市"旅游＋"战略主要内容的基础上，提出了实现遵义市"旅游＋"战略的具体策略和保障措施。

关键词： "旅游＋"　全域旅游　遵义

国家旅游局局长李金早2015年8月在《开明开放开拓，迎接中国"旅游＋"的新时代》报告中首次提出"旅游＋"一词。"旅游＋"对稳定经济增长、调整产业结构、普惠和改善民生、增加就业机会意义重大，对推进

---

* 陈奉伟，遵义师范学院历史文化与旅游学院副教授；钱军，遵义市旅游发展委员会副主任；蓝波，遵义市旅游发展委员会规划发展科科长。

新型城镇化、新型工业化、网络信息化、农业现代化和发展生态化成效显著。"旅游+"是旅游投资和消费的新热点、新亮点，是旅游发展的新空间，是旅游业态创新的主攻方向，是旅游产业转型升级的新动力，是整合区域资源的纽带。遵义作为全国知名的历史文化名城，著名旅游目的地，全国全域旅游的示范区，应坚持科学的发展观，以锐意进取，大胆改革，勇于创新的作风践行"旅游+"的新尝试，做好做足"旅游+"这篇大文章。

一 "旅游+"战略总体思路

不同的地区，旅游资源特色各异，旅游相关产业的优势也不同，因此，在推进"旅游+"战略时，各地应该结合自身资源的优势和特色，产业的优势和发展的阶段，精心设计与之相适应的"旅游+"特色。通过深入贯彻落实党的十九大报告精神，按照国家和贵州省关于旅游发展的工作部署，结合遵义市产业优势和特色，实施"旅游+"战略可以围绕"一个中心，三条主线，六大特色领域"开展工作。推动遵义市旅游产业与相关产业深度融合、协同发展，全面推动产业变革、融合，旅游产业转型升级、提质增效、旅游新业态的形成，为实现遵义市旅游产业"井喷式"发展发挥重要作用。

——一个中心，是以旅游为中心。带动相关产业协调发展，在守住生态和发展底线的基础上，以"旅游+"为推手，大力推动旅游业与新型工业化、新型城镇化、农业现代化、美丽乡村建设、现代新兴产业相结合。以项目带动投资，以投资带动产业发展和产业融合，以产业融合带动产业集聚，以产业聚集带动社会经济和生态环境的全面发展和改善。以旅游开发带动大众创新、万众创业，创造更多的就业机会。全面推动旅游产品、业态、营销、服务转型升级，提高旅游业的市场化、产业化、现代化、国际化水平。

——三条主线。一是以全面提升旅游产业发展质量为主线，不断丰富旅游产业的产品结构和新业态，优化旅游产业结构，合理规划产业布局，提高产业的关联度，推进旅游服务升级，实现旅游产业的提质增效。二是以产业深度融合发展为主线，不断推进旅游产业和相关产业的融合发展，以旅游发展，促进遵义市新型城镇化、新型工业化、网络信息化、农业现代化和发展生态化。推进旅游产业和遵义市优势和特色产业深度融合，协同发展。三是以不断变革的创新思维为主线，大胆改变观念，大胆进行革新，大胆进行产业融合发展，大胆进行产业新业态的发展探索，不断创造旅游经济新的增长模式。

——六大特色领域。遵义市"旅游 +"战略主要是围绕"旅游 + 文化产业"、"旅游 + 大健康"、"旅游 + 互联网（大数据）"、"旅游 + 大生态"、"旅游 + 现代农业"以及"旅游 + 创新创业"这六大领域，构建每个区县的"旅游 +"特色，推动旅游及相关产业的联动发展，实现全市经济效益、社会效益和生态效益协调发展和统一。

二 "旅游 +"战略目标

到 2020 年，全市"旅游 +"发展取得明显成效，旅游与遵义市优势和特色产业深度融合发展，旅游新业态不断涌现，形成大众创新、万众创业的发展格局。"旅游 +"对其他产业的融合、促进和集成作用显现，有力推动旅游业与城镇、农业、工业、文化和信息等产业的深度融合。旅游产业成为遵义经济发展的主要推动力，在促进全市国民经济产业部门的转型升级，产业发展质量和效益全面提升上发挥显著成效。

（一）新业态不断涌现

开展旅游与其他产业融合的模式研究，开发房车营地、低空飞行、户外运动、滑雪、漂流等新型业态，形成丰富多样、附加值高的旅游业态。大力发展健康养老养生、体育休闲、文旅体验、乡村度假等产业，积极开发乡村回归、文化体验、康体养生、野外露营、绿色健身、科考修学等个性化、体验式旅游产品，加快智慧景区旅游建设步伐，推进遵义市国家全域旅游示范区创建工作，实现绿水青山和金山银山的有机统一，积极探索产业深度融合下的产业新业态和经济增长新模式。

（二）产业融合、集聚效应明显

以"旅游＋"为抓手，大力推进旅游业与城镇、农业、工业、文化和信息等产业的深度融合，做大旅游产业，做大相关产业，发挥产业集聚效应，实现规模经济效益。

（三）"旅游＋"对其他产业的促进和集成作用显著

形成以旅游业促进产业发展，以产业反哺旅游业的良性互动发展模式，最终实现旅游产业和相关产业的提质增效。"旅游＋"对其他产业的促进和集成作用显著。

（四）大众创新、万众创业成效显著

建设大众创新、万众创业的平台和机制，形成一批创新、创业的孵化平台、机构和企业，推动大众创新、万众创业落地实施，并能够快速转化为促进经济发展的新动力，使旅游业成为大众创业、万众创新的活力之地。通过旅游投资开发，开创遵义市大众创业、万众创新的新局面。

三　"旅游＋"战略主要内容

（一）旅游＋文化产业

"旅游＋文化产业"是遵义"旅游＋"计划最核心的内容之一，也是最具竞争力的产业互动发展模式。这是遵义市创建全国文化新高地的使命使然，也是遵义打好文化旅游这张牌的基础。推进重大文化旅游项目建设，深入推进遵义会议、四渡赤水、国酒茅台、海龙屯、仡佬之源等精品文化景区建设，着力打造世界酱香型白酒文化体验区、世界土司文化遗产旅游区等世界级旅游品牌，打造具有红军长征文化特色的乌江观光旅游带。创建遵义红色旅游综合体、赤水丹霞旅游区、务川仡佬文化旅游区、

娄山关－海龙屯旅游区、土城红色文化旅游区、茅台酒镇旅游区等国家5A级景区。主要围绕"旅游+爱国主义教育""旅游+修学""旅游+演艺影视娱乐""旅游+文化体验"（红色文化、土司文化、酒文化、茶文化、仡佬文化、浙大西迁文化的文化体验）四个方面来完善旅游与文化产业的联动发展。

1. 旅游+爱国主义教育

红色旅游最重要的一项功能就是爱国主义教育。遵义应充分发挥红色旅游资源的优势，大力发展爱国主义教育产业，通过发展红军长征生活体验、红军爱国主义精神文化读物、爱国主义精神教育等多种形式的爱国主义教育主题的活动，让广大旅游者经历一次爱国主义教育的洗礼，体验一次红军长征的艰难生活，或是重走一回长征路等活动，增强体验性和挑战性，让游客在活动中接受教育，在教育中提升感受，将遵义建成全国一流的爱国主义教育基地。

2. 旅游+修学

针对2000后独生子女教育难的问题，开展与"学红军精神，做自立自强新一代"相似主题的修学旅游活动，可以力邀国内知名的培训机构加盟，将遵义打造成类似国学修学的长征学研学基地，吸引全国的青少年来修学旅游。

3. 旅游+演艺影视娱乐

提升演艺娱乐产品的原创、开发和运营能力，扩大遵义市艺术作品创作、生产、演出市场。大力支持各种社会力量和产业资本进入多层次演艺娱乐产业。有机融合独特民俗文化，打造具有地域文化特色的旅游演艺产品，创作"遵义会议""四渡赤水"等历史题材，开展"习部传奇""鳖国传说"等地域传奇题材的山水实景演出，编创歌舞，增加文化体验类项目，提升遵义文化旅游吸引力。

大力发展节目制作、影视广告、影视剧制作等相关服务产业，推进广电传媒产业做大做强。加强对外合作，创建长征题材的影视基地。鼓励发展现代电影产业，支持本地影院与国内优质电影院线合作运营，建设数字影城、

巨幕影院、环幕影院、球幕影院等特色影院。鼓励本地企业、机构或个人参与影视剧创作生产，创作影视精品。

提升全市会展、博览场馆的综合服务功能，充分发挥凤凰山会展中心、青少年宫、奥林匹克中心和新蒲国际会展中心的功能，精心设计和深度策划各具特色的会展、博览活动，办好中国茶文化博览会、酒博会，发展中草药博览会、农业博览会等会展活动。策划、引进一批国内外重大体育赛事，如山地自行车赛事、山地摩托车赛事、山地越野车赛事等。促进文化旅游活动与会展业的结合，发挥长征红色文化、绥阳诗乡文化等活动对文化旅游产业的拉动作用。

发展工艺美术类旅游商品。加强民间工艺与文化旅游深度结合，挖掘非物质文化遗产的经济价值，重视保护与传承工作。积极推动具有地域特色和民族特色的美术品、工艺品、艺术器具等创作、生产和销售，培育地方特色旅游商品。打造遵义美食街、红军文化街、播州土司街等文化特色街区以及一批传统老街，发展传统特色工艺品专业交易市场，提升遵义特色工艺品的知名度和竞争力。

4. 旅游 + 文化体验

做足遵义市的"旅游 + 文化体验"文章。作为全国首批历史文化名城之一的遵义市，拥有众多国际、国内知名的文化品牌。遵义会议、土司文化、国酒文化世界闻名，三线建设文化、茶文化、仡佬文化、沙滩文化、浙大西迁文化等地域文化特色突出。因此，遵义的旅游 + 文化体验的最重要内容之一就是要打好文化牌，进一步凝练遵义文化旅游的内涵，丰富文化旅游的内容，提升文化旅游的品位和质量，让游客深刻品赏遵义的文化盛宴，真正感受不一样的文化体验。以国酒文化为例，茅台镇的国酒文化，举国独一无二，要做大国酒文化的品牌，丰富国酒文化的内涵，丰富国酒文化的形式，丰富国酒文化的载体，对国酒文化进行包装和提炼，通过有形的展示和载体的呈现，将国酒文化进行升华，形成国酒文化的精髓。要开发国酒工艺流程演示、旅游者实际参与操作、国酒品味体验、纪念型国酒个性化定制等一系列的国酒文化体验之旅。

（二）旅游+大生态

"旅游+大生态"是遵义大力发展生态旅游，实现生态环境和社会环境不断优化的有力举措。遵义自然生态环境保存较好，人为破坏较少，自然生态小环境、小气候比较独特，拥有赤水河和乌江两条重要的河流，赤水河生态环境独特，乌江流域千林万壑、九曲百转。又有大乌蒙山和大武陵山同聚于此，山地、森林众多，自然环境优美。遵义主要围绕"旅游+科考""旅游+茶业""旅游+林业"来实现产业联动发展，可以开展茶园观光项目，自然保护科学考察项目，森林公园生态旅游项目，沿赤水河、乌江及沿湄凤余茶旅公路野外露营、自行车骑游、汽车自驾游项目，森林公园探险、徒步穿越、森林观光项目。

1. 旅游+科考

遵义市境内自然生态环境保存较好，动植物种类多，物种丰富。其中赤水有地球同纬度保存最完好的中亚热带常绿阔叶原生林43万亩；竹林面积129万亩，竹林总面积和人均面积均居全国第一。赤水市境内有高等植物2116种，其中维管植物1964种，国家重点保护植物20种，特有植物27种，代表植物包括小黄花茶、赤水蒉树等。国家一级保护植物、侏罗纪残遗种——"桫椤"在赤水生长十分密集，仅赤水桫椤国家级自然保护区内就达4.7万株，是全世界桫椤分布最集中的区域。有野生动物1668种，其中脊椎动物404种；昆虫1264种；云豹、长尾雉、苏门羚等国家重点保护动物39种；长江上游特有鱼类25种。赤水、习水等地是野生动植物科学考察的最佳地，依托国家级自然保护区，可以建成世界性的野生动植物科考站。吸引国内外大量的动植物科考工作者进行科考，推动对赤水、习水等地生态环境和旅游环境的宣传。

2. 旅游+茶业

截至2017年底，遵义不论是茶园面积还是茶叶产量、企业总量均居全国产茶市（州）第一位。全市茶园总面积206万亩，投产茶园面积160万亩，总产量12.5万吨，总产值100.5亿元，茶业综合产值达到213亿元。

遵义茶主要有遵义红、湄潭翠芽、凤冈锌硒茶、正安白茶、余庆小叶苦丁茶等产品。茶产业已成为遵义农村经济重要的支柱产业。通过近几年茶博会的举办，"旅游＋茶业"的格局已初具雏形，需要做的是进一步完善茶园旅游观光功能，建设茶园旅游基础设施和完善旅游设施。以湄凤余为核心区域，大力打造"旅游＋茶业"发展模式。

3. 旅游＋林业

森林旅游符合人们追求自然生态、亲近自然、回归自然、征服自然的心理需求。主要依托绥阳、习水、赤水等地大量的国家级、省级森林公园、各级自然保护区，推动林业与旅游业的有机结合，大量开展森林生态旅游、森林徒步旅游、森林探险旅游等多种形式的森林旅游活动，从而达到林旅融合发展的目标。

（三）旅游＋大健康

"旅游＋大健康"是遵义旅游产业发展的全新业态，也是最重要的增长极。在全球人口老龄化来临之际和人们对生命无限珍惜的当今，健康无疑是人们最大的追求。因此，发展"旅游＋大健康"市场前景广阔，增值空间巨大。主要围绕"旅游＋山地运动""旅游＋中药保健""旅游＋疗养度假"来大做文章。主要可以开展森林疗养、温泉疗养、森林浴、森林氧吧、康复运动、骑游运动、民族体育运动、越野运动、中草药种植、中草药加工、中药浴、中药食疗、中药美容、中药康复等项目，形成一条功能完善的大健康产业链。

1. 旅游＋山地运动

山地是遵义地区的主要地貌形态，遵义属于高原山地，平均海拔在800米左右，气候凉爽舒适，冬无严寒，夏无酷暑，全年适宜旅游的时间超过300天。遵义结合山地和资源的优势，最适应开展的项目是山地运动、民俗体育和森林疗养活动。山地运动主要是打造全国性的自行车、摩托车和越野车山地运动目的地。充分发挥民族体育活动的独特吸引力，大力开展集趣味性、参与性和可玩性于一体的民族体育运动，将其打造成旅游的一项重要活动，通过举办全国性民族体育运动赛事等活动，吸引运动爱好者和民俗爱好者前来参加。

2. 旅游+康养

近些年，以健康、度假、养生、养老为核心的旅游康养产业发展迅速。遵义市可开展旅游康养产业的资源类型丰富，优势明显，康养产业发展前景广阔。遵义市健康产业发展势头良好，形成"医学类高校+医学科研机构+知名三甲医院+特色专科医院+制药产业"等较为完善的产业链，能充分支撑旅游康养产业的大力发展。遵义拥有丰富的可开展旅游康养产业的资源，包括冬暖夏凉、四季宜居的气候条件，森林覆盖率、空气质量和地表水质居全国前列，旅游资源类型多样，自然、人文旅游资源组合良好。游客来到遵义，可以充分体验养生、养心、养老、养颜、养疗等"五养"的全方位服务。遵义围绕资源特色和优势，开展温泉疗养、森林疗养、特色民宿养老、茶文化养生养老、森林避暑度假等形式的旅游康养项目。

3. 旅游+中药保健

2016年7月，国家旅游局、国家中医药管理局联合发布的《"国家中医药健康旅游示范区（基地、项目）"创建工作通知》指出：用3年左右时间，建成10个国家中医药健康旅游示范区，100个国家中医药健康旅游示范基地，1000个国家中医药健康旅游示范项目。遵义地区野生中药材种类丰富，品质高，创建国家中医药健康旅游示范区资源优势明显。其中洛龙党参是贵州省遵义市道真县洛龙镇的特产。遵义也是全国杜仲主要产区之一。赤水金钗石斛因有近200年种植历史，形成我国的石斛中药材原生地，是中国石斛开发最早的地区，其石斛独有的石斛碱含量，使其成为石斛中精品，有"人间仙草"之美称。遵义县的葛根内含12%的黄酮类化合物，还有蛋白质、氨基酸、糖及铁、钙、铜、硒等矿物质，是老少皆宜的滋补品，能有效调节人体机能，增强体质，提高机体抗病能力。此外还有白芨、百合、白果、野木瓜、吴茱萸等大量的珍贵野生中草药。遵义可以大力发展中草药种植、中草药制造、中草药保健理疗、中草药养生、中草药美容的旅游+中草药保健的新模式，从而形成遵义经济新的增长点。

（四）旅游＋现代农业

"旅游＋现代农业"是遵义作为黔北粮仓的必然选择。当然，现代农业不单单是为了满足人们的食物需要，同时也要体现食品的安全、口感、营养和新鲜。遵义各个区县特色种植和养殖业发展较好，"旅游＋现代农业"能让遵义的农副产品通过旅游市场走向全国，而旅游业也会因为现代农业的大力发展，成为主要的旅游吸引力，推动旅游业的发展。旅游＋现代农业主要围绕"旅游＋农业体验、观光、农家乐""旅游＋精准扶贫""旅游＋新型城镇化、美丽乡村建设"来推进"四在农家、美丽乡村"升级版建设。依托现代农业项目，在区位条件优越的城郊、近郊和靠近主要客源市场的农村等地开展农业观光、农耕体验、果蔬采摘、农家乐等活动，让游客体验乡村生活；推动一批精品旅游扶贫项目发展，带动资源优势明显的贫困乡村进行旅游开发，实现精准扶贫，通过旅游及相关设施的建设，推进美丽乡村建设、助推城镇化建设和提高城镇化质量。

1. 旅游＋农业体验、观光、农家乐

遵义市农牧特产丰富，其中著名的有湄潭的茅贡米、白果贡米，习水的红稗，茅台的高粱，二合的枇杷，务川的白山羊，遵义的黑猪，黔北麻羊等。农副产业加工作坊多，产业链完整。遵义的特色化乡村建设主要依托特色种植业、特色养殖业、特色渔牧业开展农业观光、果蔬采摘、农耕体验和农家乐等形式多样的乡村旅游活动，打造农旅结合，开创地域特色农副产品产销一条龙、传统农耕、现代农业生产科普结合的农旅一体化开发之路，充分发挥了现代农业生产示范、推广辐射、科普培训、旅游观光、产品配销等功能。

2. 旅游＋精准扶贫

遵义市地处乌蒙山和武陵山地区，人口众多，贫困人口群体数量大，贫困程度深，帮助贫困人口脱贫是遵义"十三五"期间的重要工作。而旅游开发作为扶贫开发的重要形式，在精准扶贫方面发挥越来越重要的作用。遵义应该抓住国家旅游扶贫开发的机遇，大力开展旅游扶贫工作，推进旅游+精准扶贫工作的开展,通过公司+农户、农户土地入股、民宿入股等方式,带动贫困人口就业和贫困人口增收,真正实现贫困人口的精准脱贫。

3. 旅游+新型城镇化、美丽乡村建设

旅游业对新型城镇化建设具有很强的推动作用。国内多名业内人士认为,旅游业是新型城镇化的推动器。旅游产业贡献度大、就业贡献率高,能更好地实现新型城镇化的目标。旅游业的公共服务部门为城镇居民提供的教育、医疗、文化等服务,有利于提升城镇化的质量。随着遵义全面推进"四在农家·美丽乡村"升级版建设,乡村环境不断美化,新型的美丽乡村正在形成,必将成为都市人群的主要去处,成为都市居民的新宠。因此,遵义大力发展旅游业,将助推新型城镇化建设,推进美丽乡村建设,提高城镇化的质量。

(五)旅游+互联网

"旅游+大数据"是大数据时代的不二选择。在互联网普及的今天,大数据无处不在,给人们工作、生活和休闲带来巨大的变革,同时也给旅游提供了新的发展机遇和前景。遵义宜主要围绕"旅游+手机App、互联网营销""旅游+景区、目的地智慧化"来拓展旅游发展空间。大力开发大数据产业,推动旅游相关信息互动终端等设备体系建设、旅游物联网设施建设,通过在线旅游创新创业、在线旅游新业态、旅游景区智能化、智慧旅游公共服务体系、旅游网络营销创新等方面做文章。

1. 推进遵义市互联网基础设施建设

加快推进机场、车站、宾馆饭店、景区景点、旅游购物店、主要乡村旅游点等旅游区域及重点旅游线路的无线网络、4G等基础设施的覆盖,保障"旅游+互联网"基础条件。实现机场、车站、宾馆饭店、景区景点、旅游购物店、游客集散中心等主要旅游场所提供旅游信息互动终端,方便旅游者接入、使用互联网信息服务和在线互动。将旅游服务、客流管理、安全监管纳入互联网范畴,实现旅游目的地的智能化管理。

2. 积极探索和创新在线旅游业态

支持旅游企业利用旅游服务平台，整合私家车、闲置房产等社会资源，规范发展在线旅游租车和在线度假租赁等新业态。整合上下游及平行企业资源、要素和技术，推动"旅游＋互联网"的跨界融合。鼓励各类创新主体开展在线旅游创业创新。支持旅游创新平台、创客空间、创新基地的发展。创新发展在线旅游产品销售、旅游购物和旅游餐饮服务平台，大力推进"线上下单、线下购物"的在线旅游购物模式。

3. 鼓励"旅游＋互联网"投融资创新

大力推广众筹、PPP 等投融资模式，引导社会资本介入"旅游＋互联网"领域，加快"旅游＋互联网"创新发展。鼓励旅游企业和互联网企业通过战略投资等市场化方式融合发展，构建线上与线下相结合、品牌和投资相结合的发展模式。

4. 支持智慧旅游景区建设

推动遵义市 4A 级景区实现免费 WiFi、智能导游、电子讲解、在线预订、信息推送等功能全覆盖。运用互联网和移动互联网，全面提升旅游景区的管理、服务、营销水平，支持社会资本和企业资本投资旅游电子商务平台，推动特色旅游商品和农副土特产品实现电子商务平台交易，提高旅游扶贫实效、带动农民增收和脱贫致富。支持景区以旅游 App、景区微信公众号等网络新媒体手段宣传推广旅游景区及产品。鼓励景区建设集咨询、展示、预订、交易于一体的旅游智慧服务平台。

5. 完善智慧旅游公共服务体系

充分利用大数据平台采集旅游公共信息，开放旅游公共信息数据。建设遵义市智慧旅游公共服务平台，建设统一的旅游投诉处置平台，健全旅游投诉和旅游救援等公共信息网络查询服务。建立网络旅游诚信信息交流平台，利用网络技术实现旅游企业信用的监管和信息公开。利用网络开展文明旅游督导，对游客不文明旅游行为实行监管和信息公布。运用互联网开展旅游应急处置和紧急救援。

6. 整合旅游营销渠道和模式

积极发展本地旅游电子商务平台，鼓励旅游企业利用互联网开展旅游营销信息发布、旅游产品在线预订和交易支付。支持旅游企业利用旅游大数据手段，建立广播、电视、报纸、杂志、户外等传统营销媒介，移动通信、微博、微信等新媒体媒介相结合的旅游目的地整合营销体系。支持本地旅游企业与 OTA 平台合作，拓展企业产品销售渠道。加强与门户网站、搜索引擎、UGC 旅游网站等的合作，创新产品和服务营销模式，提升企业营销能力。

（六）旅游 + 创新创业

旅游业是大众创新、万众创业最活跃的领域之一。创业创新对遵义市经济总量提升、产业提质增效、目的地转型升级都将是革命性的力量。遵义市委、市政府应通过制定激励政策、搭建服务平台、推广试点示范等一系列措施为产业的创业创新指引方向、加油提劲。遵义各区县应大力推进"旅游 + 大众创新、万众创业"，建设相应的创新创业孵化平台，吸纳返乡农民工、大学毕业生和专业技术人员自主创业。

1. 创建大众创新、万众创业的平台

条件成熟的县区市建立旅游创客基地，大众创新、万众创业的平台，制定引导和支持返乡农民工、大学毕业生、专业技术人员等通过旅游业实现自主创业的计划，使旅游业成为大众创业、万众创新的活力之源。通过旅游投资，开创大众创业、万众创新的新格局。制定激励政策、搭建服务平台、设立创业基金、推广试点示范等。

2. 创新创业政策支持

政策支持的方向应包含：支持旅游用地改革；实行旅游开放政策，推广旅游综合改革试点城市的经验；以设立旅游产业基金等形式扶持旅游创业；对创业者提供智力支持；根据创业者的需求进行重点支持等内容。

四 "旅游 + "具体策略

（一）产业互动发展

1. 凝练地方特色，突出产业优势

结合遵义市各区县的社会经济发展现状、产业优势及旅游发展实际，凝练好各区县的地方特色，突出产业优势。各区县应该结合自身的特色和优势，大力实施"旅游 + 产业"战略，努力将生态环境优势转化为旅游发展优势，围绕"旅游 + 文化产业"、"旅游 + 大健康"、"旅游 + 互联网（大数据）"、"旅游 + 大生态"、"旅游 + 现代农业"及"旅游 + 创新创业"这六大产业，大力发展健康养老养生、体育休闲、文旅体验、乡村度假等产业，积极开发乡村回归、非遗体验、康体养生、野外露营、绿色健身、科考修学旅行等个性化、体验式、参与式旅游产品，加快智慧景区旅游建设步伐，推进全市国家全域旅游示范区创建工作，力争实现绿水青山和金山银山的有机统一。

2. 做大产业规模，发挥集聚效应

以旅游 + 为抓手，大力推进旅游产业与相关产业的协同发展，做大旅游产业，做大相关产业，发挥产业集聚效应，实现规模经济效益。比如"旅游 + 大健康"，针对即将来临的全球人口老龄化时代和人们对生命健康的珍视，结合遵义适合很多珍稀中草药植物生长的得天独厚的自然环境，大力发展中药种植，大力引进中药制造企业，创建国内知名的中药养生保健疗养品牌，推动"旅游 + 中药养生保健疗养"的发展，把遵义建成全国一流的"旅游 + 中药养生保健疗养"度假目的地。

3. 重点项目带动，产业提质增效

形成以旅游业促进产业发展，以产业反哺旅游业的良性互动发展模式，最终实现旅游产业和相关产业的提质增效，社会、经济和环境的协调发展。围绕"旅游 + 文化产业""旅游 + 大生态""旅游 + 大健康""旅游 + 现代

农业""旅游+互联网""旅游+创新创业"等六个领域，推进信息技术、环保生态技术、医疗卫生技术、现代农业技术、文化创意在旅游产业领域的融合创新；加大引导力度，调动社会各方力量，加快建设一批在重点发展领域突破创新、形成新的发展业态、具有产业拉动作用和示范效应的重点项目。加大政策资金支持力度，把"旅游+"项目列入遵义市发展专项资金重点扶持范围，优先给予支持，积极利用政策引导资金投资"旅游+"项目。对"旅游+"项目的规划，各县市区应该结合自身的实际，制定科学合理、切实可行的项目规划。

（二）部门联动推进

"旅游+"涉及多部门合作，实现产业联动。产业联动推进计划如下："旅游+文化产业"牵头单位：市文广局、市旅发委，做好全市文化产业发展规划中旅游文化产业的相关项目建设规划及落实。"旅游+大生态"牵头单位：市林业局、市旅发委，做好大生态环境下的全市自然生态旅游资源中的创新发展项目建设规划及落实。"旅游+大健康"牵头单位：市林业局、市药监局、市旅发委，做好大健康和中草药国粹背景下的大健康发展项目建设规划及落实，特别是旅游养生、理疗、保健等项目的规划及建设。"旅游+现代农业"牵头单位：市农业局、市扶贫办、市国土局、市旅发委，做好农业现代化背景下，集种植、观光和农村环境改造等综合功能的农业现代化项目、旅游扶贫项目及新农村建设项目的规划及建设。"旅游+互联网"牵头单位：市文广局、市旅发委，做好互联网背景下，旅游信息化、智能化项目的规划及建设。"旅游+创新创业"牵头单位：市发改委，制定好创新创业的政策和管理机制，创建大众创业的平台，落实创业融资的平台，做好大众创新、万众创业的相关项目建设规划及落实。

（三）优质企业培育

扶持适应"旅游+"融合发展趋势、具有产业链整合和辐射带动作用

的骨干企业，支持跨区域、跨行业、跨所有制发展，促进相关领域资源整合和结构调整；积极培育一批主业突出、具有创新潜质和发展潜力的优质中小企业，促进产业合理分工和资源优化配置；鼓励本地企业和国内知名企业开展技术、业务、资本等多种形式合作，构建多样化的合作方式以及品牌和投资相结合的发展模式。各产业领域专项资金对符合培育条件的"旅游＋"企业予以重点支持。

五　保障措施

（一）建立专项领导小组

成立以市委主要领导为第一责任人，市发改委、财政局、林业局、水利局、住建局、文广局、药监局、旅发委等单位负责人为主要成员的"旅游＋"战略领导小组，明确分工，积极开展各项工作。建立联合工作机制，加强部门协调、政策衔接和信息沟通。细化领导小组各成员单位的职责，落实责任分摊。各县区市成立"旅游＋"产业协调小组，确保行动计划的推进和落实到位，要认真研究制定"旅游＋"具体实施方案，建立健全工作推进机制，确保各项任务落到实处。

（二）出台相应的支持政策

各区县应该结合自身实际情况，围绕"旅游＋"发展需求，适时研究制定新的优惠政策，全面推动"旅游＋"战略计划执行到位。对涉及投资、财税、金融、土地、价格、人才等方面的优惠政策，按政策规定幅度的上限执行，确保用足用好。符合条件的"旅游＋"重点项目优先列入市重点建设项目。

（三）创新融资平台和方式

在政策允许范围内，大胆进行创新，建立相应的融资平台，作为"旅游＋"投资的主体，进行专项旅游投资；大力引进战略投资企业，对各县区市的"旅游＋"战略计划项目进行分解投资。推进公司＋农户，企业强强合作投资，政府财政投入，社会闲置资金融资等多种方式进行融资。

（四）人才保障

创新人才引进机制。实行多层面的引才政策，形成"尊重劳动、尊重知识、尊重人才、尊重创造"的制度环境和社会环境。针对旅游人才十分缺乏的现状，要采取积极的人才培训措施，建立完善的培训机制，实现对从业人员的定期持续培训，为遵义市"旅游＋"战略提供数量充足的服务意识强、服务态度好、服务质量高、整体素质良好的旅游从业人员以及相对稳定的旅游从业队伍。旅游人才培训的方式可以是集中培训和分散培训相结合，集中培训可以委托高校或者专业培训机构进行专项培训，分散培训可以以各经营主体为单位进行分散培训，全面提升旅游从业人员的服务意识和服务技能水平。

社 会 篇

Social Analysis

B.17
遵义市医院人文环境调查研究

田宗远[*]

摘　要： 医院医疗环境包括医院文化、制度，医务从业者等人的观念、态度、信仰、认知等，实际上就是一种"人文环境"。据此，本文从医者、患者、医院管理方三个层面对遵义市医院的医疗环境展开调研分析。调查研究结果表明，医院人文环境总体良好，深得医务工作者、患者及家属的广泛认可。但医院在人文环境建设方面仍然存在管理理念滞后、服务意识淡薄、就医程序烦琐、医疗费用较高等问题。因此，医院管理方须更新管理理念、提升服务质量、畅通就医渠道、降低医疗费用等，以营造良好的医院人文环境。

关键词： 就医环境　医疗环境　人文环境　遵义

---

* 田宗远，遵义医科大学党委副书记，遵义医科大学社科联主席，贵州省人文社会科学创新团队、人文医学与健康服务管理研究团队负责人，教授，硕士生导师。

　　"人民健康是民族昌盛和国家富强的重要标志",因而,习近平总书记在党的十九大报告中明确提出"实施健康中国战略",体现了我们党把对人民健康的重要性认识提高到了一个新的战略高度。贵州省十二次党代会也相应提出要"深入实施健康贵州建设工程,完善城乡医疗卫生和公共卫生服务体系,深化医药卫生体制改革,发展智慧医疗"。无论是"工程",还是"服务体系""医药卫生体制"和"智慧医疗"最终都是为了营造一个良好的医疗环境。那么,现有的医院在管理、文化、制度、观念、态度等方面状况如何?医者、患者、医院管理方各自如何看待医院的就医环境?我们又该如何提升就医环境?

一　调研对象

　　本次调研选取遵义地区的 14 个医院、卫生院作为调研对象,覆盖市、县、镇、村,其中三甲医院 2 所,县级医院 4 所,镇医院 5 所,社区卫生院 2 所,村卫生室 1 所。选取医院管理人员、医生护士、患者及其家属作为访谈对象,共计 300 余人,其中管理者 13 人,医务人员 88 人,患者 200 余人。

二　调研方法

　　调研团队共分为 5 个小组,统一编制使用访谈提纲,通过半结构式访谈法、集体访谈与个体访谈法、观察法、偶遇抽样与分层抽样法收集信息资料,并对数据进行简单统计分析。

　　调研编制的《医院人文环境访谈提纲》分别针对医院管理层、医务人员、患者及其家属设计了共 20 余个关于医院人文环境的问题,这些问题主要涉及:(1)对于医院管理层,访谈着重从特色服务理念或宗旨及落实制度、医生职业道德教育、医患敏感事件(医闹)、医院权威文化、医院文化活动、特殊服务对象及职工关怀等方面进行调查。(2)针对医务工作人员,

主要从对单位满意度、对医院行政管理建议、文体活动开展、对新同事的关心及安抚心理不良反应患者几方面进行访谈；（3）对医疗服务对象，主要访谈患者就医便利程度、医生服务态度、住院病房条件、病情知情情况、就医花销提醒等方面的问题。

三　调研基本情况

（一）医院人文环境总体良好

1. 管理、制度层面

遵义各级医院基本上进行了人文环境的顶层设计，并形成了相应的医院文化与传统，由此给医务工作者、患者及其家属提供良好的人文环境，使医院的管理、医疗服务获得了广泛的认同。

（1）三级医院都有明确的医疗服务理念、宗旨，并外化为院标、院训等符号标识文化系统。而多数县、乡镇、社区、村级卫生院则较少对其服务理念进行提炼和物质化设计，因而主要仍存在于管理者、医务人员的职业意识层面。

（2）县级以上的医院基本上形成了一套相似的医院文化活动，这对于丰富医院职工的业余文化生活、增强其集体荣誉感和归属感具有一定的积极作用。这些文化活动主要是通过工会、党团、妇女联合会进行组织开展，例如按时间（每季度）定期开展活动，重要节日的庆祝（如护士节，包括自设的医生节日），文艺汇演，体育活动，评优活动，职工生日慰问，职工的婚丧嫁娶、生病探望（包括家属）、发放生育津贴等多种形式。

（3）医院建立了有关制度、机制确保医生职业道德教育的开展，为创建良好的就医人文环境提供了保障。对于医生职业道德建设的形式是多种多样的。从县级医院到乡镇（社区）医院，其形式有制定制度、专家培训、按月考核、投诉举报、案例教育、党风廉政建设、定期学习、模范学习、评选优秀典型等，同时在内容上也有了极大丰富。针对工作中出现的吃、拿、卡、要等不正之风从制度上坚决杜绝，从实践中接受病人投诉，并密切联系个人的职称评审、评奖评优，效果非常显著。

（4）医院建立了一套稳定有序的职工关怀制度，为广大职工尤其是困难职工提供了常态化的关怀、帮助，使广大职工获得了对单位的满意感、归属感。比如三甲医院的工会党支部对困难职工进行经济补助、节假日慰问、住院报销、三餐免费、号召募捐等活动。县级医院针对犯错职工在开除之后缺少经济来源，为其提供了最低生活保障；对于病、灾家庭医院则通过发动捐助予以解决；为就业遇到困难职工子女提供帮助。乡镇（社区）医院同样对病、灾家庭提供帮助，对某些职工放宽假期时间等。在对困难职工的关怀帮助上，县级医院的帮扶能力较乡镇（社区）医院强。

（5）医院构建了面向特殊患者的良好硬件、软件环境，这在县级以上医院发展得较为成熟。在患者类别上，县级以上医院面向的特殊患者范围更广，而乡镇（社区）医院则较多面对年老、孤寡及留守儿童等患者。在采取的应对措施上，县级以上医院准备了雨具、轮椅、拐杖、护工、担架队，采取了应急措施、绿色通道、请求政府协助等多种形式，实施高龄残幼者挂号看病检查优先等措施。乡镇（社区）医院则采取老年优先、协助用餐等方式予以特殊处理。

2. 在医疗服务层面

调研结果显示，患者及其家属对医院的人文环境满意度较高，表明近年来医院在改善医疗服务的软硬环境方面取得了较好成效。

（1）患者的就医便利感良好。从县级医院到乡镇（社区）医院，所访患者均表示比较方便；同时家属总体感觉良好。患者对医院整体环境也较为满意，家属也持同样意见。近年来随着国家政策的支持和经济条件的改善，县级乃至乡镇（社区）医院在硬件及软件方面大有改善，居民就医的便利程度大大提高，整体满意度提升。

（2）患者对医生服务态度的满意度较高。医生服务态度是其服务意识的重要体现。医务工作者对待患者的态度，在一定程度上影响着患者的整个就医过程及健康的恢复。所访患者中，所有人表示所遇医生（护士）服务态度均较好；住院过程中，患者有所反应，医务人员能够及时赶到进行检

查；家属认为医务人员表现可以。患者及家属对医务人员的服务态度相对敏感，就医过程的感受印象相对深刻。能够得到患者及家属的双重认可，表明医务工作者的整体服务态度较好。

（3）患者对住院病房条件总体上很满意。住院病房为患者和家属的主要活动场所。病房环境、设施条件伴随着患者住院的整个过程。受制于规模、条件等因素，县级与乡镇（社区）医院的住院病房具有较大差异，县级医院优于县级与乡镇（社区）医院许多；但在基础性的住宿及环境条件方面，乡镇（社区）医院也不比县级医院逊色，像空调、电视等设备，已是相对平常的配备。所访住院患者和家属均对住院病房条件表示满意。

（4）患者对病情知情率高。患者及家属非常关心病情，从而影响心情，更加影响着患者的恢复。所访县级与乡镇（社区）医院中的患者和家属，均表示能比较清晰地知道患者的病情和发展情况，医护人员告知及时，在出院时也能告知患者或家属注意的事项和明确病情发展与恢复状况，有效确保了患者和家属的知情权。

（5）患者能够获得关于就医花费的提醒和清楚的信息。清楚地知道治疗的各项花费应当是患方家庭所应享有的权利。访问中了解到，患者能非常清晰地知道自己的花销费用，在一定程度上做到了明白消费。

（6）患者不良的就医心理能够得到有效的安抚、处置。在就医时，不同病人可能表现出不同的心理体验和情感，有些患者具有特殊心理不良反应，如紧张、焦虑、担忧等，90%以上的医生表示能够进行必要的安抚和有效处置。仅有个别医护人员表示由于日常工作量超额，就诊人数过多及工作强度过高等原因无暇顾及出现紧张、焦虑、担忧等心理困扰的病患。

（二）医院人文环境存在的不足

1. 医院理念的落实需要进一步制度化、系统化

从本次调研结果来看，遵义市三甲医院虽然服务宗旨和理念都各具特色，也有明确的医院管理规章制度，但是在落实方面还缺乏系统、有序的落实机制。不同级别的医院管理者，对"医院服务理念或宗旨"具有不同层

次或水平的理解，因而对理念的落实方式也采取了不同的回答，往往用常规管理、医疗措施来阐释其管理服务理念，可见医院总体上缺乏完整有序的管理理念落实措施。而村、乡镇、社区医院则更缺乏准确提炼和标识符号化展示，显示出顶层设计缺乏明确的、特色化的医疗理念。

2. 就医的便捷性仍有待加强

这主要存在于就医困难的三甲医院。三甲医院就诊人数超标造成了就医过程的复杂化，从而影响了就医的便捷性。首先，目前许多患者看病需提前几天网上预约专家号，烦琐的电脑操作不便于患者就医诊疗，尤其对中老年患者、低学历患者和农村患者而言，他们就医权利的充分行使更是受到影响。其次，等待医生诊疗时间过长，例如妇科、呼吸科和儿科的不少患者往往需要等待 2 ~ 3 个小时才能等到医生诊治。最后，部分医院的检验科遍及医院不同区域，检查仪器设置分散，且指路标识模糊，许多外地患者往往浪费了大量的时间在做检查，这也从侧面反映了医院人文服务环境存在不足。

3. 医院人才保障机制需要完善

医院人才管理制度不完善是遵义市三甲医院行政管理较为突出的问题。时代的发展和医学科技的进步，使医护人员更重视科研公共平台的合理利用和完善问题。目前的一些科研平台还不能为平台中的科研人员提供更专业化、规范化的管理服务，平台管理者既当管理服务者又当研究者的情况明显。此外，医院人才外出培训、选拔和继续教育缺乏制度性保障机制，新引进人才也没有发挥最大效用，尤其是科研骨干、技术后备力量缺乏培养、发展的有效激励或约束制度。

4. 医疗费用仍然过高，公立医院的公益性有待加强

看病贵、住院贵、检查贵是现在病患诟病医院的主要因素，大部分患者表示医生在临床诊疗过程中会开出过多不必要的药物和检查，加重了患者就医的经济负担，更有甚者会夸大病情，故意安排一些不必要的诊治，提高治疗费用。有数据显示，71.15% 的医生不会主动为病患节约医疗费用，只有 28.85% 的医生会主动为病患节约费用。而受访的患者或家属均表示没有感受到医生会为其节约医疗费用。这种反差也许表明医生陈述的真实性值得怀疑，但也可能与医生

不善于向患者主动表示其节约费用善意有关。

5. 医生服务意识、沟通意识有待增强

遵义市部分三甲医院的临床一线医生由于受多年高强度临床工作的影响，在与患者沟通过程中过于专业化，询问病情、诊断病因和告知治疗方案时惯用标准医学术语，而普通病患难以理解，易引起恐慌和疑惑。还有部分医生权威意识过于强烈，认为病患非专业人士，故较少解释病情，态度冷漠，未满足病人的知情同意权，最终导致医患矛盾和冲突。

6. 医院环境还不能让广大患者充分满意

虽然总体上县级以上医院的硬件、软件环境让患者满意，但受一些复杂因素的影响医院总有让患者诉病的显著问题。尤其是三甲医院庞大的就医人群导致医院门诊和住院部人员拥挤，空气不良问题较为突出，一些住院部没有设置家属休息处，在公共区域添加病床，导致病房内人多拥挤，空气污染，饮水困难。此外，个别医院在设施建成后迫于就医人群的压力，立即启动新装修的就医大厅或病房，这些区域甲醛和苯超标，并不利于病患的休养和治疗，有些甚至加重了病人的病情。

7. 乡镇、社区、村卫生院医院文化建设滞后，会影响医院的管理效率和长足发展

乡镇、社区、村卫生院文化建设滞后，文化建设意识淡薄，文化活动缺失，从长远看会影响医院的管理效率和长足发展。即便是在文化活动开展较多的三甲医院，医生的参与度也低，50%的医务工作者表示参加过医院的文体活动，不参加的主要原因是工作太忙。

四 改善医院人文环境的建议

（1）三甲医院的发展理念需要加强理念特色的提炼和落实制度的系统化、常态化建设，以使已经明确的医院理念发挥更大的文化引领作用，让患者至上的核心价值得到更好贯彻落实。

（2）三甲医院的就医便捷性还有进一步提升的空间，首先要加强就医

引导员制度的完善，招募更多的志愿者参与医院的志愿服务工作；其次要加快三级诊疗制度的落实步伐，大大减少三甲医院的患者数量，有效缓解挂号难、看病难、住院难等问题，同时也能有效改善医院就医环境，使医院人员拥挤、空气不良等状况得到大大改变。

（3）大型医院公共科研平台的管理需要增强其专业化、研究性功能，可以通过专业管理队伍与专业研究队伍的职能分离来增强其科研平台效能。此外大型医院还要研究、构建一套系统化的人才梯队建设制度，以激发年轻人的发展潜力，更好发挥中高级人才的传帮带作用，从而为医院构建从年龄、职称到技能等各方面都合理、优化的人力资源层次结构。

（4）合理降低医疗费用是医疗卫生事业发展的重要方向，是体现对患者经济利益和人文关怀的基本指标，因而发改局对于药品收费问题要加以科学调研、论证并合理调整，切实保障患者经济利益。此外，医院需要加强内部管理，在医疗用品采购、使用、处方、检查等环节降低医疗费用。

（5）医院管理要加强医德医风建设，提升医务人员服务意识、沟通意识及其能力，使医务人员在医疗活动中加强与患者及其家属的密切沟通交流，切实改善患者就医体验，密切医患关系。

（6）医院要加强开展独具特色、职工乐于参与的文化活动，完善激励机制，开展丰富多彩的医院文化活动，让更多的医务人员参与其中，增强其归属感和荣誉感，培育团结进取、勇于创新的医院文化精神。

B.18
新常态下城乡养老服务平衡发展研究

——基于遵义市的调查 *

龙翠芳　聂建平 **

摘　要：　中国经济社会发展新常态对社会保障事业提出新挑战，积极探讨新常态下城乡养老服务平衡发展问题对建立健全城乡一体化的养老保障体系具有重大意义。近几年，遵义市养老设施逐渐完善，养老服务体系不断建立健全，但城乡养老服务存在物质养老与精神养老不平衡，城乡养老机构入住率差异大，五保供养与社会养老服务需求和供给不平衡等问题。解决这些问题关键在于建立城乡、区域有效对接和平衡发展的养老服务政策体系。第一，加大对农村、民办养老服务机构的政策扶持力度；第二，打造综合示范性养老服务中心；第三，建设"养老小镇"；第四，促进居家、社区、机构养老服务融合发展；第五，探索与创新养老模式；第六，推动社会化养老与五保兜底养老平衡发展。

关键词：　养老服务　平衡　养老机构　社会化养老

---

* 本文为贵州省教育厅高校人文社科基金青年项目"贵州省农村敬老院发展现状与社会化改革路径研究"（项目编号：2016qn42）；中共遵义市委专项项目"新常态下遵义市区域养老服务平衡机制研究"（项目编号：201725）。

** 龙翠芳，贵州民族大学社会学博士研究生，遵义师范学院马克思主义学院教授；聂建平，遵义师范学院美术学院副教授。

一　引言

新常态是我国现阶段经济、社会发展的基本规律和特点，它主要表现为经济增长速度适宜、经济结构优化、社会和谐稳定的一种发展状态[1]。养老服务是社会保障事业的一项重要内容，主要是对老年人的日常生活提供照料和专业护理[2]。养老服务不仅是经济问题，也是社会问题。推动城乡养老服务平衡发展是促进养老服务社会化改革，建立城乡一体化的社会保障体系，缩小城乡差距，促进社会和谐稳定的重要任务。

遵义市是全国红色文化名城和革命老区，进入老龄化社会比全国晚，但发展速度快，城乡高龄老人、空巢老人、失能及半失能老人数量激增，是典型的"未富先老"。据遵义市老龄委统计，截至2016年底，60岁及以上的老年人口占到全市总人口的14.4%，超过全国14.3%的平均水平，人口老龄化问题日趋突出[3]，并呈现高龄化趋势。经济发展、思想观念、交通条件、政策支持等的不同，致使遵义市城市和农村养老服务发展失衡，对全市养老服务行业的发展形成制约瓶颈。因此，立足新常态背景探讨遵义市城乡养老服务失衡问题，助推城乡养老服务平衡发展具有重大意义。

二　研究思路与方法

（一）实地研究

课题组通过走访省民政厅、贵阳市民政局、遵义市民政局、遵义市各乡镇社会事务办、城乡敬老院（遵义市汇川区泗渡镇敬老院、板桥镇敬老院，红花岗区巷口镇敬老院、深溪镇敬老院、长征镇敬老院、电厂养老院，播州区松林镇敬老院，贵阳市云岩区中心敬老院、观山湖区中心敬老院等）及红花岗区电厂社区、汇川区乌江恬苑社区等周边社区，采取参与观察、召开座谈会、个案深入访谈等方式进行实地研究。课题组对有代表性或典型性的

个案进行无结构式深人访谈，向养老服务机构了解遵义市老年人口群体状况，对其生活环境、个人行为爱好，以及对养老服务的需求等进行综合分析，力图从中得到启示，探讨建立遵义市城乡养老服务平衡机制的共识性策略。课题组还采取结构式访问法开展 5 次 10 人/组的座谈会，以便从总体上了解老年人的养老服务需求及城乡养老服务机构建设与管理存在的问题。

（二）调查研究

在对机构养老老人进行问卷调查的基础上，课题组对有效问卷进行统计分析。共发放问卷 175 份，回收有效问卷 152 份，有效回收率 86.86%。课题组对有效问卷统一整理、核对和编号，应用 EpiData3.02 软件建立数据库进行数据录入，对有效问卷进行替代数据处理后，采用 SPSS 16.0 统计软件进行数据分析，主要使用的统计功能有描述性分析、频数分析、交叉列联表分析与卡方检验。

三 遵义市城乡养老服务业发展进程

（一）养老设施逐渐完善，养老金逐步提高

为尽快扭转全市养老机构床位短缺、设施陈旧、覆盖面小、供养能力弱的滞后局面，2011 年以来，遵义市抢抓全省养老服务"十二五"规划历史机遇，通过争取上级项目资金支持、加大地方财政投入、整合危房改造资金等方式，多渠道筹集资金，大力推进养老机构设施建设。"十二五"期间，遵义市共新建和改扩建敬老院 210 所，总投资达到 8.0998 亿元，床位数由 2011 年初的 0.53 万张增加到现在的 2.23 万张，覆盖全市 225 个乡镇。全市五保对象集中供养水平由 2011 年的每人每年 4399 元提高到目前的 9600 元，提高 118%；分散供养水平由每人每年 2542 元提高到 4825 元，提高 89%；集中供养人数由 2011 年 2881 人增加到目前的 9835 人，集中供养率由 11.9% 上升到 51.94%，增长 241%[4]。各城乡敬老院不断完善养老设施，

争创星级敬老院，目前，全市共 54 所敬老院获评全省三星级以上敬老院，其中五星级敬老院 3 所。

（二）养老服务体系不断建立健全

遵义市以民政部下发的《养老机构管理办法》（民发〔2013〕49 号）、《关于推进养老服务评估工作的指导意见》（民发〔2013〕127 号）和《养老机构设立许可办法》（民发〔2013〕48 号）为指导，做好遵义市养老服务评估工作，在养老服务机构设立条件、申请程序和许可管理方面严格把关。2013 年以来，市委、市政府相继出台了一系列支持养老服务业发展的政策法规和纲领性文件，如《遵义市农村敬老院管理办法和规范》《遵义市农村敬老院新建和改扩建全覆盖工作实施方案》《遵义市老年人优待实施方案》《遵义市关于加快全市养老服务业发展实施意见》《遵义市关于提高农村五保对象供养标准和集中供养率的通知》等，对全市养老服务机构做了明确的性质界定，明确了农村敬老院建设与管理、全市养老服务业发展的目标和要求以及农村五保对象保障标准，推进养老服务工作进入一个新的发展阶段。截至 2015 年 4 月底，遵义市乡镇敬老院全部完成事业单位法人登记，率先实现登记率 100%，结束了敬老院"无户口、无身份"的历史。全市各乡镇敬老院共核定事业编制 412 名，经公开招聘和调剂使用，已有 277 人到岗到位[5]。近几年，遵义市逐渐建立起以居家为基础、社区为依托、机构为补充，规模适度、覆盖城乡的多层次养老服务体系；不断建立健全科学合理、运转高效的长效评估机制，向养老服务评估科学化、常态化和专业化的目标迈进。各乡镇基本建成布局合理、设施配套、功能完善、管理规范的养老服务机构网络，已初步满足农村五保供养对象的供养需求，并逐步开展社会化养老，不断吸收城市、城镇社会老人入住[6]。

四　遵义市城乡养老服务发展失衡的表现

农村与城市经济发展的差距导致养老保障事业发展的差距。遵义农村机

构养老和社区养老在基础设施建设与服务管理方面与城市相比都有一定的差距，居家养老发展普遍培育不足。农村老人机构养老仅局限在物质层面，而城市老人机构养老服务需求往往得不到满足，存在养老服务需求与供给不平衡的问题。

（一）物质养老与精神养老不平衡

对遵义市乡镇敬老院 152 名入院老人的调查显示：15.79%（24/152）的老人表示对敬老院的生活很满意，49.34%（75/152）比较满意，23.68%（36/152）的老人表示一般，7.24%（11/152）的老人不满意，3.95%（6/152）的老人很不满意，总体上说明入院老人生活满意度较高，仅有 11.18%（17/152）的入院老人不满意敬老院的生活。美国社会心理学家马斯洛认为，人的需求从低到高分为五个层次：生理的需求、安全的需求、归属与爱的需求（社交）、尊重的需求及自我实现的需求[7]。从马斯洛的需求层次理论来看，入院老人的需求层次较低，主要体现为物质生活的满足，即生理需求和安全需求，生活结构简单，较高层次的精神需求难以实现，生活质量有待提高。生活质量是影响生活满意度的中介变量，通过分析影响入院老人生活质量的具体因素，得出影响老人生活满意度的变量。通过双变量交叉列联表分析与卡方检验可知，入院老人生活质量与老人年龄（$X^2 = 24.631$，$P = 0.023$）、婚姻状况（$X^2 = 16.571$，$P = 0.038$）、心理状况（$X^2 = 20.613$，$P = 0.015$）、身体状况（$X^2 = 12.235$，$P = 0.011$）和经济收入（$X^2 = 17.537$，$P = 0.008$）显著相关（$P < 0.05$），与入院老人性别（$X^2 = 19.498$，$P = 0.208$）、老人对敬老院管理服务的了解程度（$X^2 = 42.629$，$P = 0.159$）没有显著性相关关系，P 未通过显著性检验（$P > 0.05$），说明入院老人的年龄、婚姻状况、心理状况、身体状况和经济收入对入院老人的生活质量有显著影响；而入院老人个体性别特征、是否了解敬老院的管理服务对老人生活质量的影响不显著。通过深入访谈可知，入院老人一天的生活是比较枯燥乏味的，"很多老人不爱娱乐，不玩象棋、打牌等游戏，不喜欢锻炼，喜欢看电视"，敬老院也显得冷清。调查还发现，入院老人互相都不太熟悉，大多数老人是独自一人坐着发呆[8]。研究表明，农村养老机构娱乐设施和农村社区公共娱乐设施较为匮乏，对老人的服务仅停留在基本的物质供养和简单的医疗服务上，而对老人的精神娱乐需求关注较少。可见，遵义乡镇养老服务机构存在重物质养老、轻精神养老的问题，物质养老与精神养老失衡现象较严重。农村养老服务设施与养老服务能力严重不足，发展能力受限。

（二）城乡养老机构入住率差异大，发展不平衡

2015 年，遵义市五保对象集中供养率达到 65.65%，红花岗 72.32%、汇川区 73.89%、遵义县（播州区）69.98%、绥阳县 72.12%、正安县 70.03%、凤冈县 70.24%、湄潭县 70.26%、习水县 70.73%、赤水市 75.58%、仁怀市 75.43%①，以上 10 个县区市的五保对象集中供养率高于全市平均水平，其余县区市低于全市平均水平。农村敬老院规模大，投入很多的财力，环境、设施各方面都不错，住房条件好，就是位置偏远，交通不方便，所以入住率不高。以深溪镇敬老院（一鑫老年抚养院）为例，该敬老院走公建民营道路后，以医养结合模式发展社会化养老，尽管是医疗与养老配套经营管理，但敬老院地理位置偏远，去那养老、看病的人自然就少，入住率低。以长征镇敬老院（乐天颐养园）为例，该敬老院是采取公建民营社会化模式的养老服务中心。目前有 158 个床位，入住 30 位老人，入住率也不高。而市区电厂养老院（老房子改造）、党校敬老院（租的房子改造），社区环境和住房条件尽管差一些，但位置好、交通方便，入住率高，一床难求。可见，遵义市各县区市养老机构五保集中供养率低，城乡养老机构入住率差异大，发展不平衡。

（三）五保供养与社会养老服务供给和需求不平衡

城乡养老服务供给与需求不平衡，主要体现为城乡养老机构的服务供给

---

① 数据来源：课题组根据遵义市民政局统计数据整理。

与入住老人的服务需求失衡。调查显示，遵义市城乡敬老院基本上是五保兜底养老与社会化养老相混合；失能和失智老人相混合。公建公营敬老院因五保老人不足，朝社会养老发展；公建民营敬老院因社会养老不足，也在收养五保老人。五保老人与社会养老老人因长期的社会结构分层表现出明显的不同：五保老人文化素质低，卫生习惯差，在农村生活不受约束，因而不习惯敬老院的管理，要求也不高，管吃、住、穿就行；而社会养老老人有一定的知识积淀和社会阅历，入院交的钱多，因而专业化、人性化的管理与服务要求高，生活方式与五保老人也有很大的不同。将两类不同的人混合住在一起会导致五保老人与社会老人在集中供养意愿和服务需求上结构性失衡，导致真正需要供养的五保老人未能得到集中供养，入住养老机构的社会老人未能得到满意的服务，难以满足各类老年人的养老服务需求，也不利于提高专业化管理服务水平和社会化集中供养率。目前五保老人没有专业化的管理人员和护理人员，都是自发式院民自治和管理。虽然五保供养金有了较大的提高，但仅仅满足其吃、穿、住、医、葬的养老需求显然是不够的，在生理、心理等方面也应有专业的护理和治疗。

（四）养老机构缺乏专业的管理与服务人才

调查表明，养老服务机构宣传成本高，资金运转困难。以长征镇敬老院（乐天颐养园）为例，如果通过电视媒体宣传的话，电视广告费1个月要3万元。另外，养老服务机构从业人员社会地位及待遇低，如公建公营的巷口镇敬老院，由村里的1名中年妇女兼任管理与服务两职，因为待遇低，人员流动性大。又如松林镇敬老院入院老人37人，管理与服务人员仅2人，不符合国家对敬老院工作人员与入院老人1：10的配置要求，两名工作人员拿的也是全市最低工资。因而在调研中课题组多次听到敬老院的管理与服务人员强烈地呼吁"政府将从事敬老院管理与服务工作的从业人员纳入事业单位编制，提高工资待遇和提供学习培训机会"。让从业者看到养老服务业的发展前景，稳定养老服务机构从业人员队伍，才能提高从业人员的职业地位和专业化水平。汇川区各乡镇敬老院硬件设施普遍较好，院务管理能力也走在全市前列；但从全国先进地区来看，与供养对象的服务需求相比，其当前供养服务能力仍显不足，管理服务水平仍不高，主要原因在于缺乏专业的管理、服务和护理人才。

五　新常态下城乡养老服务发展失衡的根源

（一）城乡二元经济结构体制的束缚

新常态下城乡养老服务发展失衡，农村明显滞后于城市，这与农村经济发展水平、传统的思想观念和落后的交通条件有关，而主要根源在于，长期的城乡二元经济结构体制导致城乡壁垒，制度隔阂很难在短时间内消除。"农村贫困"已成为大多数人的刻板印象，并延伸为社会化的"贫困排斥"。从决策层面来讲，"贫困排斥"思维往往会导致重城市、轻农村，重经济发达地区、轻经济落后地区的思想和行为选择，从而使地方政府对城乡养老服务业的人、财、物的支持力度存在差异。经济发展较好的地区无疑在养老服务资源的汇集和吸收上占有优势，必然获得更多的财政支持和政策倾斜，由此导致城乡养老服务资源分配不合理，也与实现公共服务均等化的目标不相符。

（二）养老服务政策不能有效对接

由于养老服务行业涉及的部门十分广泛，而促进产业发展的优惠和扶持政策分散于各执行主管部门的规范性文件中，养老财政支持和养老服务政策不能在城乡和各区域间实现平衡和有效对接。这就导致政策实施的可行性和可操作性不强，政策惠及范围小，或政策出现偏差、错位，再加上养老服务机构的规划和布局不尽合理，影响政策落实效果。

六　新常态下促进遵义市城乡养老服务平衡发展的对策

城乡地理位置和空间分布的依存关系，可促进城乡养老服务社会功能互

补，促进城乡养老服务空间融合与协调发展，实现城乡养老福利最大化。能不能适应新常态促进城乡养老服务平衡发展，关键是在指导思想上要从重养老服务机构数量向重养老服务质量和优化养老服务结构转变。政府要加大对农村养老服务的扶持力度，需要进一步破除城乡壁垒，有效调动社会资源提供养老服务，加强构筑区域性的养老服务产业格局，使养老服务资源平衡辐射城乡。

（一）加大农村、民办养老服务扶持力度

一是放宽优惠内容。对农村养老服务机构应多提供资金、用地、税费等方面的优惠政策，如每年无偿提供一些补贴资金鼓励养老服务机构发展；采取贷款贴息等方式，缓解资金周转困难；在租金和场地使用上，可采取"政府承担一点、机构自筹一点"的方式合力解决，并实施税费减免政策；鼓励采取公建民营、民建公助等多种形式，吸引更多的民间资本投资养老服务业。二是扩大受惠面。将公办养老服务机构享受的优惠政策延伸到民办养老服务机构，如床位补贴、表彰奖励、学习培训等，充分调动养老服务从业者的积极性，让民办养老服务机构参与进来，最大限度保证民办与公办养老服务机构同等竞争。

（二）打造综合示范性养老服务中心

抓住新型城镇化建设的契机，以城市为中心向城郊、小城镇和农村辐射，促进养老服务业城乡互动、区域互补、发展互促，形成点—线—面带动发展。重点打造几个全市一流的养老服务中心，发挥典型的示范效应，带动和辐射区域其他养老服务机构。养老服务中心的建设要全方位考虑，在项目实施阶段就要规划好建设完成后下一步的运营工作，在布局上要合理设置老年人生活设施。比如乐活苑务川养老服务中心、红花岗区金海巷中心敬老院，目前是遵义市重点打造的养老服务项目，可把这些养老服务项目打造成遵义市养老服务设施齐全、管理完善、服务一流、交通便利、医养结合的综合性养老服务中心。

（三）建设"养老小镇"

充分利用遵义市优美的自然风光和凉爽的气候条件，建设"养老小镇"。养老小镇可以建在自然环境更好的郊区，如娄山关、枫香、深溪、板桥等地，既比在城市养老便宜，又比城市空气清新，关键是要加强交通和医疗方面基础设施的建设和完善。当前，遵义市有的乡镇养老院已经做得非常人性化了，如深溪镇敬老院（一鑫老年抚养院），但其所欠缺的是邻里间的人情味、露天集市的市井气息、野溪垂钓的乡村情趣。如果养老小镇能够打开所有围墙，让养老院不再成为一个孤岛，而是整个社会生活的有机组成部分，老年人的生活就会变得更加充实和快乐。

（四）促进居家、社区、机构养老融合发展

促进城乡居家、社区、机构养老融合发展，必须推广居家养老，依托城乡居家养老服务中心（站），为老年人提供上门和日托服务。必须重视社区养老服务。社区是开展养老服务的主阵地，居家养老以社区照顾为主。第一，建立社区日间照料中心，如红花岗区电厂社区、汇川区乌江恬苑社区，设立老年人活动室、心理咨询室、平价超市等服务设施。第二，充分运用"互联网＋"建设智慧社区，为社区老年人提供智能化、精准化的养老服务，让老年人充分享受智慧社区带来的便捷服务。第三，加大社区养老宣传力度，营造全社会尊老爱老的社会氛围，让更多志愿者为老年人提供服务。

（五）探索与创建养老新模式

随着社会的发展和家庭结构的变迁，传统的居家养老模式必然逐渐弱化，机构养老、社区养老将是未来的主要养老模式；同时互助养老、以房养老、旅游养老、候鸟式养老、异地养老、乡村田园养老等新型的养老模式不断出现，推动着机构养老与新型养老模式相互促进，集中养老与分散养老、五保供养与社会养老共同发展。发展遵义市养老服务业，要充分结合当地实

际情况，以创造出更理想、更符合老年人心理和精神需要的养老新模式。例如异地养老，相关部门要充分运用互联网、大数据技术，为进一步解决异地医保问题、完善城乡一体化的养老保障体系提供契机；另外，不断完善异地养老产业链，着力提升异地养老品牌效应，可将医养结合作为遵义市养老服务业发展的主攻方向，积极探索医养结合的不同模式，如医疗与异地养老的结合。

（六）推动社会化养老与五保兜底养老平衡发展

社会化养老与五保兜底养老分别承载着社会阅历、经济收入、知识结构等都有显著差异的城市和农村老人，显而易见的社会分层差距，使两类老人混合入住难以实现融合，也给集中管理和提高养老服务质量带来一定的困难。调查显示，遵义市各乡镇敬老院普遍实行社会化养老与五保兜底养老相混合，而贵阳市以区为中心办区级敬老院，如云岩区中心敬老院，观山湖区中心敬老院，这些敬老院在走公建民营道路后，全部经营社会化养老，发展为养老服务中心，而对该地区五保户另找地方集中供养，实行五保供养与社会养老分开。建议遵义市借鉴贵阳市的经验，将各乡镇敬老院整合，建立区养老服务中心，如果入住老人多，可建几个区级养老服务中心，特困人员养老与社会化养老分开，既节约成本，也便于管理，提高专业化水平。在五保老人入住较多的敬老院，如播州区西坪镇敬老院、松林镇敬老院，汇川区山盆镇敬老院、团泽镇敬老院，可设为五保兜底敬老院，并收入属地片区以外的特困人员，可将这些敬老院打造为农村五保集中供养的区域性的养老服务中心。

公建民营敬老院必然要推向社会，走社会化道路，可专收社会养老老人；公建公营敬老院没有推向社会的，由政府经营，开展五保兜底养老。比如红花岗区巷口镇敬老院和海龙镇敬老院没有推向社会，可收红花岗辖区内的五保对象与特困人员。汇川区董公寺镇敬老院已拆，该镇五保对象与特困人员可由政府调配安排到团泽镇敬老院。因此，明确定位，整合资源，优势互补，相互支持，将老人分类别集中入住养老服务机构，既可以提高专业化的管理和服务水平，又能够满足各类老年人的养老服务需求，有助于促进遵义市城乡养老服务平衡发展。

参考文献

［1］张再生、白彬：《新常态下的公共管理：困境与出路》，《中国行政管理》2015年第 3 期。

［2］顾静、邓力、吕婷茹：《系统论视角下我国养老服务体系研究》，《劳动保障世界》2013 年第 4 期。

［3］《遵义老年人口比例超过全国平均数》，遵义人才网，http：//www. zyrc. net/News/10599. html，2017 年 4 月 12 日。

［4］《遵义市乡镇敬老院建设管理事业实现新发展》，遵义市民政局官网，http：//mzj. zunyi. gov. cn/bsgk/zxsw/201509/t20150918_ 361749. html，2015 年 9 月18 日。

［5］《遵义市民政局召开全市乡镇敬老院院长业务培训会》，遵义市民政局官网，http：//mzj. zunyi. gov. cn/mzyw_ 1/201509/t20150930_ 363467. html，2015 年9 月 30 日。

［6］龙翠芳：《农村敬老院发展现状与社会化改革路径研究——基于贵州省遵义市的调查》，曾征、张朗艺、龚永育主编《遵义发展报告（2016）》，社会科学文献出版社，2017。

［7］〔美〕亚伯拉罕·马斯洛（Abraham H. Maslow）：《动机与人格》，许金声等译，中国人民大学出版社，2012。

［8］龙翠芳、李正旭：《农村敬老院发展态势、困境及其治理》，《江汉学术》2017年第 3 期。

B.19
关于缓解遵义市中心城区停车难的建议

遵义市政协社会法制委员会

摘　要： 为全面直观了解遵义市中心城区公共停车位建设情况，深入
分析研究中心城区停车难问题，助推遵义市中心城区新增公
共停车位建设，通过实地查看、座谈交流等形式对遵义市停
车难及新增公共停车位建设情况开展视察，充分吸纳各方面
的意见和建议，形成本调研报告。

关键词： 遵义　中心城区　停车难

一　基本情况

（一）五城区停车难现状

近年来，遵义市中心城区机动车保有量以每年近30%的速度井喷式增
长。据统计，2010年红花岗、汇川、播州区（当时的遵义县）三城区机动
车保有量（不包括公交车、出租车、摩托车、货车等专业运输车辆）为6.2
万辆，2014年增长到14.3万辆，2015年达到19万辆，2016年中心城区五
城区机动车保有量为24.3万辆（红花岗区含南部新区登记8.64万辆、汇川
区登记7.15万辆、播州区登记8.14万辆、新蒲新区登记3334辆）。

按照国际通行标准，机动车保有量与停车泊位数量较为合理的比率应该
保持在1∶1.2～1∶1.3之间，社会公共停车场供给泊位数量应占泊位总量的
20%～30%。即使按20%计算，遵义市中心城区公共停车位至少应达到4.86

万个，而目前中心城区公共停车泊位只有 38370 个（红花岗区 7000 个、汇川区 9121 个、播州区 5700 个、新蒲新区 6729 个、南部新区 9820 个），公共停车位与车辆保有量比例严重失衡。其中红花岗、汇川、播州三城区属于旧城区，人口多，建筑密度大，可利用土地少，公共停车位规划建设滞后，停车难问题尤为突出。新蒲新区属于新规划建设区域，所有公共场所、公建项目、开发项目都按规划配建有停车场，各房建项目基本按 1∶1 配置车位，目前，区域内公共场所配建了 10222 个车位，新区主城区各商品房开发项目配建了 33885 个车位，各小区停车位都对外开放，完全能够解决车辆停放问题，主城区不存在停车困难问题，南部新区停车难问题不明显。

（二）2017 年五城区新增公共停车位建设情况

2017 年市政府明确提出中心城区将新增 7000 个公共停车位，其中红花岗区、汇川区各完成 2000 个；播州区、新蒲新区、南部新区各完成 1000 个。市政府督导项目落实，并即时印发了《关于对 2017 年市政府重点工作完成情况进行督察考核的通知》《遵义市 2017 年城乡规划建设管理工作任务考核办法》，列出了工程进度时间表：一季度完成项目前期工作、二季度开工建设、三季度推进项目建设、四季度完工使用。同时，由市城管局与各县（市、区）政府建立了联络机制，跟进督促按时报送工程进度。目前，五城区公共停车位规划建设稳步推进。

红花岗区结合棚户区改造及 C、D 级危房征收拆除后空地建设市政停车场，规划老城办 2 个点建 150 个停车位、中华办 2 个点建 500 个、延安办 6 个点建 700 个、中山办 8 个点建 700 个、南关办 1 个点建 200 个。目前，已在延安办教场坝建成一个小型停车场（车位 28 个），其余拟于 6 月份开工。此外，拟利用凤新快线高架桥下空间设置停车位，初步估算可设置约 1000 个停车位。

汇川区由区城投公司承建新增停车场，九节滩湿地公园停车场 200 个停车位拟于 9 月开工；珠江东路沿线 200 个停车位、建国路沿线 400 个停车位正在进行道路施工；复兴大厦 200 个停车位正在进行规划设计；东江路沿线 500

个停车位正在征地拆迁；汕头路汇川十一小旁 200 个停车位配建正在进行基础施工；长沙东路河溪坝棚户区周边 500 个停车位配建正在平场。另外，汇川区还结合辖区实际情况，已在城区的背街小巷，特别是没有停车场所的老旧社区，施划机动车临时停车泊位 731 个。除 283 个施划于董公寺、高坪外，其余的 448 个均分布在城区。此外，区城投公司拟采取政府采购的方式，采购汇川大道经适房一期车位 500 个、新舟三区经适房车位 200 个，用于公共停车。

播州区以城投公司为平台，通过筹资推进公共停车场建设。目前，播州文化广场停车场 1087 个停车位已建成投用，第六小学及第二幼儿园新增 257 个停车位正在建设中，另有 9 个社会停车场项目选址已通过区城规委审查，预计 8 月份陆续开工。

南部新区中药材种植观光旅游区（百草园）药膳一条街及停车场建设项目计划新增 3088 个停车位，已于上年 6 月开工，预计今年 9 月完工。

新蒲新区计划新建停车位 2585 个，其中白鹭湖公园 1126 个、湿地公园 66 个、中轴线 570 个、日月星综合体 100 个、林达阳光城 723 个。目前，上述公共停车位已基本建成，将于 7 月 30 日前全部投用。

二 存在的问题及困难

随着城区经济高速发展和居民生活水平的日益提高，家庭用车迅速普及，汽车数量持续快速增长，中心城区停车场的规划、建设、管理面临许多突出的问题。

（一）规划建设滞后，停车设施欠账严重

《遵义市城乡规划管理技术规定》（市政府 49 号令）于 2009 年颁布实施，之前由于相关部门对停车场规划建设认识不足，在规划布局上对公共停车场用地未充分考虑，对住宅小区配建停车泊位未作强制性要求，导致停车设施历史欠账严重。老旧小区业主的机动车基本上是停在通道上或占用公共绿地，使得小区内本来就不宽的通道变得非常拥挤，居民出行困难，安全隐

患多，老城区、闹市区、医院及学校周边停车尤其困难。以汇川区为例，该区小型汽车保有量为7.15万台，现有停车位3.08万个（含住宅小区配建停车位），即每百辆车拥有停车位42.56个，供给规模还未达需求的50%，远达不到国际上要求的1∶1.2～1.3标准。

（二）制度支撑不力，管理功能基础薄弱

目前遵义市停车场行业管理部门不明确，没有建立权责明晰、行之有效的停车场建设管理制度。根据相关法律法规，停车场建设规划由规划部门审批；住建部门负责图纸审查及验收；未按城市规划建设停车场和擅自改变停车场设计方案、设计图纸的，由规划、住建部门依法处理；擅自占用道路设置停车场的，由公安交管部门依法处理。有偿使用的停车场在公安交管部门备案，并须办理工商、税务、物价等手续。

遵义市2014年颁布的《市人民政府办公室关于印发〈遵义市中心城区停车场规划建设管理办法〉的通知》（遵府办发〔2014〕144号）明确市公安交通管理局（以下简称市公安交管局）是中心城区停车场管理的行政主管部门，2016年，《市人民政府关于加强城市停车设施建设有关事宜的会议纪要》（遵府专议〔2016〕12号）明确市城管局是市政府停车设施建设的行业主管部门。但是，城管部门对停车场进行管理缺少法律依据，法律法规未明确规定城管部门在停车场的规划、审批、监管方面的相关职责权限，作为牵头部门其难以发挥作用。同时，各个县（市、区）的停车场建设部门不统一，大部分县（市、区）未将停车场的建设管理职能明确交给城管部门，市城管局在行业管理方面没有力度。

同时，由于在停车管理方面资金投入不足，中心城区地下、地上停车标识、标线、标牌、监控等基础管理设备、设施不完善，没有建立完善的智能停车诱导系统，管理手段落后。

（三）新城区资源富余，老城区举步维艰

由于老旧城区建筑密度大，可利用土地少，新增停车位非常困难，只能

要求旧城区改造项目配套建设停车位。例如红花岗区新增停车位建设方案难以确定，只能利用C、D级危房改造及棚户区改造拆迁用地"见缝插针"解决停车位建设问题。同时，由于多种原因，部分原规划为停车场的地方，改作商场、娱乐等用途，如中华路岛内价、丁字口地下商场、老城纪念广场、珠海路美食城、上海路常青藤旁星力超市等，使得停车位存量不足的问题显得更加严峻。与旧城区停车位紧张形成鲜明对照的是新城区停车场利用率不高，如播州区人民广场地下停车场建成1000余个停车位，目前利用率仅有30%左右，新蒲新区、南部新区也存在此类现象。

（四）资金来源受限，征收难度极大

因红花岗区停车场建设主要是利用C、D级危房征收拆除后空地，虽然目前可以通过申请棚户区改造贷款以及其他融资途径解决资金问题，但从长远来看，区级资金来源受限，偿付能力不足。红花岗区积极对接省住建厅、国家开发银行等单位，将C级危房处置包装为零星棚户区，但在补偿安置标准上略低于成片棚户区改造，部分拆迁群众不接受补偿条件，拒绝征收，征收工作不顺利，直接影响了停车场建设进度。

（五）市民观念陈旧，整治效果不明显

除基础设施不足的原因外，市民的思想观念也有待转变，部分车主为方便省事或规避缴费，见缝插针就近将车停靠在路边、背街小巷，非法乱停乱放现象严重，占用了大量道路和人行道面积。近年来，交警、城管等部门对违法停车问题进行了多次集中整治，2016年12月，交警部门将人行道违章停车交由城管部门抄告，但整治效果不明显，乱停乱放问题依然突出。

三　意见建议

当前，要解决城区停车问题，重点应通过合理规划中心城区停车设施布

局、制定合理的建筑物配建停车位指标、实行中心城区停车控制、加大停车场管理及违法停车处罚等措施来实现。

（一）突出规划引领，强化政策扶持，改善停车产业环境

一是政府要加大土地、资金的投入力度，抓住拆危、棚改等建设机遇，合理科学规划停车场。二是出台鼓励和扶持社会资本建设公共停车场的优惠政策，保证公共停车场投资有适度的赢利空间，引导社会力量参与公共停车场建设，培育和扶持专业停车企业，促进停车产业化，改善停车产业环境；积极争取国家、省级专项建设基金支持，通过发行债券等方式筹集资金，启动公共停车场市场化运作，可由政府购买公共服务，将符合条件的停车资源进行整合，通过出让、拍卖的方式实行市场化管理，把有偿出让、拍卖的资金用于公共停车场的建设和日常维护。

（二）理顺管理体制，创新管理机制，强化管理职能

一是建议尽快出台《遵义市中心城区停车场管理办法》，明确在停车场规划或建设方面有管理职责及强制力的部门牵头（按照停车场供应配建为主的原则，建议选择能够对建设图纸审查把关，能够对物业进行管理的住建部门作为主管部门），多个部门配合，职责清晰、高效联动的管理机制，用制度规范停车场的建设与管理。二是制定差别化停车收费政策，出台合理的停车收费制度。调整《遵义市机动车停放服务收费管理办法》，利用价格杠杆调节各区域的停车供求平衡，通过差异化收费等经济手段提高车位利用率。三是推行停车资源共享机制。大力开展城区可停车空地普查，鼓励和支持城区的机关、事业单位以及企业、个人将自有的停车设施向社会开放，实行有偿使用，实现资源共享；鼓励房产开发商向社会出售车位。

（三）合理利用空间，科学设置临时停车泊位

一是在停车设施较为匮乏及存在明显停车时差的地段，在符合设置条件的道路设置临时停车场、停车泊位，作为对停车场不足的补充，缓解停车供

需矛盾。二是利用广场游园地下空间建设公共停车场。统筹考虑城区广场、游园和公共绿地的新建和改建，兼顾环境功能、绿化功能、停车功能，建设地下公共停车场。三是在人口稠密、停车场扩容困难的区域，可以考虑充分利用新技术，增设立体停车设施，在不额外占地的情况下，切实提高停车容量。

（四）充分运用大数据，全面推进停车管理智能化信息化建设

充分利用大数据网络，在交管部门已建的公共停车信息系统的基础上，建设城市停车信息综合管理服务平台，统一管理中心城区停车泊位信息与使用并发布数据，畅通停车信息，方便群众停车；完善停车场的指示标志，建立健全停车场、停车收费管理系统和主要道路口停车场电子导向系统，实现管理的智能化，着力提高各类停车设施的利用率。

（五）严把新建项目停车场配建，不断提升停车场建设管理法制化、规范化水平

做好建筑物停车位配建是解决停车难问题的根本。按照《城市停车设施规划导则》，应建立以建筑物配建为主、公共停车场为辅、路内停车为补充的停车供应体系。遵义市在新建、改建项目审批中，应适当提高停车位配建标准，建议按1∶1.5配建。建立监督机制，对压缩配建规模的建设方予以处罚。同时，深入开展停车场管理专项整治行动，对擅自停用或改变停车场用途的，督促其恢复停车场功能。禁止建筑物和住宅小区配建车位挪作他用，加强对未按城市规划建设停车场、擅自改变停车场设计、停车设施挪作他用等行为的执法管理。

（六）加大法律法规宣传力度，充分利用"创文"契机，促进车主养成文明行为

加强道路交通法律法规宣传教育，提高驾驶人员"安全出行、文明停车"意识。通过各种宣传活动，加强广大驾驶人员对违章停车、乱停乱放

等交通违法行为危害性的认识，从而减少违法行为的发生。必要时，还要不定期地开展对违章停车的专项整治活动，有重点、有针对性地对城区主干道和支路静态交通秩序进行治理，利用科技手段，加大处罚力度，从严查处违法停车行为。特别是要重点整治和解决医学院、贵阳路片区车辆乱停乱放及停车难问题。

（七）加大推进力度，加快停车位建设步伐

各级政府要高度重视停车位建设工作，按照市政府 2017 年停车位建设工作要求，抓紧组织项目实施。要抓住拆迁、棚改等建设机遇，舍得拿出土地修建便民利民的停车场。要总体规划和具体建设相结合，解决老旧小区停车难问题。市直相关部门要切实履行工作职责，力所能及地支持和配合，形成齐抓共管的工作格局，加强停车位建设项目的实施力度。要充分利用空间布局，建成高标准、管理智能化的停车场。

B.20

"互联网+"背景下赤水河流域
民宿业的发展研究[*]

——以赤水市为例

唐玮 邓杰[**]

摘　要： 为迎合大数据时代的发展趋势，民宿业将从封闭不规范的状态向信息化规范化发展。本文着重分析赤水市民宿业发展机会及优劣势，根据其出现的问题以及未来的发展趋势，强调在互联网+时代大背景下，赤水民宿业应向运营模式的变化、新产品的组合开发、管家式服务升级、"互联网+智慧客栈"发展。

关键词： 赤水　"互联网+"　民宿业

随着人们物质和精神文化需求的多变性以及需求日趋多元化，旅游业发展态势良好，民宿业逐渐茁壮成长，最初的民宿业是以家庭副业的形式出现，是业主利用自有的闲置房屋出租给旅游者，民宿风格一般与当地的自然、人文景观相融，体现当地的地域风情。"互联网+"时代的民宿则是把传统产业孕育成了现代化、信息化特点显著的新型产业。在新一轮科技革命和世界产业改造的形势下，互联网对创新发展、产业转型升级具有独特的影

---

[*] 本文为2017年度贵州省高校人文社会科学研究基地黔北文化研究中心项目（立项编号：2017jd119）阶段性成果。

[**] 唐玮，遵义师范学院历史文化与旅游学院酒店管理教研室主任，讲师；邓杰，遵义师范学院2014级旅游管理专业学生。

响。"互联网+"，就是将互联网技术、互联网模式和互联网思维应用到其他领域，使得该领域与互联网结合起来，形成聚合效应①。

一 赤水市"互联网+民宿业"发展现状

贵州省北部地区大众使用频率较高的手机团购软件是号称"吃喝玩乐全都有"的美团。2016年，美团为赤水输送游客近6万人次，增加了多条旅游线路，有效推动了赤水旅游的发展。2017年6月中旬，美团旅行与赤水市达成战略合作协议，双方深度合作，通过线上传媒与线下资源组合联动为赤水旅游发展助力，线上旅游定制的长足发展，适合"一站式旅游"服务的扩展，也为"互联网+民宿业"的发展推波助澜。近年来赤水旅游得到了市场的肯定，旅发大会的举行，更是使各地积极推介赤水旅游。2018年1月，赤水中职院校举行了电商创业实操培训，邀请名师讲解《"旅游+电商"如何更好经营》等内容。通过此次培训，学员们掌握了实用的"旅游+电商"、特色产品电商销售等技巧，为"互联网+民宿业"的人才培训扛起了大旗，同时为赤水市民宿旅游发展夯实基础。

二 赤水市"互联网+民宿业"发展机会

（一）消费需求发生变化

因为旅游动机的不同，旅游吸引物对游客吸引力也是不一样的。《中国旅游统计年鉴》在统计中国游客的出游目的时，将旅游出行目的划分为观光旅游、休闲度假、商务出差、探亲访友、健康医疗、其他等六种类型②。而目前休闲度假游发展前景良好是因为人们不再仅限于观光类旅游，与其

---

① 李易：《互联网+》，电子工业出版社，2015。
② 邵琪伟：《中国旅游统计年鉴》，中国旅游出版社，2012。

"五一"、"十一"黄金周期间奔波、停滞在去某个景区景点的路上,不如选择一处风景独好、环境优美的民宿,释放工作、生活的压力,安抚身心。旅游者这种观念的转变使整个社会旅游呈现向度假旅游、生态旅游、乡村旅游等休闲类旅游模式发展的走向。

表1 各景区景点酒店价格区间及入住率

连锁品牌——花间堂 价格:480~1880 元/天 入住率:平均 65%		连锁品牌——正福草堂 价格:380~1380 元/天 入住率:平均 52%		单体——大乐之野 价格:1200~2000 元/天 入住率:60%~70%	
区域分布	价格区间(元/天)	区域分布	价格区间(元/天)	民宿区	价格区间(元/天)
香格里拉	480~1280	同里(自营)	480~1380	一号楼	1200~1600
束河古镇	480~1280				
周庄古镇	680~1380			二号楼	1600~2000
苏州市区	720~1880				
杭州西溪	1220~1620	周庄(自营)	380~1080	三号楼	1200~1800
丽江古城	480~1880				
四川阆中	880~1680			五号楼	1200~1500
无锡阳山	580~1660	丽江(转让)	120~580		
同里古镇	680~1180			六号楼	1600~2000

资料来源:莫裕生《一诺休闲农业规划》,《酒店焦点资讯》2018 年 3 月 25 日。

由表1可知:人们精神层面的需求增长,使旅游业越来越火暴,随着互联网信息时代的热潮涌进,人们开始借助各种旅游平台定制自己的旅行计划,散客量逐年增加。在住宿方面,与民宿发展需求相契合的是具有一定经济消费水平的散客,他们一般追求品质体验和较高的生活服务,而民宿品质、价格的不断提升和不低的入住率则反映出了这部分人的热切需求。

(二)国家政策扶持

政府给予多维度的政策支持,第一次提出"民宿"这个词的国家政策性文件是2015年发布的《关于加快消费结构升级的指导意见》。该《意见》

提出住宿餐饮以市场为主体,积极发展绿色饭店、主题饭店、客栈民宿、农家乐等细分业态,满足适应多类别的旅游消费需求。《2016～2017 年中国旅游发展分析与预测》同样建议探索合理合法的民宿业管理政策,推行行业许可经营制度,为提高民宿经营的规范性与稳定性,建立规范的审批和监管机制。而 2016 年出台的《关于促进绿色消费的指导意见》更是鼓励将闲置资源进行再次利用,倡导自有房屋租赁,支持发展分享经济。这有力地促进了民宿业的有序发展,许多常年在外打工的人回到自己的家乡,利用自己的存款投资建设家乡闲置房产,在原有基础上进行改造,与当地的民风习俗交融,在旅游住宿中占有一席之地。

(三)民宿旅游带动经济增长

自提倡建设"社会主义新农村"以来,我国整体进入以工促农、以城带乡的发展阶段,农村建设为美丽的乡村旅游和民宿业发展奠定了基础。对于某些贫困地区,政府或企业采取投资、开发当地的旅游资源策略,拉动了相关产业的发展,如餐饮、住宿、交通等,增加当地居民多方面收入,体现了能力合理安排的原则,带动当地经济发展。

实现旅游经济带动区域扶贫,在农家乐的基础上进行改造,突出旅游休闲度假的特点,注重旅游体验的升级,实行旅游消费者从"跑得快"到"住下来"转变,从而在旅游转型升级中达到增加收入,精帮扶、准脱贫的目标,实现旅游经济良性循环。

(四)资金来源渠道拓宽

互联网 + 模式衍生了很多新型产业,赋予传统产业新的内涵,P2P 网贷平台、各种手机理财 App 的大数据操作,还有众筹模式的产生,这些都为民宿业主从事民宿建设提供了资金来源。很多酒店集团开始进入民宿行业,但由于传统酒店的标准化特点,使其在民宿建设方面受限,因此许多酒店集团采取的方式是,投资帮助民宿业主建设设施设备,而对其核心文化理念却不过多干预。正如如家云上四季的经理邹萍说的那样:

如家有近8000万的用户对于民宿有需求，但如家这一块一直是空白，如家做的是平台加管理，如果横插民宿，必定无法摆脱酒店的经营特点，无法从真正意义上成为具有特色和人文的民宿①。因此，他们更多倾向于利用如微信、微博、自媒体平台等互联网资源，帮助民宿业主解决经营上的困难，以资源共享与置换为前提，帮助当地居民以低成本实现梦想，通过双方通力合作，达到互利共赢。

（五）创客返乡投资兴起

在新民主化展现的知识社会创新2.0模式转变下，涌现了一批开放创新的人，人称"创客"，他们坚持走实践道路，热衷于设计、创意，对美好生活充满向往，这是为创新大业注入新鲜血液。而新起的民宿业也是一种创新，针对地域特点、民族特色、文化渊源，一群有想法有干劲的人打造出迎合时代发展、贴合民众需求的品质民宿。

基于国家政策的帮扶和社会发展趋势，人民群众纷纷响应"大众创业、万众创新"的号召，一、二线城市的外来打工人口瞄准旅游发展新形势，部分人员带着资金从都市返乡，参与当地旅游开发建设，为乡村旅游发展增添活力，地域特色文化也得到了传承，返乡人员在外学到的理念与技术又在本土实践，有效促进了当地的经济、文化繁荣发展。

三 赤水市"互联网＋民宿业"优劣势分析

（一）优势

1. 线上的信息畅享与线下实体经营的紧密结合

"互联网＋旅游"是智慧旅游的开端，旅游离不开食、住、行、游、购、娱，住宿是仅次于吃的旅游需求，在某些如度假、养生类旅游中还会成为首要考虑的因素。因此，住宿条件的好坏、住宿环境氛围的优劣以及住宿

---

① 袁帅、薛涛、李洪：《当民宿插上互联网翅膀》，《小康》2016年第25期。

费用成为旅游者关心的话题，网络信息则成为旅游者决策的依据。旅游电子商务的崛起，配套成熟的第三方支付平台，不仅提供了大量的信息供用户选择，同时，旅游消费者也通过各种新媒体技术和渠道实现着信息的传播，分享给他人，这使得旅游消费者掌握越来越多的知情权、主动权和决定权。至于各行业、企业、集团核心的信息反馈系统，则大量收集消费者的各种信息，如爱好、需求、消费区间和体验感等，通过大数据、云计算可推进企业资源管理规划、客户关系管理，实现供求同向化，致力于推动以市场为导向的民宿业发展。

当今时代，传统媒体如报纸、广播、电视的宣传局限性日益突出，而自媒体、微信、微博等平台模式成为互联网时代广告宣传的主力军。2016年10月底，中国联通与腾讯共同打造"大王卡"，不到一年的时间，拥有2000万用户，引发通信行业"大地震"，明显表现出了跨界合作的引爆效果。腾讯能轻易击溃原始开发者的决胜因素就在于其自身庞大的用户群体资源，由此可见合理利用媒体平台的粉丝量，通过各种项目活动使用户群体受益，不仅能增强粉丝黏性，还能保持互联网宣传渠道的通畅性、受众的广泛性。

旅游业是一个由众多子行业构成的需要各行业协调配合的综合性产业，特别是涉及旅游六要素，互联网推动了旅游电子商务的发展，有效梳理了复杂的代理、交易、合作等关系。B2B商务合作模式的运行使各个子行业串联成一体，成为最佳的合作伙伴，而旅游B2C电子模式则成为旅客地域高度分散的主流操作形式，便于旅游消费者利用互联网了解筛选旅游产品，克服距离造成的信息不对称困难，同时也有利于网络推广，目标群体明确，实现信息双向流通。

2. 旅游活动紧密联合

散客旅游者进行旅游活动时，由于对旅游地点陌生，大多愿意选择离旅游景区景点较近的住处，且民宿具有独特的位置优势，便于游客进行旅游活动。目前，很大一部分的游客有民宿的需求，是因为民宿融合了当地的风土人情，具有地域独特性。由于民宿大多是当地居民用自家空闲

出的房屋进行改造并出租给游客，因此家庭氛围很浓。人们富裕了，希望带着家中的老人及小孩出游，因此一些两室一厅或三室两厅的房型很受欢迎，游客与房东同吃同住相互交流，能够拉近主客双方的距离，增进彼此的感情，游客也能迅速了解、熟悉当地的旅游信息。畅快、温馨的服务体验，使得民宿的欢迎度与日俱增，并且由于民宿发展门槛低，由业主选择民宿花销的成本区间较大，适应大众消费和高端度假，让旅游消费者有自由选择的空间。

3. 特色民宿贴合大众需求

民宿是区域文化的缩影，体现了当地民族习俗，如赤水市就有竹子之乡的称号，当地居民掌握着独特的竹编工艺，民族竹编书画品位高雅，是许多游人、诗人感兴趣和爱好的，也是写生的绝妙之地，适合文艺学生或艺术家写生，此地生态宜人，因此，当地民宿具有悠闲雅致的特点。另外，作为森林城市的赤水，非常适合养生，一些中老年人会选择在空余时间来到这里度假休憩，此时民宿客栈的氛围和舒适度就能带给他们家的温暖体验。并且民宿的周边环境更贴近大自然，能够使游人身临其中、心旷神怡。据途家网资料，赤水市还有吊脚楼风格的民宿，这是民宿界一大亮点，不仅提供客人本应享受的住宿标准，还能带给他们平常感受不到的民族独特风情，真正地融入情感和留下回忆。

4. 得天独厚的资源条件

表 2　赤水得天独厚的资源条件

荣获称号	"国际最佳休闲旅游城市""千瀑之市""丹霞之冠""竹子之乡""桫椤王国""长征遗址"等
特色产品	金钗石斛、竹乡乌骨鸡、赤水晒醋、干鲜竹笋、虫茶、龙眼、竹乡腊制品
区　位	距离贵阳 377 公里、遵义 225 公里、重庆 172 公里、成都 293 公里
交　通	高速公路贯穿黔川渝，周边有贵阳、重庆、成都、遵义、泸州等机场
气　候	亚热带湿润季风气候，冬暖春早，夏季炎热多伏旱，初夏晚秋多阴雨，具备亚热带生物生活条件，其中珍稀动植物数不胜数
景　区	赤水大瀑布、四洞沟、燕子岩、中国侏罗纪公园、竹海国家森林公园、丙安古镇、大同古镇、红军长征遗址等

赤水是一个物华天宝的旅游胜地和革命教育基地，资源条件得天独厚，交通便捷，四通八达，成为通往四川、重庆的要津，为赤水旅游交通提供了便利条件。

（二）劣势

1. 运营模式呆板

赤水市与四川呈比邻之势，但云、贵、川皆属于西南大开发重点区域。赤水市是国家脱贫攻坚的核心对象，当地经济处于弱势，设施设备不健全或老旧化，如厕所只有一个，建在一楼，人多时根本不够用。服务观念不强，容易使旅客的体验值降低，加上经营的"模板"化、单一的农家乐模式，如仅仅提供农家特色餐饮以及简易的农式娱乐，难以营造真正的民宿氛围，价格与体验达不到均衡，标准不一，无法实现当地民宿业态良性发展。

2. 产品"同质化"

个别民宿业主在民宿改造上虽然采用了新方式方法，但是将传统的民宅改造成民宿还是相当具有挑战性，赤水市民宿在装修风格、氛围设计以及服务层次上仍然存在短板，并且精品民宿大多追求文艺范、民族类的设计，使得"同质化"现象泛滥，如果出现某一产品销售火暴，同一区域的同行将会竞相模仿、相互抄袭，面对日益多元化的市场需求难以打造出属于自己的核心竞争优势。

3. 服务存在漏洞

安全问题是旅游发展最大的隐患。与酒店相比，民宿住宿安全问题更加突出，因为其比酒店开发得晚，与其相关制度和政策相对不完善，经营管理者安全理念和法制意识淡薄。例如游客入住酒店秉承的是一人一证原则，酒店须详细登记所有入住客人的身份信息，但许多民宿并不是严格收取客人的有效身份证件，从而埋下安全隐患。不管在哪个地方，都存在经营民宿不规范的现象。例如火车站、汽车站等交通集散地的周围，景区景点的附近，当地民宿业主为寻求眼前的利益，走捷径，没有按照规定的经营管理程序就与游客进行交易，漏洞百出，亟须停业整顿，而混乱的市场也容易使不法分子

寄生其中，实行违反法律和道德的活动，危害游客。在法律监管问题上，目前没有切实的相关规定为民宿业保驾护航。

4. 思维模式老旧

部分民宿经营业主由于自身条件的局限性，对于新鲜事物的感知和接受程度有限，无法敏锐感知市场动态，因此，其在进行民宿的改装和精装修时，对自身民宿业的发展方向和市场定位不清晰，不能将互联网和民宿有效地结合起来，实现不了真正的智慧系统升级。

四　赤水市"互联网＋民宿业"发展建议

（一）运营模式的变化

自发利用当地房屋进行改建用于民宿经营的当地居民，作为独立经营管理者，可针对劳动力不足、产品设计层次较低、信息不对称方面进行技术人才的引进。例如对资深人员和年轻人才进行培训，学习引进当下先进的"互联网＋"经营模式，为民宿业发展注入新鲜血液。同时，当地政府应大力支持大学生返乡创业，鼓励有实力的企业或个人进行投资，与当地的居民进行合作。例如湄潭县的七彩部落，就是在返乡农民工陈志勇的带领下，通过金花村土地承包合作社，采取资源、规划、管理的统一化模式，鼓励和带动村民以资源或者资金的方式参股，将公司和群众紧密相连，大家齐心合力开发乡村民宿旅游。这种共享经济式的运营管理模式，有效利用资源互补，由单打独斗转变成强强联手的发展，与周边地区的景区景点联合，在旅游淡季，集中开展营销、活动推广、消费者引流，而民宿在很大程度上属于共享经济的核心。

（二）新产品的组合开发

作为荣获"国际休闲旅游城市""贵州省森林城市"等称号的赤水，可以以绿色休闲旅游为主题兼顾趣味养生，也可以凸显茅台、习酒、泸州老窖、郎酒等赤水河酒文化。开发主题式旅游产品，如度假山庄、乡村农舍、房车露营、主题客栈、特色民宿、户外拓展等乡村休闲度假产品，使民宿不再拘泥于住宿这一方面，而是涵盖了餐饮、景点、活动、旅拍、租赁等多方面的组合营销。结合区域特征，整合农业、畜牧业、手工业工艺体验，增添自然、人文体验活动，满足客人个性化需求，告知游客玩什么、引导游客怎么玩，使游客玩得开心。

（三）管家式服务升级

民宿通常可以分为三层次：基础设施设备齐全，卫生整洁、餐饮供给、功能完善是民宿的基础层次；服务周到、环境宜人、主客沟通交流是民宿的中级层次；而精品民宿除需要具备上述软、硬件条件外，关键还在于体验，游客的体验才是民宿的精髓。"管家式"服务起源于法国，诠释了一种尊贵性、艺术性和完美性的贵族生活形态。如今这一服务正从家政领域向酒店领域扩张，"金钥匙"是其中最典型的代表，在民宿业发展过程中，既要避免标准化、酒店化的民宿误区，又需要满足消费者一切合乎道德和法律的需求，实现"一条龙服务""一对一管家服务"。建立详细的客户档案，掌握客人细致的生活特点，才能培养客人的忠诚度，使服务人员全面实现主动服务、贴身服务、感情服务。简言之，在软、硬件得到满足的基础上，游客和业主的轻社交，业主提供的定制化、个性化旅游线路建议，人文的关怀和超前的服务增值体验等，是民宿业区别于传统酒店的细分化服务，对于民宿而言，奢华与否并不是制胜的关键，弥足珍贵的是让人留下足以怀念的记忆和情感。

（四）互联网＋智慧客栈

建立健全的智慧系统，实现民宿客栈的免费 WiFi、在线预订、智能导游、信息推送等功能全方位覆盖，这是建立互联网＋智慧民宿的基本要求。

在发展赤水民宿业的道路上，要有效利用用户流量庞大的旅游电子商务平台，与之合作，才能达到强强联手、互利共赢，共同带动当地的旅游住宿

遵义蓝皮书

业态发展的目标，实现区域化经济创收。随着科学技术的日新月异，各种应用软件不断涌现，满足各类人的需求，特别是社交类软件，如抖音视频、斗鱼直播、火山小视频等。如果民宿业主能有效运用相关 App 针对特定人群进行网络宣传，可以达到传播范围大、接受群体多、宣传经费少的优势效果。

五　总结

抓住"互联网＋"时代的契机，赋予民宿新的生命力，实行消费者与经营者之间的角色互换，抓住消费者的需求特征，可以有效延续民宿客栈的生命线。本文通过对赤水市民宿业发展劣势的展现，联系"互联网＋"在民宿业中的优势影响，提出相应的建议。打造不同层次的文化品质民宿，是民宿业发展的佳径。同时，大力推进民宿业发展，也是带动当地经济发展的引擎，在政府主导和企业支持下，创新开发满足旅游经济大潮下多元化需求的产品，开创全域旅游、全民旅游新时代。

参考文献

曾磊、段艳丽、汪永萍：《台湾民宿产业对大陆乡村旅游发展的启示》，《河北农业大学学报》（农林教育版）2009 年第 4 期。

吴亚平、杨定玉、李萍：《少数民族村寨民宿业发展研究》，《民族论坛》2016 年第 7 期。

蒋佳倩、李艳：《国内外旅游"民宿"研究综述》，《旅游研究》2014 年第 6 期。

孙小龙、郜捷：《少数民族村寨过度商业化个案研究——以贵州西江千户苗寨为例》，《热带地理》2016 年第 2 期。

彭青、曾国军：《家庭旅馆成长路径研究：以遵义古城为例》，《旅游学刊》2010 年第 9 期。

苏勇军：《宁波市农家乐休闲旅游深度发展研究》，《农业经济》2011 年第 3 期。

专 题 篇

Special Topics

B.21
遵义"县域经济"发展研究

娄方进*

摘 要: "郡县治,天下安"。自秦置郡县以来,"县"就是我国行政
区划中的基本单元,成为整个社会稳定发展的"基石"。县
域经济是国民经济的重要组成部分。县域兴则全市兴,县域
稳则全市稳,县域强则全市强。发展县域经济,对于壮大全
市经济,推动脱贫攻坚、全面小康,都具有十分重要的
意义。

关键词: 遵义 县域经济 国民经济

---

* 娄方进,遵义市委政策研究室副科长。

一 县域经济的概念及特征

（一）县域及县域经济的概念

"县域"是行政区划的概念，一般包括县和县级市。在我国，"县制"萌芽于西周，产生于春秋，发展于战国，定制于秦朝，沿袭至今。我国现有近2000个县及县级市，面积占全国国土面积的90%以上，人口占全国总人口的近70%。"县域经济"概念最先于20世纪80年代由我国学术界提出，党的十六大把"县域"和"县域经济"首次正式写进党的文献，县域经济的研究也开始步入规范化、科学化、应用化阶段。关于"县域经济"概念，理论界、学术界说法有很多，一般认为"县域经济"，是指以县域行政区划为界限，以县级独立财政为标志，以县城为中心、集镇为纽带、农村为腹地的综合性经济体系，是国民经济的基本单元。

（二）县域经济的特征

结合区域空间及地位、作用分析，县域经济至少具有九大特征。一是"区域性"特征。县域经济的区域性，是指以县级行政区划为地理单元，具有一定的空间范围。二是"综合性"特征。国民经济活动的各种产业、各种要素、各种指标，在县域基本有体现，综合性较强。三是"独立性"特征。一个县就是一个基本社会，主要行政机构均有设置、行政职能较为完善，县级政权作为市场调控主体，有独立的县级财政，县域经济有一定的相对独立性和能动性。四是"灵活性"特征。县域区域范围虽然较小但独立性较强，确定发展方向、制定产业规划、调整产业结构，都具有一定的灵活性、能动性。五是"差异性"特征。由于所处区位、交通及发展基础、发展潜力等不同，不同县域之间发展经济的路径、方式、产业选择等都会有所差异，这就是国家和省市要求产业发展"一县一业"的原因。六是"层次性"特征。县域经济属于区域经济范畴，包括县域经济、镇域经济、村域经济,层次鲜明。七是"城乡接合"特征。县域处在"城尾乡头"的城乡接合部,既有城镇也有农村,既有城镇居民也有农村居民,既是城市经济和农村经济的接合部,又是工业经济与农村经济的交汇点,也是宏观经济与微观经济的衔接点。八是"三农工作"特征。县域经济主体是"三农",农业经济是县域经济的基础。九是"开放性"特征。县域虽然具有行政界限区划,但在当今时代不可能关门搞发展,必须突破县级行政区划约束,在更大区域内进行资源优化配置,才能促进更好更快发展。

二 发展县级经济的重要意义

(一)国家稳定发展的重要基石

"县"自春秋建制以来,一直是我国国家结构中的基本单元。新中国成立后,县级是承上启下的关键环节,可以说既"对上"又"对下",既"接天线"又"接地气"。"对上"要贯彻党的路线方针政策,践行新发展理念,落实和推进"五位一体"总体布局和"四个全面"战略布局,落实中央和省市的工作部署;"对下"要领导乡镇(街道办事处)、村(社区),促进经济发展、确保社会稳定、保障和服务民生。习近平指出:"县一级处在承上启下的关键环节,是发展经济、保障民生、维护稳定、促进国家长治久安的重要基础。"只有县域经济发展更充分、更全面、更可持续,群众生活才能更幸福,国家的根基才能牢固,才能实现长治久安。

(二)贵州后发赶超的重要抓手

省(市)经济强不强,主要看县域经济强不强。县域兴则全省兴、县域强则全省强、县域活则全省活。2017年度全国综合竞争力百强县(市)中1个县都没进入的10个省份中,西部就占8个。西部省份与东部沿海地区省(市)之间经济发展水平的差距,主要是县域经济之间的差距,西部省份县域经济主要体现为经济体量小、活力弱、竞争力不强。广东、浙江、

江苏等省经济发达，主要是因为其县域经济发达。贵州93%的辖区面积、78%的人口、68%的经济总量都在县域。贵州无论是加速发展、后发赶超，还是脱贫攻坚、同步小康，都必须高度重视县域经济发展。

（三）遵义同步小康的必由路径

市委五届四次全会通过的《关于以习近平新时代中国特色社会主义思想为指导决战脱贫攻坚 决胜同步小康 奋力开启遵义全面建设社会主义现代化新征程的决定》，做出到2020年实现全面小康、2035年建成基本现代化、2050年建成社会主义强市的"三步走"战略规划。要完成当下最紧急的第一步——如期实现全面小康目标，基础和支撑在县域，重点和难点在县域，潜力和希望也在县域。但遵义县域经济总体呈现出"小、弱，差距大"的特征，到目前还有7个县人均GDP低于全面小康目标值，务川只有21400元，与目标值相差10000元。尽快壮大县域经济总量、提升人均量，不但是加速发展的需要，更是遵义实现全面小康的必由路径。

（四）促进农村繁荣的迫切需要

"三农"问题是全党工作的重中之重。县域是城乡接合区域，是城市反哺农村的最前线和农村劳动力转移的主阵地。遵义是传统的农业大市，多数人口生活在农村，农村不但是遵义实现全面小康的短板，还是城乡统筹发展的难点。只有县域经济发展壮大了，才能带动农村产业发展，才能拉动农村基础设施建设，才能为农村富余劳动力提供就业机会，带动农村全面发展、促进农村全面繁荣。

三 县域经济发展的探索

（一）县域经济的发展历程和阶段特征

新中国成立后，县域在国民经济中的地位无可替代，承担起了经济发展重任,真正迎来了大发展。从发展模式看,新中国成立后我国县域经济主要经历了三个阶段:第一阶段是农村经济发展阶段,主要是指从新中国成立到改革开放前。这一阶段县域经济的关注点和着力点主要是农业农村,农村经济在县域经济中的份额很重,区域间县域经济差异很小、城乡差距不大。第二个阶段是乡镇企业大发展阶段,主要是指改革开放到 20 世纪 90 年代。这一阶段县域经济的重点转向乡镇企业,乡镇企业的发展是异军突起,形成了"村村冒烟、户户点火"的局面,区域间县域经济发展水平差距明显拉大,沿海地区、大城市近邻地区的乡镇企业发展规模和水平远优于其他地区。第三个阶段是"三化"阶段,主要指 20 世纪 90 年代以来随着市场经济的建立完善和农业科技的进步,农产品开始过剩,县域经济发展开始向工业化、农业产业化、农村城镇化方向迈进。《中国县域经济发展报告(2017)》从产业演进角度将我国县域经济发展历程分为四个主要阶段:一是供给短缺、成本低廉阶段(1978~1992 年);二是产业集聚、市场扩张阶段(1992~2002 年);三是内外共荣、投资驱动阶段(2002~2008 年);四是产能过剩、转型升级阶段(2009 年迄今)。

(二)全国县域经济发展概况

我国历代封建王朝均采取重农抑商政策,导致农业比重过大,县域经济严重滞后。新中国成立以来,随着土地改革和家庭联产承包责任制两次"三农"政策的重大变革,生产力全面解放和发展,全国县域经济发展喜获两次历史性跨越。党的十六大把县域经济纳入国家经济建设和经济体制改革的范畴,首次明确提出发展壮大县域经济;党的十七届五中全会通过的"十二五"规划建议做出"发展农村非农产业,壮大县域经济"的安排部署。党的十八大以来出台一系列政策文件、采取一系列措施,取得明显成效,促进了县域经济高速度高质量发展。从《中国县域经济发展报告(2017)》情况看,2016 年 400 个样本县 GDP 平均增速 7.2%,略高于全国增速,地区生产总值超过 1000 亿元的县全国有 21 个,为全国 GDP 增长提供了有力支撑。但县域经济发展不平衡,无论 2017 年全国综合竞争力百强

县（市），还是全国投资潜力百强县（市）都呈现出东强西弱的现象。全国综合竞争力百强县（市）苏浙鲁三省独占 67 个，重庆、四川、山西、吉林、黑龙江、广西、云南、青海、宁夏和新疆 10 个省份 1 个也没有；全国投资潜力百强县（市）苏浙皖占 50 个，山西、内蒙古、辽宁、吉林、黑龙江、广西和青海 1 个也没有。总体分析：西部地区县域经济整体落后于东部沿海地区县域经济至少一个阶段；特别是当前县域经济与全国经济一样面临着"三期叠加"、下行压力加大、转型升级的严峻形势，远离大中城市的县和西部县、贫困县、交通闭塞县、资源贫瘠县，在抢抓机遇、接受辐射、承接产业转移等方面的短板和劣势将会更加突出，聚集人流、物流、资金流、信息流难度将进一步加大，必须进一步增强紧迫感。

（三）贵州县域经济发展情况

贵州省委、省政府将县域和县域经济作为全面小康创建主战场和后发赶超重要抓手，先后出台《关于进一步加快发展县域经济的意见》（黔党发〔2012〕4 号）、《贵州省提高县域经济五年行动计划》（黔府发〔2013〕24 号）、《关于强化分类指导加快县域经济发展的意见》（黔党发〔2015〕33 号）等文件，将全省 88 个县分为城区和县域第一、二、三方阵共 4 个方阵，进行分类指导、因类施策。一方面，连续开展五轮经济强县建设，进一步发挥经济强县的引领和示范带动作用；另一方面，召开帮扶发展困难县"凤冈会议"和"丹寨会议"，印发《帮促发展困难县加速发展同步小康的通知》等文件，加速弱县追赶步伐，推动了县域经济整体发展。2017 年，全省 88 个县（市、区）共完成地区生产总值 14828.71 亿元，超过 500 亿元的仅为 4 个区。仁怀、盘州、兴义进入全国综合竞争力百强县（市），清镇、兴义、仁怀进入全国投资潜力百强县（市），分别位于第 10、22、77 位。

三　遵义市县域经济发展情况

遵义市委、市政府把县域经济作为市域经济的重要支撑，先后出台

《关于进一步促进县域经济加快发展的实施意见》《遵义市提高县域经济比重五年行动计划》等系列文件，成立县域经济发展领导小组，将 14 个县（市、区）实行分类指导，推动差异发展，取得较好成效，县域经济发展呈现出"快中趋稳、稳中有进、进中有优、优中突破"的良好态势。

（一）地区生产总值方面

遵义 14 个县（市、区）共完成地区生产总值 2812.26 亿元。城区方阵完成产值 1119.33 亿元，三区均进入全省城区方阵前十位，红花岗第 4 位（479.96 亿元）、汇川第 8 位（326.07 亿元）、播州第 10 位（313.30 亿元）；第一方阵完成产值 1299.82 亿元，其中，仁怀 640.77 亿元，排全省第一方阵第 1 位；第二方阵完成 393.11 亿元，只有正安进入全省第二方阵前 10 位、排第 8 位，完成产值 100.64 亿元。从增速看，除了余庆（9.3%）外，其余县（市、区）同比均实现两位数增长，正安增速最快，达到 15.5%。从人均量看，仁怀人均 GDP 最高，达到 114454 元，桐梓、绥阳、湄潭、正安、道真、凤冈、务川 7 个县未达到 31400 元的全面小康目标值。

（二）工业增加值方面

遵义 14 个县（市、区）共完成工业增加值 1036.58 亿元。城区方阵完成 374.07 亿元，三区均进入全省城区方阵前十位，红花岗第 3 位（128.99 亿元）、汇川第 4 位（128.85 亿元）、播州第 6 位（116.23 亿元）；第一方阵完成 613.96 亿元，其中，仁怀（434.76 亿元）排全省第一方阵第 1 位；第二方阵完成 48.55 亿元，均未进入全省第二方阵前 10 位。从增速看，除习水（9.7%）外，其余县（市、区）均实现两位数增长，正安增速最快，达到 14.3%。

（三）固定资产投资方面

遵义 14 个县（市、区）共完成固定资产投资 2471.22 亿元。城区方阵完成 1051.49 亿元，其中，红花岗 537.75 亿元、排全省城区方阵第 2 位；第一方阵完成 1070.26 亿元，其中，仁怀完成 264.35 亿元、排全省第 8 位。

第二方阵完成349.47亿元，其中，正安完成89.22亿元，排全省第8位。从增速看，除余庆（-6.8%）、凤冈（8.1%）、湄潭（8.2%）、仁怀（9.2%）外，其余县（市、区）固定资产投资增速均超过20%，汇川同比增速最快，达到24.5%。

（四）社会消费品零售总额方面

遵义14个县（市、区）共完成社会消费品零售总额811.68亿元。城区方阵完成453.87亿元，其中，红花岗217.30亿元、排全省城区方阵第4位，汇川完成138.60亿元、排全省第7位；第一方阵完成261.6亿元，其中，仁怀市完成106.76亿元、排全省第一方阵第1位，湄潭34.02亿元、排全省第10位。第二方阵完成96.21亿元，其中，正安24.22亿元，排全省第二方阵第4位。从增速看，播州、汇川，分别排全省城区方阵第1、2位，分别为16.9%、16.3%；第一方阵中所有县市进入全省前10位，其中，习水排全省第1位；第二方阵中道真增速排全省第二方阵第1位，具体为16.6%。

（五）税收收入方面

遵义14个县（市、区）共完成税收收入513.84亿元。城区方阵完成160.67亿元，其中，红花岗区完成60.85亿元、排全省城区方阵第7位，汇川完成58.48亿元、排全省第8位；第一方阵完成311.93亿元，其中，仁怀完成248.16亿元、排全省第一方阵第1位，习水完成23.15亿元、排第6位；第二方阵完成41.24亿元，其中，正安完成10.78亿元，排全省第二方阵第6位。从增速看，除余庆（-10.1%）、道真（8.8%）、红花岗（8.1%）外，其余县（市、区）均实现两位数增长，播州、正安、习水、仁怀同比增速超过20%，仁怀最高，为28.3%。

（六）城乡居民收入方面

城镇居民人均可支配收入方面，14个县（市、区）平均值为28573元，城区平均值31834.67元，第一方阵平均值28543元，第二方阵平均值26652

元。其中，红花岗、汇川、播州、仁怀城镇居民人均可支配收入超过30000元，分别为32089元、32089元、31326元、31406元；务川最低，为26594元。农村居民收入方面，14个县（市、区）平均值11012元，城区平均值13178元，第一方阵平均值11053元，第二方阵平均值9664元。除习水（9469元）、正安（9189元）、务川（9124元）、道真（9178元）外，其余均超过10000元，其中，汇川区最高，具体为13306元。

虽然全市2017年县域经济发展取得一定成效，但无论与贵阳相比，还是与自身发展历史对比，均存在诸多问题和短板。一是总量不大。余庆、凤冈、道真、务川GDP总量不足100亿元，分别只有80.86亿元、77.39亿元、65.15亿元、69.07亿元。从人均看，桐梓（30232元）、绥阳（29496元）、湄潭（27424元）、道真（26378元）、正安（25958元）、凤冈（24706元）、务川（21400元）7个县未达到人均GDP 31400元的全面小康目标值，占14个县（市、区）总数的50%。人均GDP不但是遵义全面小康创建中的短板指标，更成为影响达标申报的制约性因素。二是差距不小。遵义县域经济无论总量还是质量，不要说与东部沿海发达城市相比，就连与省内的贵阳、六盘水相比，差距也不小。以地区生产总值为例，遵义城区平均值373.11亿元，与贵阳城区平均值466.01亿元差距达92.9亿元；遵义第一方阵平均值216.64亿元，与贵阳第一方阵平均值230.88亿元相差14.24亿元，与六盘水第一方阵平均值340.31亿元差距达123.67亿元。同时，遵义市内方阵与方阵之间、县（市、区）之间，差距也非常明显。GDP最高的仁怀（640.77亿元）是最低的道真（65.15亿元）的9.8倍。第二方阵的余庆、凤冈、正安、道真、务川5县GDP总和分别不及红花岗、汇川、播州，遵义成为全省县域经济发展差距最大的市州之一。三是结构不优。结构不优是遵义县域经济滞后的一大关键因素，以2017年GDP刚超过100亿元的正安县为例，其三次产业结构比为28.4∶22.1∶49.5，农业占比大而不强、工业占比小、服务业正在起步。特别是被喻为县域经济火车头的工业方面，2017年工业增加值占GDP比重除了仁怀外，其余县均低于40%，道真、务川占比不足10%，分别只有9.59%、8.52%。同时，各县

2017 年遵义市 14 个县域经济发展情况统计

县（市、区）	地区生产总值 总量（亿元）	增速（%）	人均（元）	工业增加值 总量（亿元）	增速（%）	固定资产投资 总量（亿元）	增速（%）	社会消费品零售总额 总量（亿元）	增速（%）	税收收入 完成量（亿元）	增速（%）	居民收入 城镇（元）	增速（%）	农村（元）	增速（%）	森林覆盖率（%）
城区方阵																
红花岗区	479.96	12.2	56158	128.99	11.5	537.75	22.5	217.30	4.7	60.85	8.1	32089	8.8	13284	9.2	43.93
汇川区	326.07	13.5	57090	128.85	12.6	224.98	25.8	138.60	16.3	58.48	12.5	32089	8.8	13306	9.3	52.53
播州区	313.30	13.9	45807	116.23	13.3	288.76	24.5	97.97	16.9	41.34	21.3	31326	9.1	12945	9.9	52.05
第一方阵																
仁怀市	640.77	12.3	114454	434.76	12.8	264.35	9.2	106.76	15.1	248.16	28.3	31406	9.5	11244	9.8	50.35
赤水市	110.53	14.4	45214	39.13	13.3	150.46	23.2	30.83	16.5	10.34	16.0	28606	9.6	11134	10.3	82.85
桐梓县	159.58	12.1	30232	42.51	13.3	191.78	21.8	33.17	16.7	11.29	16.0	26662	9.3	10795	10.1	57.63
习水县	171.20	14.5	32810	58.51	9.7	228.15	24.5	31.98	17.0	23.15	27.2	27344	9.7	9469	10.4	57.39
绥阳县	113.10	13.6	29496	19.79	13.5	118.59	21.9	24.84	12.9	9.85	15.4	27706	9.6	11538	10.2	56.92
湄潭县	104.64	12.0	27424	19.26	14.1	116.93	8.2	34.04	16.8	9.14	10.9	29536	8.1	12137	9.8	63.59
第二方阵																
余庆县	80.86	9.3	33841	14.90	9.5	67.64	-6.8	19.35	7.1	7.06	-10.1	26721	9.1	10631	9.6	59.03
凤冈县	77.39	11.6	24706	11.08	12.5	54.45	8.1	20.95	10.4	6.02	12.2	26639	9.5	10198	10.0	59.38
正安县	100.64	15.5	25958	10.43	14.3	89.22	23.9	24.22	10.4	10.78	20.5	26659	10.0	9189	10.8	60.09
道真县	65.15	12.1	26378	6.25	12.6	63.77	23.3	16.12	16.6	7.79	8.8	26645	9.9	9178	10.7	56.68
务川县	69.07	11.9	21400	5.89	13.2	74.39	23.7	15.57	11.4	9.59	11.5	26594	9.7	9124	10.5	54.77
总 和	2812.26	—	—	1036.58	—	2471.22	—	811.68	—	513.84	—	—	—	—	—	—

注：按照省关于县域经济四大方阵分类，第三方阵不涉及遵义县（市、区）。

虽然固定资产投资增长较快，但投资重点为公路等基础设施建设，产业投资占比较低，除赤水外，其余县（市、区）产业固定资产投资比重均低于40%，绥阳、务川不足20%，分别只有19.0%、18.8%，对县域经济的支撑能力不足。

四　遵义县域经济目标及路径设计

（一）总体思路和目标

坚持以习近平新时代中国特色社会主义思想为指导，统筹推进"五位一体"总体布局和协调推进"四个全面"战略布局，坚持"五大发展新理念"，坚守"两条底线"，紧扣我国社会矛盾主要变化和各县（市、区）经济社会发展阶段特征，大力弘扬新时代贵州精神、长征精神和遵义会议精神，以供给侧结构性改革为主线，坚持分类指导，深入实施县域经济倍增计划，着力推动县域经济发展质量变革、效率变革、动力变革，加快构建实体经济、科技创新、现代金融、人力资源协同发展的产业体系，推动传统产业转型升级、新兴产业发展壮大、特色产业蓬勃发展，提升县域经济总量、激发县域经济活力、增强县域经济竞争力。确保2020年所有县GDP突破100亿元，其中习水、桐梓、赤水、绥阳、湄潭GDP突破200亿元，播州、红花岗、汇川GDP突破600亿元，仁怀GDP突破1000亿元，力争6个县（市、区）经济总量进入全省88个县（市、区）前20位。

（二）加速县域经济发展的路径设计

1. 尽快做大县域经济的规模总量

当前，遵义县域经济最大的问题是体量不大、结构不优、引领性不强。要把构建现代产业体系、壮大经济总量、提升经济质量作为发展县域经济的总体要求，围绕高端化、绿色化、集约化，以"千企改造""千企引进"为

抓手，深化供给侧结构性改革，推动县域经济向高端高质发展。一是"做强"传统产业。从目前情况看，传统产业仍然是遵义县域经济中最重要的支柱产业，只要做强了传统产业，就稳住了经济发展基本面。要引进先进理念、先进设备和先进工艺，围绕兼并重组、技术改造、产品升级、业态创新等，加强传统产业全产业链研究和谋划，着力补齐产业链、拓宽产业幅，全方位推动传统产业转型升级、提质增效，打造一批产值超百亿、超千亿的产业集群。进一步加大力度、强化措施，把材料、能矿、化工等传统优势产业做大做强，突出在全省全国全行业中的引领地位。推动务川、正安、道真铝土矿实质性开发，破解务川、正安、道真全面小康中的人均GDP瓶颈制约。二要"做大"新兴产业。面对与周边地区新兴产业同质发展、竞争加剧的情况，坚持"人无我有、人有我优、人优我特"的思路，把培育新兴产业作为壮大县域经济的重中之重，加大全市统筹力度，根据各县（市、区）交通、区位、基础、资源等特征，规划布局新兴产业，避免同质发展、恶性竞争，实现差异化发展。重点推动新兴产业整链条引进、全产业打造，推动大数据、"互联网＋"、物联网、生物医药、康养等产业研发、设计、生产、销售一体化发展，迅速抢占新兴产业发展高地。实施"大数据＋产业深度融合计划"，推动各县大数据与工业、农业、服务业深度融合，不断发展壮大数字经济。三要"做优"特色产业。坚持"一县一业""一乡一特"原则，重点围绕遵义名优特色产业酒、烟、茶、药、食品，进一步挖掘潜力、释放潜能，做大总量、做优质量，提升效益。白酒产业要按照稳高端、抢中端，巩固和提升品牌地位，培育壮大"遵义十大名酒"规模和扩大品牌影响力，增强遵义白酒引领力。茶产业要重点围绕提升"遵义红"、"遵义绿"、正安白茶等高精深加工能力，进一步凸显品牌地位和品牌效应，提升附加值。同时，各县要立足交通、区位、基础、人脉等资源，每个县至少要"无中生有"培育一个与"正安吉他"类似的特色主导产业，增强县域经济的影响力和活跃度。

2. 尽快做强县域经济的支撑平台

城市是一个地方聚人、聚财、聚商的重要载体和平台。城市规模和城市水平是一个地方发展水平的重要体现。县域经济强不强一定程度上取决于县城规模大不大。要把县城作为支撑县域经济发展的重要载体和平台。一是建设好县城。围绕构建"遵义都市圈"和打造"146163 城镇体系",做大做强中心城区,推动红花岗、汇川、播州、新蒲新区、南部新区和绥阳城区同步打造、联动发展;到 2020 年确保仁怀、桐梓、湄潭、正安县城人口分别达到 35 万、30 万、25 万、20 万,建成 4 个 I 型小城市;到 2020 年赤水、习水县城人口分别达到 15 万,凤冈、余庆、务川、道真城市人口分别达到 10 万人,建成 6 个 II 型小城市,精心打造一批 1 万人以上的小城镇,进一步做大城镇规模,增强县城对县域经济发展的承载能力和支撑能力。二是聚集好人气。人气决定财气、决定商气。要深化户籍制度改革,通过差别化的落户政策,全面开放城市落户限制,一方面积极引导和推动农村人口城镇化,聚集城市人气;另一方面针对博士、研究生、本科生、职校生和高技术人才,分别出台不同的优惠政策和产业发展政策,确保外来优秀人才不但落得了户,还能安得了心,为产业发展提供人才支撑和保障。三是经营好县城。把城市建设与城市经济结合起来,树立"经营城市"的理念,围绕打造"三区三中心"定位,大力发展旅游、康养、商贸、物流、文化、会展、中介、物管、家政等生产性、生活性、社会性服务业,积极发展总部经济、研发经济、马路经济、楼宇经济等新型经济。积极支持和大力发展民营经济,提升县域经济发展的深度、韧性和活力。

3. 积极培育县域经济的新增长点

从区域经济的角度和定位来看,广大农村是发展县域经济的腹地,发展县域经济必须以农村经济为切入点。遵义各县当前农村最大的问题是城乡差距大和农村贫困面大、贫困人口多、贫困现象突出。立足遵义实际,发展县域经济,必须高度重视农业和农村经济:一是在脱贫攻坚中培育新的增长点。抓脱贫攻坚,就是抓经济发展。在统筹打好基础设施、易地扶贫搬迁、产业扶贫、教育医疗住房保障"四场硬仗"的同时,要把产业扶贫作为根本举措,根据群众需求、土壤条件、基础设施、群众特长等规划一批扶贫项目和扶贫产业,实施旅游"井喷"、农产品"泉涌"等一批重点工程,实现

"一长两短"全覆盖,确保贫困群众户户增收有产业、人人脱贫有门路,在脱贫攻坚中培育新的县域经济增长点。二是实施乡村振兴助推农村产业升级。把实施乡村振兴、发展农村产业作为县域经济发展的重要抓手,按照"山地、特色、高效、安全"要求,以农业供给侧结构性改革为主线,做大做强蔬菜、中药材、畜牧、高粱、花卉苗木等特色产业。大力发展农特产品精深加工,延伸产业链,推动农业"接二连三",提升农产品市场竞争力和附加值,提高土地平均产出率。推广"公司+基地+农户""公司+合作社+农户"等模式,实现小农户与大市场有机衔接,确保户户受益、户户增收,壮大和活跃农村经济。

4. 增强县域经济发展的新动能

发展县域经济是一项系统工程,涉及方方面面、各行各业。发展县域经济,除了充分发挥产业、企业的动能外,还要挖掘改革、创新、人才等助推县域经济发展的新动能。一是开放推动跨越。对于遵义而言,开放带来的活力一定程度上比改革带来的活力还要大。各县要按照"打造西部内陆开放新高地"的目标和定位,把开放作为发展县域经济的主旋律,以综保区、国开区、高新区和各类园区为载体,以上海、重庆等为重点,坚持与巨人牵手、与巨人同行,积极实施开放发展战略,一方面积极承接产业转移,另一方面积极实施走出去战略,推动黔货出山入渝到沪。鼓励和支持融入川渝先行区的县(市)加强与川渝城市之间规划互通和建设联动,推动产业融合发展,提升对外影响力和资金聚集力。二是交通带动发展。牢固树立"交通引领发展"理念,坚持"外联便捷、内联畅通"原则,尽快启动已规划的外联高速公路建设;抢抓贵州、重庆、广西等西部10省份共建中新互联互通项目南向通道的机遇,各县特别是沿边县要规划建设一批大通道。同时,着力完善县内交通网络、提升通行能力,确保县县通双高速、通铁路,乡乡通二级路,村村通油路,组组通硬化路。三是创新引领突破。创新是引领发展的第一动力。各县要充分抓住遵义即将获批"国家创新型城市"的机遇,坚持企业作为创新主体,重点聚焦"千企改造",针对薄弱环节,实施技术攻坚和产品更新,促进转型升级。加快农业科技创新联盟、创新基地建设，有效推进"四种工程"，提升农业产业科技含量和农产品附加值。四是改革助推发展。实施过时文件清理，解除一切阻碍县域经济发展的文件束缚；推进农村"三权分置"和"三变改革"，推行"放管服"改革，深化商事制度改革，依法打击侵犯投资者权益、侵犯知识产权、阻挠项目建设、破坏生产经营、金融欺诈等违法犯罪活动，平等保护市场主体合法权益，营造良好的创业创新和生产经营环境，释放一切有利于加速县域经济发展的潜能。

B.22
基于空间计量的遵义市县域
经济空间格局演变

吕　薇[*]

摘　要： 本文以遵义市 14 个县级地域单元为研究对象，选取 12 个指标构建经济综合评价指标体系，采用全局主成分分析方法、空间自相关分析方法，在 GeoDa、ArcGIS、SPSS 等软件的支持下对遵义市 2007 年、2012 年、2017 年县域经济发展水平进行综合测度、可视化表达和空间计量分析，从时间和空间二维角度研究遵义市县域经济空间格局演变。结果表明：第一，经济发达地区主要集中在市区（红花岗区、汇川区、播州区）及其周边地区，经济欠发达地区主要集中在遵义市的北部和东部，县域经济发展水平呈现出南高北低、西高东低的空间格局；第二，经济发展表现出较强的全局空间关联和局部空间关联，经济发展水平相似的区县呈现出较为明显的空间集聚特征；第三，县际经济空间差异呈现出扩大的趋势，由"较为平衡"向"趋于不平衡"演变；第四，市区经济增长速度较快，周围地区增长速度较慢，导致经济热点区的范围缩减，经济冷点区的范围扩大。

关键词： 县域经济　空间格局　全局主成分分析　ESDA　遵义市

---

* 吕薇，地理学博士，遵义师范学院管理学院副教授。

20 世纪 90 年代以来，随着中国经济的快速发展，不同层次的地域空间单元呈现出非均衡发展的特征，区域经济差异问题引起了学术界和相关政府部门的广泛关注。学者们对区域经济空间结构进行了大量实证研究，由东、中、西三大地带，省域、市域的宏观尺度向县域的中观尺度转变，其研究方法也不断成熟，取得了较为丰富的理论成果。综观已有的研究成果，主要有以下三个特点：一是研究区域集中在经济较发达的东部沿海地区，对于西部内陆欠发达地区的研究较少；二是建立评价指标体系测度经济差异的空间格局，较少研究动态演变规律；三是由各种数量统计模型分析转向空间模型的构建和空间信息的应用。

遵义市位于贵州省北部，是长江上游综合经济区和黔中经济区建设的主要区域，同时也是贵州省向北开放的"桥头堡"，正逐步发展成为黔川渝结合部中心城市。遵义市县间经济发展差异较大，县域经济协调发展问题突出，已经超越单纯的经济问题，影响社会的和谐稳定和国民经济的可持续发展。因此，弄清遵义市县域经济发展的空间格局及其演变情况对于制定科学的区域发展战略具有重要的现实意义。本文以遵义市 14 个县级地域单元为研究对象，构建经济发展水平综合评价指标体系，选取 2007 年、2012 年和 2017 年 3 个时间截面数据，采用全局主成分分析方法、空间自相关分析方法以及可视化表达方法，从时间和空间二维的视角分析遵义市县域经济发展格局、历史演变。

一　研究思路与方法

（一）指标体系构建

本研究借鉴陆玉麒等学者的研究成果，从数据可获得性考虑，注重指标的系统性、科学性和全面性，选取 12 个主要的经济指标：GDP（X_1）、工业增加值（X_2）、第三产业增加值（X_3）、人均 GDP（X_4）、第二三产业增加值占 GDP 比重（X_5）、城镇居民人均可支配收入（X_6）、农村居民人均可支

配收入（X_7）、地方财政收入（X_8）、社会固定资产投资（X_9）、社会消费品零售总额（X_{10}）、人口密度（X_{11}）、经济密度（X_{12}）。为了消除原始数据在量纲、数量级上的差异，本研究采用 Z - score 标准化处理方法对各项指标的原始数据进行标准化处理（基于原始数据均值和标准差的标准化）。

（二）数据来源

本研究以遵义市辖区内 14 个县级地域单元为研究对象，采集各县域单元2007 年、2012 年和 2017 年各指标值。数据取自《遵义统计年鉴（2008 ~ 2017）》、《2017 年遵义市国民经济和社会发展统计公报》、《2017 年遵义市经济统计月报（1 ~ 12 月）》（《2017 年遵义市国民经济和社会发展统计公报》和《2017年遵义市经济统计月报（1 ~ 12 月）》为 2017 年底数据，2017 年所缺部分的区县人口、经济数据用 2016 年数据替代）。为了消除物价上涨的影响，本研究以 2005年价格指数计算得到 2007 年、2012 年、2017 年不变价格。本研究使用的县级行政边界图件来源于国家基础地理信息中心提供的 1∶100 万全国基础地理数据库，并且利用 ArcGIS10. 2 软件进行空间数据的采集和处理。

（三）研究方法

1. 全局主成分分析法

主成分分析法（PCA）是基于数学降维的思想，通过线性变换把众多具有相关性的指标转换为新的相互独立的综合指标，并选取在信息总量中所占比重较大的少数几个综合指标来代替原来众多指标的多元分析方法。经典主成分分析未加入时间序列，只适用于分析固定时间截面上的数据表。如果对不同时点的平面数据表进行经典主成分分析，则同一样本的不同时点的评价结果不具有可比性。为了保证评价结果的可比性，需要将即时性的平面数据表整合成立体的时序数据表，然后采用经典主成分分析方法进行分析。这种结合时序立体数据表与经典主成分分析的方法即是全局主成分分析（GPCA）方法。

2. 空间自相关分析法

空间自相关分析法（ESDA）以空间关联测度为核心，通过对事物或现象空间分布格局的可视化表达，反映某单元属性值与其相邻空间属性值的相关性是否显著。若呈现正相关，表明该单元属性值变动与相邻空间单元具有相同的变化趋势；反之亦然。采用空间自相关分析法，可以描述区域经济的空间差异，并且探索区域经济的空间发展模式。空间自相关分析法用于测度空间相关性，常用到以下 3 种指数。

（1）全局空间自相关指数（Global Moran's I）。应用全局空间自相关指数衡量区域总体空间关联和空间差异程度，其取值范围是 [-1，1]。在给定显著性水平下，如果 Moran's I 显著为正值，表明存在正的空间相关性，相似的观测值（高高或低低）在空间上显著集聚；如果 Moran's I 为负值，表明存在负的空间相关性，则表明相邻区域的观测值具有显著的差异；如果 Moran's I 为 0，则表明相邻区域的观测值不相关，在空间上随机分布。

（2）局部空间自相关指数（Local Moran's I）。全局空间自相关指数反映的是区域整体上的相关性，不能反映局部的区域空间差异，因此，需要引入局部空间自相关指数来进一步测度每个区域与周边地区的局部空间关联和空间差异程度。

（3）热点分析指数（Getis - ord G_i^*）。热点分析指数用于测度较高观测值的聚集（热点区）和较低观测值的聚集（冷点区）。如果 $Z（G_i^*）$ 显著为正值，说明某一区域相邻单元的观测值相对较高，属于较高观测值空间集聚；如果 $Z（G_i^*）$ 显著为负值，说明某一区域相邻单元的观测值相对较低，属于较低观测值空间集聚。

二 县域经济综合测度与分析

（一）数据有效性检验

将遵义市 14 个区县 2007 年、2012 年与 2017 年的 12 项指标数据整合为

立体的时序数据表，利用 SPSS 软件进行 KMO 取样适当性度量和 Bartlett 球形检验。KMO 值检验指标所含信息是否有较多的共同因素，KMO 值越接近 1 表示越适合做主成分分析，当 KMO 值小于 0.5 时不适宜运用主成分分析法；Bartlett 球形检验表明各指标是相互独立的，只有当显著性小于 0.01 时才能拒绝原假设，适宜进行主成分分析。检验结果显示 KMO 的值为 0.718，大于 0.5，表明指标之间含有较多的共同信息；Bartlett 球形检验显著性为 0.000，小于 0.01，拒绝原假设，表示变量之间存在相关关系，所选指标数据适宜做主成分分析。

表 1　KMO 和 Bartlett 的检验

取样足够度的 Kaiser-Meyer-Olkin 度量		0.718	
Bartlett 的球形检验	近似卡方	1123.040	
	Df　（自由度）	66	
	Sig.（显著性）	0.000	

（二）主成分提取

利用 SPSS 软件计算得到 12 个指标特征值、贡献率及累计方差贡献率。按照特征根大于 1，累计方差贡献率大于 80% 的选取原则，选取 3 个主成分 F_1、F_2、F_3，3 个主成分的累计方差贡献率达到 91.642%，表达了 12 个原始数据的绝大部分信息，足以用来描述遵义市县域综合经济发展水平。

表 2　特征值及主成分贡献率

单位：%

主成分	特征值	贡献率	累计方差贡献率
F_1	4.475	37.289	37.289
F_2	4.147	34.559	71.848
F_3	2.375	19.794	91.642

运用最大方差法对初始因子载荷矩阵进行旋转，得到如表3所示的旋转后的因子载荷矩阵，界定县域综合经济发展水平的3个主成分分别为：①第一主成分 F_1，集中在第三产业增加值、第二三产业增加值占 GDP 比重、全社会固定资产投资完成额、社会消费品零售总额、人口密度、经济密度6个指标上，代表着经济发展水平，可定义为水平影响因子，对区域经济起决定性作用；②第二主成分 F_2，集中在生产总值、工业增加值、人均生产总值、地方财政收入4个指标上，体现了经济发展规模，可定义为规模影响因子；③第三主成分 F_3，在城镇居民人均可支配收入、农村居民人均可支配收入2项上具有较高的载荷，代表着居民生活水平，可定义为生活影响因子。

表3　旋转后因子载荷矩阵

指标	因子载荷		
	第一主成分	第二主成分	第三主成分
生产总值	0.521	0.792	0.294
工业增加值	0.241	0.944	0.144
第三产业增加值	0.811	0.478	0.299
人均生产总值	0.331	0.842	0.354
第二、第三产业增加值占 GDP 比重	0.593	0.509	0.147
城镇居民人均可支配收入	0.201	0.244	0.932
农村居民人均可支配收入	0.291	0.163	0.925
地方财政收入	0.198	0.953	0.110
全社会固定资产投资完成额	0.648	0.423	0.372
社会消费品零售总额	0.853	0.370	0.321
人口密度	0.957	0.053	0.125
经济密度	0.894	0.346	0.200

（三）计算综合得分

计算2007年、2012年和2017年遵义市14个县级地域单元综合经济发展水平的综合主成分得分，并根据综合评价值进行排序（见表4）。

表4　遵义市14个县级单元综合经济水平分值及排序

城市	2007 年		2012 年		2017 年	
	综合得分	排名	综合得分	排名	综合得分	排名
红花岗区	5.617	1	9.947	1	21.923	1
汇川区	1.601	2	5.168	3	12.566	3
播州区	−0.795	4	2.340	4	7.177	4
桐梓县	−3.855	6	−2.150	5	1.140	7
绥阳县	−4.728	10	−3.958	9	−0.798	9
正安县	−5.730	12	−5.132	12	−1.430	11
道真县	−5.874	13	−5.459	13	−2.623	13
务川县	−5.957	14	−5.477	14	−2.702	14
凤冈县	−5.346	11	−4.888	11	−2.122	12
湄潭县	−4.318	8	−3.311	8	−0.133	8
余庆县	−4.618	9	−4.088	10	−0.947	10
习水县	−4.062	7	−2.358	6	1.632	5
赤水市	−3.630	5	−2.658	7	1.167	6
仁怀市	0.181	3	9.171	2	19.517	2

（四）县域经济发展水平空间演化

按照 ArcGIS10.2 软件的自然断点法，按遵义市14个县级单元经济发展水平的综合得分从高到低，将遵义县域经济划分为四种类型：经济发达地区、经济较发达地区、经济中等发达地区和经济欠发达地区。这里需要说明的是，通过上述方法得到的分类结果，不能表示经济发展水平的绝对高低，只是遵义市这14个县级地域单元在相同时间节点比较下的综合经济水平相对高低的表示。

三　县域经济空间演变特征

（一）县域经济空间总体差异

首先使用 Geoda 软件对遵义市14个县级地域单元3个时间截面的综合经

济水平数据进行全局空间相关分析。选取车相邻（Rook contiguity）和欧式距离（Euclidean Distance）两种规则来定义遵义市县级单元间的临近组织关系，选择999次随机排列判断其显著性水平，得到的 Global Moran's I 指数（2007年：0.5745，2012年：0.4537，2017年：0.3933）全部为正值，并且通过显著性检验（正态统计量大于 0.05 置信水平的临界值 1.96）。Global Moran's I 指数全部为正值，说明遵义市经济发展表现出较强的全局空间关联性，即具有较高经济水平的县级单元和同样具有较高经济水平的县级单元相邻，具有较低经济水平的县级单元和同样具有较低经济水平的县级单元相邻，经济发展水平相似的县级单元呈现出明显的空间集聚。从 2007 年、2012 年和 2017 年 Global Moran's I 指数的变化来看，遵义市经济增长的高值和低值集聚的程度增加，县域间经济总体空间差异不断增大，经济发展趋向区域不平衡。

（二）县域经济空间局部差异

1. Moran 散点图

为了更好地分析遵义市县域经济的局部空间的变化情况，本研究同样选取 2007 年、2012 年和 2017 年的综合经济数据，利用 GeoDa 软件得到 3 个时点的遵义市县域综合经济 Moran 散点图（见图 1）。第一象限"H—H"（高—高）表示县域自身和周边县域的经济发展水平都较高，第二象限"L—H"（低—高）表示县域自身发展水平较低而周边县域的经济发展水平都较高，第三象限"L—L"（低—低）表示县域自身和周边县域的经济发展水平都较低，第四象限"H—L"（高—低）表示县域自身发展水平较高而周边县域的经济发展水平都较低。通过比较遵义市在 2007 年、2012 年和 2017 年这 3 个时点的 Moran 散点图，可知遵义市的 14 个区县在这四个象限中的位置没有显著变化，表明遵义市在这 10 年时间里县际经济格局没有发生大的变化。落在第一、三象限的区县为正的空间自相关（H—H 和 L—L），表现为均质性突出；落在第二、四象限的区县为负的空间自相关（L—H 和 H—L），表现为异质性突出。2007 年、2012 年和 2017 年，位于第一象限的区县有 3 个（红花岗区、汇川区、播州区），位于第二象限的区县有 1

个（习水县），位于第三象限的区县有 9 个（赤水市、绥阳县、凤冈县、余庆县、桐梓县、湄潭县、正安县、务川县、道真县），位于第四象限的区县有 1 个（仁怀市）。空间正相关的区县有 12 个，约占区县总数的 86%，表明遵义市县级单元经济差异具有显著的空间自相关，经济发展水平相似的县级单元在空间上呈现集聚分布的格局。

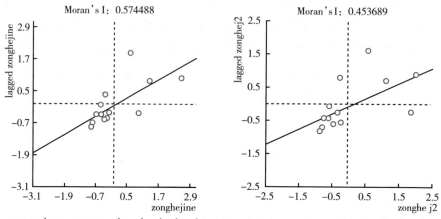

const a	std-err a	t-stat a	p-value a	slope b	std-err b	t-stat
-0.0557	0.161	-0.346	0.736	0.574	0.167	3.44
const a	std-err a	t-stat a	p-value a	slope b	std-err b	t-stat
-0.0831	0.168	-0.496	0.629	0.454	0.174	2.61

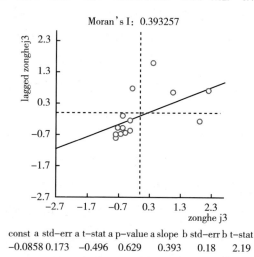

const a	std-err a	t-stat a	p-value a	slope b	std-err b	t-stat
-0.0858	0.173	-0.496	0.629	0.393	0.18	2.19

图1　遵义市县域经济水平的 Moran 散点图（2007 年、2012 年、2017 年）

2. 经济热点分析

计算 2007 年、2012 年和 2017 年遵义市各区县经济发展水平热点分析指数（Getis - ord G_i^*），生成经济热点区和经济冷点区分布图。位于经济热点区的县级单元和相邻地区的经济水平都相对较高，属于较高经济水平空间集聚；位于经济冷点区的县级单元和相邻地区的经济水平都相对较低，属于较低经济水平空间集聚。①从遵义市总体来看，遵义市市区（红花岗、汇川区、播州区）是遵义市经济发展的核心地区，热点区在此集中分布；而遵义北部，尤其是务川县、道真县，由于产业基础薄弱，加上受到区位条件的限制，处于冷点区域，在全市经济建设中处于落后地位。②从热点区和冷点区的演变来看，10 年间遵义市冷热点区分布相对稳定，但也有部分区县发生了变化。2007 年，热点区分布在红花岗、汇川区和播州区，冷点区分布在道真县；2012 年，热点区分布在红花岗区和播州区，范围有所缩小，冷点区没有变化；2017 年，热点区分布在播州区，范围进一步缩小，而冷点区增加了务川县，冷点区范围有所扩大。这表明自 2007 年以来，遵义市市区经济增长速度较快，而其周围县级单元经济增长速度比较缓慢，经济区域差异日益显著，导致经济热点区的范围缩小，而经济冷点区的范围扩大。

四　结论与建议

（一）结论

本研究利用 SPSS 软件对遵义市 2007 年、2012 年、2017 年县级行政单元的 12 项经济指标进行主成分分析，综合运用 ArcGIS 和 GeoDa 软件对经济差异的空间演化进行分析，得到如下结论：①经济发展水平相似的区县连片分布，经济发达地区主要集中在市区（红花岗区、汇川区、播州区）和仁怀市，经济欠发达的县级单元主要集中在遵义市的北部和东部地区，县域经济水平呈现出南高北低、西高东低的空间格局。②遵义市经济发展表现出较强的全局空间关联性，经济发展水平相似的县级单元呈现出较为明显的空间

集聚；遵义市县际经济空间差异呈现出扩大的趋势，由"较为平衡"向"趋于不平衡"演变。③遵义市经济发展表现出较强的局部空间关联性，经济发展水平相似的县级单元在空间上呈现集聚分布的格局；遵义市市区经济增长速度较快，而其周围县级单元经济增长速度比较缓慢，区域经济差异日益显著，导致经济热点区的范围缩小，而经济冷点区的范围扩大。

（二）建议

以上研究表明，2007～2017年的10年间，遵义市各区县经济发展成效显著，但多数区县经济仍处于落后地位，并且区域经济差距不断拉大，形成了以市区（红花岗区、汇川区和播州区）为核心的经济发达地区和东部、北部较大范围的经济发展落后地区。另外，经济核心区的辐射作用较弱，极化效应占主导地位，带动周边县（市）的能力有限。在将来的发展中，遵义市应以市区为中心培育区域经济的增长极，强化其旅游、商贸、金融、物流等服务功能，增强其对周边区县（绥阳县、湄潭县、桐梓县和仁怀市）的辐射带动作用，构建与核心区同城化发展的大遵义都市圈，加大对东部、北部落后县的政策和财政支持力度，逐步缩小区域经济发展差距，促进区域经济协调发展。

B.23
赤水市老年人生活现状及养老
需求的调研报告[*]

张 新　王亚奇　程 华[**]

摘　要： 本调研报告基于在赤水市的调研，从养老意愿、养老现状及养老需求三个层面，探讨赤水市老年人的养老现状及需求，为评估老年人的生活现状及养老需求提供依据。通过调研发现老年人更多愿意选择家庭养老，生活满意度较高，对于生活照料类服务需求远远低于医疗康复类的服务需求，该调研报告可为地方政府完善养老政策、出台养老措施提供一些有价值的参考。

关键词： 赤水市　老年人　养老现状　养老需求

我国老龄人口比例呈现不断上升趋势，已经进入老年人口快速增长阶段。在人口老龄化的背景下，面对老龄人口不断增长、家庭养老负担日益沉重，如何解决养老问题，国家"十三五"规划纲要及党的十九大报告都对加快建设社会养老服务体系提出了明确要求，把积极应对人口老龄化纳入了国家战略。但由于我国地域辽阔、老年人口数量庞大，不同区域间老年人群

* 本调研报告系贵州省民政厅2017年"三区"社会工作人才支持计划"赤水市'晴暖夕阳'特困长者服务"项目成果之一。
** 张新，遵义师范学院管理学院院长、教授；王亚奇，遵义师范学院管理学院讲师；程华，遵义师范学院管理学院社会工作专业2014级学生。

具有明显差异，加上社会经济的不断发展，老年人的需求也在不断变化，因此，积极应对人口老龄化、及时掌握并评估老年人生活现状及养老需求对地方政府改善民生、稳定社会与刺激消费，减轻养老负担和完善养老政策等都具有重要意义。

贵州省是我国西南地区的贫困大省，于 2003 年进入老龄化，根据贵州省 2015 年 1% 人口抽样调查数据，全省 60 岁及以上人口 534.01 万人，占全省总人口的 15.10%，与 2010 年第六次人口普查时的贵州省老年人口比重相比高出 2.25 个百分点，与全国老年人口比重相比高出 1.78 个百分点。赤水市是贵州省县级市，位于贵州省西北部。据统计，目前赤水市 60 岁及以上的老年人有 55103 人，占全市总人口的 17.4%，老龄化水平高于全省平均水平，到 2030 年，全市老龄人口将占全市人口总数的 25%。作为一个正在蓬勃发展中的旅游城市，赤水大量劳动年龄人口的流出加剧了养老负担，且由于其宜居的良好环境导致四川、重庆两省市大量老年人迁居至此养老，是贵州省"未富先老"的典型代表城市，具有大量研究样本和现实的研究价值。本文基于对赤水市老年人生活现状及养老需求进行抽样调查，并对调查数据进行整理分析，为地方政府完善养老政策、出台养老措施提供一些有价值的参考。

一　赤水市老年人基本概况

（一）资料来源

本文所使用的数据，均来自对赤水市城镇社区、农村社区、养老机构内老年人进行的抽样问卷调查。选取赤水市市中街道办事处辖区范围内的老城社区、太平社区、康乐社区和滨西社区，大同镇大同社区作为调研地点，主要调查对象为 60 岁及以上且思维清楚、有独立回答能力的老年人，通过分层抽样的方式选择了调查样本。共发放 570 份问卷，回收 524 份问卷，问卷回收率约 87%，其中有效问卷为 489 份。

（二）基本资料

从年龄、性别、婚姻状况、居住状况、文化程度及月收入几个方面对老年人的基本资料进行一个概括性的了解（见表1）。在接受调查的对象中，60~69岁老年人有252人，70~79岁老年人有139人，80岁及以上老年人有98人。男性老年人175人，占调查总人数的35.8%；女性老年人314人，占调查总人数的64.2%。由于环境、经济等情况的限制，再结合老人们曾经所生活的时代背景看，老人们受教育程度普遍偏低，小学及以下文化程度的老年人有354人，占总调查人数的72.4%；中学/中专文化程度的老年人有127人，占总调查人数的26%；大学/大专文化程度的老年人有8人，占总调查人数的1.6%。

婚姻状况往往对于一个人的生活幸福度有着极大的影响，尤其是在老年期。人在老年期易产生孤独感、无助感、依赖感等复杂的情感，此阶段情感上的支持格外重要，比如老伴的陪伴、对子女产生依赖感和占有欲、希望有孙子孙女承欢膝下等。调查对象中有298人已婚且老伴健在，约占总调查人数的60.9%；有14人离异且没有再婚，约占总调查人数的2.9%；有145人丧偶且没有再婚，约占总调查人数的29.7%；有28人未婚，约占总调查人数的5.7%；有4人选择了其他（这里的其他属于再婚或是同居未婚状态），约占总调查人数的0.8%。可见，在接受调查的老年人中大约有40%晚年生活没有老伴陪伴。

表1　赤水市老年人基本概况

N＝489人　　　　　　　　　　　　单位：人，%

变量	类别	频数	百分比
年龄	60~69岁	252	51.5
	70~79岁	139	28.4
	80岁及以上	98	20.1
性别	男	175	35.8
	女	314	64.2

续表

变量	类别	频数	百分比
文化程度	小学及以下	354	72.4
	中学/中专	127	26.0
	大学/大专	8	1.6
婚姻状况	已婚	298	60.9
	离异	14	2.9
	丧偶	145	29.7
	未婚	28	5.7
	其他	4	0.8
居住状况	独居	82	16.8
	与老伴单独居住	166	33.9
	与子女孙辈同住	209	42.7
	入住机构	29	5.9
	其他	3	0.6
月收入	无	136	27.8
	1000元以下	145	29.7
	1000~1999元	83	17
	2000~2999元	77	15.7
	3000~4000元	17	3.5
	4000元以上	31	6.3

从居住状况看，有16.8%的老年人是独居状态；有33.9%的老年人与老伴单独居住，日常生活自我照顾或老伴进行照顾；有42.7%的老年人与子女孙辈共同居住；还有5.9%的老年人住在养老机构。调查显示，有70.2%的老年人能够日常生活自理，有29.8%的老年人需要他人照顾，其中有约14.7%的老年人是由老伴照顾，有约13.5%的老年人由子女照顾，有约1.6%的老年人由其他人进行照顾。

随着年龄的增长，老年人身体衰弱，可胜任的工作越来越有限；加之大部分老年人受教育程度偏低，以前主要经济来源于务工、务农等，因此在年老后经济收入大多不高，多数人靠低保、养老保险、子女提供或是打零工维持生活。在接受调查的老年人中，有136人没有收入，有145人的月收入在1000元以下，两者共占调查总人数的57.5%；在1000~2999元这个区间的有 160 人，占调查总人数的 32.7%；3000 元以上的仅有 48 人，占调查总人数的 9.8%，这部分老年人大多是机关事业单位退休，有着稳定且较高的退休工资。

（三）养老意愿

为了解老年人养老方式的选择意愿，课题组特针对老人们的养老意愿进行了调查（见表 2）。现阶段主要养老方式有家庭养老、社区居家养老、机构养老三种。其中家庭养老方式是指老人在家中，自我照顾或是依托子女提供养老照顾的传统养老方式；社区居家养老方式是在家庭养老的基础上，以社区服务为依托，为老人提供日间照料服务、医疗服务、娱乐文化服务等养老服务，促进老人老年生活，减缓家庭及子女养老负担的一种养老方式；机构养老方式是指老人入住养老院、敬老院、养老公寓等多种专业化养老机构，在机构内享受由机构提供的专业养老服务而安享晚年的养老方式。

表 2　老人养老意愿选择

N = 489 人　　　　　　单位：人，%

变量	频数	百分比
家庭养老	373	76.3
社区居家养老	46	9.4
机构养老	25	5.1
没有考虑过	45	9.2

调查显示约有 76.3% 的老人更愿意选择家庭养老，认为在家中颐养天年才是最好的选择，大部分老人受传统思维影响深，认为去机构是一种消极的悲观的选择，并且很"丢脸"，因为他们认为去机构就代表着"被家人抛弃"，只有与子女、家人、孙辈在一起才是真正的开心的晚年生活。有 9.4% 的老人倾向于社区居家养老，事实上结合我国现阶段的发展及未来的养老趋势看，社区居家养老无疑是未来养老的主要方式，但由于现在社区居家养老发展还不完善，政府及大环境宣传不到位，老人们对于新鲜事物的接

受度不够，许多老人即使享受着社区的服务，也并不知晓"社区居家养老"的概念及具体界定，因此选择社区居家养老的老人较少。仅5.1%的老人愿意选择机构养老，愿意去机构养老的老人主要有两类，一种是文化程度较高且经济实力较强的老人，自我意识更为强烈，不愿意依附子女和子女生活在一起，希望在年龄增长或是难以自我照顾的时候，找寻一个综合实力较好的机构安度晚年。另一种则是独身老人，或是无子女无配偶，或是离异、丧偶且与子女关系不佳，在未来生活难以进行自我照顾时便只能选择机构养老。但无论是这两类中的哪一类老人，都是在"无法进行自我照顾"时才愿意选择机构养老，因为机构能够提供生活照料，机构养老更多的似乎是一种"无奈之举"，而不是一种积极的"主动选择"。还有9.2%的老人没有考虑过，这部分老人多是与子女生活在一起，没有对养老问题或是未来进行过考虑，或是经济实力不强，满足温饱才是当下生活的首要任务，尚未对养老意愿这样的问题进行过思考。

二　赤水市老年人生活现状分析

课题组从日常生活及就医两个方面对赤水市老年人的生活现状进行调查，包括日常支出的来源及去向、主要娱乐方式、就医频率、就医陪同人及生活满意度等。

（一）日常生活

课题组通过对老年人日常支出的主要来源及去向、平时主要的休闲娱乐方式和生活满意度的调查，了解老年人的日常生活、主要生活方式和消费途径等，并且通过老年人对自我生活的满意度，从侧面评估老年人的生活幸福感。

从日常支出的主要来源及去向看（见表3），有150位老年人的日常支出由子女提供，占总调查人数的30.7%；有150位老年人的日常支出来源于自己的离退休工资，占总调查人数的30.7%；有57位老年人的日常支出来源于养老保险，占总调查人数的11.7%；有60位老年人的日常支出来源于政府补贴，占总调查人数的12.3%；有49位老年人的日常支出来源于自己的劳动报酬，占总调查人数的10%。对于那些没有收入来源的老年人，其日常支出一般由子女提供或者自己打工挣钱过活；对于有离退休工资的老年人，可以满足自己日常支出的同时还会补贴子女生活伙食或者孙辈的零花钱，晚年生活幸福指数较高。在日常支出的去向中，一日三餐、医疗保健、日用品是主要的三个方面，其中89.9%的老年人选择一日三餐，46.5%的老年人选择医疗保健，44.2%的老年人选择日用品，6%的老年人选择住房支出，17.1%的老年人选择人际交往，有14.4%的老年人选择休闲娱乐。

表3　老年人日常支出来源及去向

N＝489人　　　　　　　　　单位：人，%

变量		频数	百分比
日常支出的主要来源	子女提供	150	30.7
	离退休工资	150	30.7
	养老保险	57	11.7
	劳动报酬	49	10
	政府补贴	60	12.3
	其他	23	4.7
日常主要支出（多选）	一日三餐	437	89.9
	医疗保健	226	46.5
	住房	29	6.0
	休闲娱乐	70	14.4
	日用品	215	44.2
	人际交往	83	17.1
	其他	25	5.1

从日常的休闲娱乐方式来看（见表4），59%的老年人选择电视广播、散步遛弯，可见，电视广播和散步遛弯是老人们比较喜欢也常见的消遣方式，而诸如棋牌、歌舞、读书看报、旅游、体育锻炼等项目的选择则比较平均，更多属于一个兴趣层面的消遣，尤其是读书看报、旅游及书画这三项的选择相对较少，分别是3%，2.3%和0.3%。读书看报及书画是需要一定的文化素养水平才能进行的娱乐消遣，由于老人们整体文化程度偏低，许多老

年人不识字，很难自行阅读，而旅游则需要一定的经济基础，只有少部分的老年人有着自己独立的经济来源，大多数老年人很难承受旅游之类的休闲方式带来的经济负担，外出旅游较少。

表4　老年人日常主要的休闲娱乐方式

N＝489人　　　　　　　　　　　　　　　单位：人，%

变量	频数	百分比	个案百分比
电视广播	285	29.1	58.9
棋牌	68	6.9	14
歌舞	63	6.4	13
散步遛弯	293	29.9	60.5
读书看报	29	3.0	6.0
旅游	23	2.3	4.8
逛街或串门	77	7.9	15.9
养宠物或植物	24	2.4	5.0
书画	3	0.3	0.6
体育锻炼	44	4.5	9.1
其他	71	7.2	14.7

从现阶段的生活满意度来看（见图1），53.2%的老年人非常满意，21.1%的老年人比较满意，仅8.3%的老年人不太满意，从整体来看，老年人的生活满意度较高。

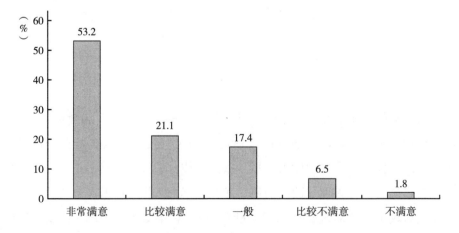

图1　老年人生活现状满意度

（二）就医层面

从老人们的就医频率、就医陪同者、就医面临的困难三个方面进行调查（见表5）。调查分析显示，有36%的老年人平时是几乎不去医院的；43.4%的老年人是几个月才去一次，就医频率不高；有4.9%的老年人的就医频率较高，15.7%的老年人每月去1~5次，这部分老年人多为身体较差的高龄老年人或是本身患有慢特疾病的，日常需要定期去医院进行康复治疗。由于调查对象中60~70岁的老年人所占比重大，身体相对健康，有50.7%的老年人是独自就医不需要陪同，有19.6%的老年人就医是老伴陪同，有21.7%的老年人就医是子女或亲戚陪同。

表5　赤水市老年人的就医现状

N = 489 人　　　　　　　　　　单位：人，%

变量		频率	百分比
就医频率	隔几天就医一次	24	4.9
	每月1~5次	77	15.7
	几个月1次	212	43.4
	几乎不去	176	36.0
就医陪同者	自己去	248	50.7
	老伴陪同	96	19.6
	子女/亲戚陪同	106	21.7
	朋友/邻居陪同	10	2.0
	社区志愿者/护工陪同	8	1.6
	其他	21	4.3
就医面临的困难	没有困难	160	32.7
	排队拥挤	70	14.3
	无人陪护	28	5.7
	费用高昂	178	36.4
	距离较远	18	3.7
	其他	35	7.2

关于就医面临的困难，有32.7%的老年人表示没有困难，认为医保报销额度已经省去了一大部分的医疗费用，部分老年人是机关事业单位退休后

享有养老保险和单位定点医院的服务，十分便利；有36.4%的老年人认为医药费、治疗费较高，就医压力较大；有14.3%的老年人认为排队拥挤是一个大困难，因为社区医院和市医院难以提供完善有效的治疗，只能前往市外大医院就诊，而市外大医院每日的就诊量大且距离较远，每次就医排队和路途来回占用时间较多；只有少部分独居老年人或是行动不便的老年人认为无人陪护和距离较远是就医面临的一个困难。

三　赤水市老年人养老需求分析

（一）频次统计

有研究表明，老年人对医疗预防保健服务的需求最迫切，需求度均在80%以上，对日常生活照料服务的需求占44.3%，对精神慰藉服务的需求相对较少，占34.8%。[①] 农村空巢老年人对医疗健康服务的需求最大，其次是精神慰藉和生活照料服务的需求，最后是文体娱乐需求。[②] 也有调查结果显示，城市社区居家老年人对精神慰藉需求最高，其次为上门医疗与护理服务需求、生活照顾需求。[③]

本次调查将社区居家养老服务内容从生活照料、医疗康复、精神慰藉和文体娱乐等方面细分为家政服务、日常购物帮助、送餐服务、法律援助、上门看病、免费体检、陪同看病、上门护理、康复治疗、聊天解闷、心理咨询、老年兴趣班、娱乐休闲室和社区活动。将需求度由弱到强，从不需要到非常需要划分为五个量级，分析老年人对于社区居家养老服务的需求程度（见表6）。

---

①　李焕：《唐山市老年人社区居家养老服务需求调查》，河北联合大学，2014。
②　蔡松：《农村空巢老人居家养老服务需求研究》，重庆工商大学，2015。
③　武佳琳：《上海市凌云街道居家老人养老服务现状及需求的调查研究》，复旦大学，2014。

表 6 老年人居家服务需求

N = 489 人   单位：人，%

服务类型	需求程度		不需要	不太需要	一般	比较需要	非常需要
生活照料服务	家政服务	频数	131	51	19	23	11
		百分比	55.7	21.7	8.1	9.8	4.7
	日常购物帮助	频数	128	60	17	20	10
		百分比	54.5	25.5	7.2	8.5	4.3
	送餐服务	频数	132	61	16	20	6
		百分比	56.2	26.0	6.8	8.5	2.6
	法律援助	频数	68	54	30	53	30
		百分比	28.9	23.0	12.8	22.6	12.8
医疗康复服务	上门看病	频数	95	43	18	43	36
		百分比	40.4	18.3	7.7	18.3	15.3
	免费体检	频数	30	13	14	60	118
		百分比	12.8	5.5	6.0	25.5	50.2
	陪同看病	频数	95	46	28	36	30
		百分比	40.4	19.6	11.9	15.3	12.8
	上门护理	频数	106	47	24	24	34
		百分比	45.1	20.0	10.2	10.2	14.5
	康复治疗	频数	81	50	29	41	34
		百分比	34.5	21.3	12.3	17.4	14.5
精神慰藉服务	聊天解闷	频数	103	58	28	30	16
		百分比	43.8	24.7	11.9	12.8	6.8
	心理咨询	频数	90	59	51	24	11
		百分比	38.3	25.1	21.7	10.2	4.7
文体娱乐服务	老年兴趣班	频数	73	39	31	55	27
		百分比	31.1	16.6	13.2	23.4	15.7
	娱乐休闲室	频数	65	36	30	55	49
		百分比	27.7	15.3	12.8	23.4	20.9
	社区活动	频数	47	35	39	82	32
		百分比	20.0	14.9	16.6	34.9	13.6

1. 生活照料服务

家政服务需求较低，55.7%的老年人不需要家政服务，21.7%的老年人不太需要，仅有4.7%的老年人是非常需要，对于家政服务有需求的多为有稳定

经济收入或是健康状况比较差、生活难以自理的老年人。但在本次调查对象中70岁以上老年人占48.5%的情况下，他们对家政服务需求程度却非常低，究其原因主要在于老年人自身的经济状况和身体状态。可见，回答没有需求的部分老年人不是真的不需要家政服务，而是由于经济条件较差，难以支付家政服务相关费用，或是认为自己尚有自我照顾的能力，不需要由他人来进行照顾，但在将来随着年龄增大或收入增加，其对于这类服务的需求也会增加。

对于日常购物帮助服务和送餐服务的需求度低。前者是由于现在的老人们都注意身体锻炼，十分珍惜早晨或是傍晚出门遛弯散步的机会，顺便去超市购物，对于这类服务需求不高。而后者，一是因为老人们更愿意接受家里的饭菜，不愿意接受第三方提供的送餐服务；二是因为送餐服务需要收费，而许多老年人不愿意支付这项费用或是难以承担此项费用。

法律援助的需求度分布相对比较均衡，有28.9%的老年人不需要，有23.0%的老年人不太需要，有22.6%的老年人比较需要，有12.8%的老年人非常需要。部分老年人认为，尽管现阶段不需要此项服务，但法律援助是日常生活中十分有用且必需的服务。

2. 医疗康复服务

上门看病、陪同看病、上门护理和康复治疗的需求度都比较低，免费体检需求度比较高，50.2%老年人非常需要，25.5%的老年人比较需要。从以往相关调查研究成果来看，医疗康复服务是不同老年群体需求程度极高的社区服务，但这里却呈现出完全不同结果，原因主要有以下几方面：一是现阶段赤水市社区医疗康复服务只有"免费体检"这一项内容，而没有上门护理、上门看病、康复治疗和陪同看病这类服务；二是虽然有社区医院，但社区医院工作人员少，医疗设备不齐全，能提供的服务有限，老年人对于社区能够提供的医疗康复服务信任度有限；三是部分老年人属于离退休职工，原工作单位提供的福利服务便包括了指定医院的体检、治疗及康复等服务内容。

3. 精神慰藉服务

心理咨询和聊天解闷需求度较低，有43.8%的老年人不需要聊天解闷这项服务，有38.3%的老年人不需要心理咨询，有25.1%的老年人不太需要心理咨询。大部分老年人居住状况比较稳定，是赤水市或是该社区的原住居民，有着稳定的社交群体，不需要社区提供特定的聊天解闷服务。固定的伙伴关系，简单的生活状态，导致老人们都表示不需要心理咨询这样的专业服务，他们表示心情不愉快时和朋友聊天便能够有效缓解不良情绪。

4. 文体娱乐服务

老年兴趣班、娱乐休闲室和社区活动的需求度分布比较平均。一些老年人承担着带孙子女的责任，照顾孙子女占去了其生活的大部分时间，对这类文体娱乐服务需求度并不高。除需要照顾孙子女的老年人外，其余老年人都有着许多空余时间，对于社区开设老年兴趣班或娱乐休闲室抱有期待，并希望能够借此培养兴趣，扩展朋友圈。

（二）赋值分析

为了对各项居家养老服务进行一个纵向的对比，了解老年人对于不同居家服务项目的需求层次，课题组对各项服务的需求度进行赋值，从完全不需要到非常需要，分为 1~5 五个等级，并根据赋值求出赤水市老年人对于不同社区居家养老服务的需求程度（见图 2）。

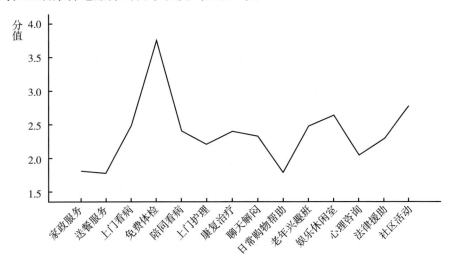

图 2　老年人居家养老服务需求度

如图 2 所示，首先是老人们对于免费体检的需求远远高于其余居家养老服务，这主要有两个方面的原因，一是"免费"，由于大部分老年人经济收入不高，社区或医疗机构能够提供免费的身体检查对于他们来讲无疑是省去了一笔医疗支出；二是随着年龄的增长，老年人对于身体健康越来越重视，定期的体检是必不可少的。也正因为如此，从服务类别看，老人们对于医疗服务类的上门护理、康复治疗、陪同看病等服务的需求，也高于其余类别的服务。

其次是老年人精神及心理层面的需求大于物质及生活照料层面的需求。老人们对于自我兴趣培养及日常生活消遣层面的服务，如社区活动、老年兴趣班、娱乐休闲室等服务的需求度，整体高于家政服务、送餐服务、日常购物帮助等生活照料的需求度。

四 结论与讨论

（一）家庭养老是老年人首选的养老方式

从老年人的养老现状来看，大部分老年人更愿意选择在家庭养老，与子孙共同生活或是与老伴独自生活，更愿意在家人的陪伴下颐养天年。社区居家养老实际上能够作为家庭养老的一个平台和依托，分担单一家庭的养老负担，为社区内老年人提供日间照料、社区活动等服务。而要想实现社区居家养老对于家庭养老负担的缓解作用，建立社区居家养老体系、完善社区居家养老服务、宣传社区居家养老方式就极为重要。此外，机构养老也是我国养老体系的一个重要环节，作为家庭养老和社区居家养老的补充，机构养老要想真正实现价值，就要提高服务水平及服务质量，不断改善养老机构老年人晚年生活的现状，降低机构养老的费用，实现老年人在机构养老有一种家的感觉，使老年人对机构养老真正产生认同感和归属感，让老年人转变对养老机构的看法，将养老机构视为颐养天年的天堂，而不是走投无路的无奈选择。

（二）老年人对生活照料类服务需求较低

从老年人养老需求层面而言，老年人对于生活照料类服务的需求低，一是因为对于大多数老年人而言，许多事情他们尚能亲力亲为，这是他们生活的一种乐趣，而老人们并不愿意被剥夺这类生活乐趣；二是受我国传统思维影响，老人们更加信奉养儿防老理念，内心更倾向家庭养老，受子孙照顾与供养，认为接受"外人"的生活照料是一件很"羞涩"和"不堪"的事情，往往不是到了"无可奈何"即生活无法自理或无子女照顾的地步，老年人是不愿意接受来自他人的生活照料服务的。许多社区都建有"日间照料中心"，但从老人们的实际需求来看，"日间照料中心"的需求程度并不高，大部分老年人能够进行自我照顾，只有少部分老年人需要被照顾，生活层面服务的提供率实际并不高。为了避免造成资源浪费，社区可以考虑转变服务方式，改变"日间照料中心"的现有服务职能，将日常生活照料服务转化为提供休闲娱乐场所或是学习场地等，以实现资源的有效利用，为老年人提供更需要的服务。

（三）医疗康复及文体娱乐类服务的需求高

尽管大部分老年人的身体状态较好，但随着年龄的增长，老年人自身能明显感受到自我身体机能的下降和衰退，出于对晚年生活质量的担忧，其对医疗康复类服务的需求度极高，加之大部分老年人经济条件有限，对于免费体检这一项服务有非常显著的需求。而老年人面对退休或是无法工作后的生活时，社会角色的转变使得许多老年人难以适应晚年生活，日常消遣的方式比较单一，多为看电视、听广播或散步遛弯等，加大了老人们对于文体娱乐类服务的需求。为此，社区居家养老服务应建立以老年人需求为导向的服务体系，使养老服务具体化并落到实处，全方位满足老年人的基本养老需求。社区医院要增加医疗服务内容，引进医疗专业人才和医疗设备，除为老年人提供免费体检服务外，尤其要针对高龄老年人、健康状况较差的老年人及长期患慢特病的老年人提供康复治疗、上门护理等服务。同时，要通过连接社区内的教育资源，与当地老年大学合作，邀请社区内文化程度较高的离退休老年人授课等方式，开设老年兴趣班、老年文化班，培养老年人的兴趣，丰富老年人的精神生活，实现老年人的再社会化。

B.24
推动汇川区农村"三变"改革
落地见效　助力脱贫攻坚的几点思考

黄明宝*

摘　要：　遵义市汇川区按照国家、省、市要求，结合区域农村发展实际，主动作为、先人一步，研究出台了推进全区农村"三变"改革的有关政策文件，希望一方面为推动汇川区此项改革尽快取得实效发挥作用，另一方面为全市其他地区推进农村"三变"改革提供一些有益参考。

关键词：　脱贫攻坚　改革　汇川区　农村"三变"

农村"三变"改革发端于贵州省六盘水市，六盘水的"三变改革"2017 年获中国"三农"创新奖。2014 年，该市在全省、全国率先推进以资源变资产、资金变股金、农民变股民为主题的农村"三变"改革，着力构建村集体、农村居民、新型农业经营主体"三位一体"、联产联业、联股联心的利益联结机制。经几年实践，农村闲置资产和自然、人力资源有效激活，有力促进了农业增效、农民增收、农村繁荣和生态增值，在农村精准扶贫脱贫上闯出了一条新路。2016 年汇川区行政区划调整前，农村面积相对较小，农村区位属于城郊接合部或近郊镇，农村经济相对繁荣，城市建设和第二三产业发展事实上长期是全区的中心工作，但区委、区政府始终秉承

---

* 黄明宝，汇川区人民政府电子政务办主任。

"全域发展"理念，按照"近郊保供菜、远郊特色菜、山间林下鸡、西部中药材"的总体思路，努力实现汇川农业规模化、标准化、市场化、品牌化、智慧化"五化"战略目标，大力发展都市农业、建设美丽乡村、助力农民增收。汇川区十分关注全国各地"三农"改革发展动态，向先进地区看齐取经，致力"借他山之石攻己之玉"，区政府于 2017 年 4 月正式出台有关政策文件，推动全区农村"三变"改革从幕后走向了前台。笔者借此浅谈几点个人思考，希望能对推进全区农村"三变"改革落地见效、助力脱贫攻坚起到"抛砖引玉"作用。

一　推动全区农村"三变"改革落地见效　助力脱贫攻坚，责任各方要深知抓此项改革的重要意义，以高度的政治责任感和神圣的历史使命感"干事创业"，自觉主动抓落实

新形势下，汇川区主动作为，深入推进农村"三变"改革，是在脱贫攻坚这个当前核心工作统揽下在农村区域攻坚拔寨、务求必胜的一场硬仗。

（一）从汇川区发展历程看，推进"三变"改革是工作重心调整的需要

从全市而言，汇川区较"年轻"、成长快，各阶段工作的重心有所不同。1992 年 7 月，省政府批准设立全省首批 3 个省级经济技术开发区，位于现汇川辖区内的遵义经济技术开发区是其中之一，市委、市政府成立遵义经济技术开发区管理机构，类似于今天的产业园区管理模式，此阶段工作重心主要是推动第二产业集聚发展，重点是引资引技引才；1998 年，市委、市政府争取省里的同意，将开发区党工委、管委会调整为正县级派出机构，划拨高桥镇、董公寺镇和上海办、洗马办"2 镇 2 办"作为其行政区划（类似于后来的新蒲新区、南部新区模式），同时具备了经济发展和社会管理功

能，因"2办"属于城市区域、"2镇"属于城郊接合部，故此阶段的工作重心主要是推进城市新区建设和促进产城互动；2003年12月，国务院批复遵义经济技术开发区设立为汇川区，于2004年6月正式挂牌成立，随后进行区划调整（2010年省级遵义经济技术开发区升格为国家级遵义经济技术开发区，采取与汇川区"一套人员、两块牌子"的管理模式，2016年遵义国开区列入全省"1+7"国家级开放创新平台，2017年5月贵州双龙临空经济示范区获批，目前实为"1+8"），新划入团泽、高坪、泗渡、板桥4个镇和1个办（大连路街道办事处），到2016年6月前辖区从"2镇2办"扩大到"6镇3办"，全区国土面积712平方公里，常住人口约40万人，此阶段工作重心主要是加速北部新城建设、推动国开区产业发展，逐步成长为全市政治中心和经济、文化发展的主要集聚区之一；2016年5月，国务院批准原遵义县撤县设立播州区，同年6月原遵义县的山盆、沙湾、芝麻、毛石、松林5镇划入汇川区，加之高桥、董公寺、高坪撤镇设办，目前全区形成团泽、泗渡、板桥、山盆、芝麻、沙湾、毛石、松林8镇和大连路、上海路、洗马路、高坪、高桥、董公寺6办，国土面积扩大到1515平方公里，常住人口扩大到57万人，农业户籍人口29.8万人，此阶段工作重点从以前的围绕城市抓产业延展到统筹城乡一体化发展，推动"三农"改革发展顺势成为全区中心工作之一。

（二）从汇川区当前工作看，推进农村"三变"改革是补齐发展"短板"的需要

2016年6月行政区划调整前，全区农村具有紧靠中心城区的现实交通优势，花卉苗木、商品蔬菜、精品水果、畜禽养殖等现代农业产业快速发展，农村水、电、路、讯、房等基础设施较为完善，农业农村与文化旅游深度融合发展，农村居民增收具有经营性收入、财产性收入、务工性收入等相对多元化的渠道；2015年全区农民人均可支配收入11261元，分别高出全市、全省平均水平2012元和3874元，全区贫困人口发生率5.2%、比全市低3.16个百分点。2016年因并入的新5镇是典型的农业镇，地理位置相对

较偏，农业主导产业以传统低效的粮食生产为主，交通等基础设施相对滞后，农村居民多依靠务工增收，全区"三农"工作形势发生逆转；2016年全区农村居民人均可支配收入12174元，绝对值居全省第7位、全市第1位，但增速排名全省18个城区方阵的第15位和全市倒数第1位；非粮产业增加值占农林牧渔业增加值的88.7%，在全省18个城区方阵排位最后；2016年末贫困人口发生率上升至6.51%，比湄潭、桐梓、凤冈等武陵山、乌蒙山"两山"片区重点县还高；全区86个行政村中，有38个贫困村，2016年已出列25个，2017年计划出列4个，2018年计划出列9个，全区建档立卡贫困对象13962户45193人，未脱贫贫困户7001户19166人，目前剩下的贫困村和贫困人口大多分布在基础条件差、贫困程度深的区域，同步全面小康难度大，已脱贫退出的贫困村和贫困人口需巩固脱贫成果确保不返贫，全区精准扶贫脱贫的任务重、压力大可见一斑，着实是一块难啃的"硬骨头"。决胜脱贫攻坚、同步全面小康是当前全国、全省、全市的首要任务，实现全面小康绝不能让一个地区落伍掉队，广大农村区域当前成为汇川区全面建成小康社会"短板"中的"短板"。而以啃硬骨头的决心和勇气，深入有效推进农村"三变"改革，可以扩大贫困群众狭隘的生产空间、生存空间、发展空间，推动生产要素在产业链上有机整合，让贫困群众有股可入、有事可做、有利可获，是农业供给侧结构性改革和产业扶贫的主引擎，是发展农村集体经济、加强农村基层治理的突破口，是补齐全区"三农"发展短板、助力城乡统筹发展的关键一招。

（三）从国家的政策导向看，推进农村"三变"改革是响应政策号召的需要

不同时代有不同时代的政策创新和指引。20世纪50年代中后期至70年代末期，我国广大农村发展要素高度集中，前期妥善解决了生产工具等要素匮乏、农田水利基础设施滞后等问题，中后期这种"大锅饭"体制极大束缚了生产力，到了不得不改革的地步。20世纪80年代初期，全国推行家庭联产承包责任制，"交足国家的、留足集体的、剩下的都是自己的"，极

大程度解放和发展了农村生产力,"三农"工作面貌发生了历史性改变。近些年"三农"发展的内在动因和外部环境发生重大变化,这种体制"分得充分、统得不够"的问题愈加突出,资源、资金、农民的分散不适应农业规模化、精品化、生态化发展的时代需求。推进农村土地制度、产权制度、经营制度、组织制度、治理体系等体制机制创新,推动农村劳动力就地就近创业就业增收,让农村居民手中的闲钱找到投资出路,激活农村居民的土地、山林、住房等资(财)产,将农村的绿水青山变成金山银山,全面提高土地产出率、资源利用率、劳动生产率,建设资源节约型、环境友好型现代农业和产业强、百姓富、生态美的社会主义新农村,是目前国家"三农"工作的重要导向。2017 年 2 月,中央一号文件——《中共中央国务院关于深入推进农业供给侧结构性改革加快培育农业农村发展新动能的若干意见》出台,提出"优化产品产业结构、着力推进农业提质增效,推行绿色生产方式、增强农业可持续发展能力,壮大新产业新业态、拓展农业产业链价值链,强化科技创新驱动、引领现代农业加快发展,补齐农业农村短板、夯实农村共享发展基础,加大农村改革力度、激活农业农村内生发展动力"六方面工作任务,文件明确指出:"从实际出发探索发展集体经济有效途径,鼓励地方开展资源变资产、资金变股金、农民变股东等改革,增强集体经济发展活力和实力",标志着农村"三变"改革正式获得中央肯定并写入一号文件在全国推广,同时出台了《关于稳步推进农村集体产权制度改革的意见》,为我们提供了政策指引和基本遵循。国家推行"三变"改革,允许农民将闲置资源资产整合入股变成"股份农民",可推动新型经营主体、农村居民、村集体三者优势互补,是一种农村发展方式的变革,可以解放生产力、发展生产力,与 20 世纪 80 年代的家庭联产承包责任制有异曲同工之妙,这不是走老路,而是在新形势下一定要走的新路。2017 年省、市农业农村工作会议对农村"三变"改革做出了相应安排部署,省政府已出台《贵州省全面推进农村资源变资产资金变股金农民变股东改革工作方案》,市的农村"三变"改革方案近期即将印发施行。"打破才能出生机、取直自然出新路",在此背景下,汇川区推进农村"三变"改革势在必行,应在充分借鉴六盘水经验的基础上，在具体改革工作中力图有所创新和突破，像汇川区司法体制改革那样，在全市、全省乃至全国争取成为创新典型，为全市广大农村守牢底线、走好新路、快奔小康找到一条可行新路。

二 推动全区"三变"改革落地见效助力 脱贫攻坚，各责任主体对此项改革的时间表、路线图、责任链要熟记于心，做到倒排工期、挂图作战、各司其职

《汇川区农村资源变资产资金变股金农民变股东改革工作方案》和《汇川区农村"三变"改革实施方案》前不久已经出台，抓好落地落细落实要重点把握三个方面。

（一）紧扣时间表，倒排工期

熟知什么时间抓什么，统筹高效去安排。2017 年抓好泗渡镇松杉村、山盆镇高雄村、毛石镇中坝村、松林镇干堰村、芝麻镇大坪村、沙湾镇安村、板桥镇柏杨村、团泽镇卜台村和高坪办新拱村、董公寺办五星村、高桥办兴洲坝社区 11 个区级"三变"改革试点项目示范村，11 个镇街自行确定若干个村作为镇级试点全力推进，试点村实现有明晰的产权基础、有支撑的特色产业、有带动性强的经营主体、有一套基本完善的产权交易服务体系、有规范的股份合作和风险防控机制"五个有"目标。2018 年全区推行"三变"改革的村实现村集体经济收入 50 万元以上，农村居民人均可支配收入高于所在镇（街）平均水平 30% 以上，建档立卡贫困户 100% 脱贫。在探索形成可复制、可推广的改革成果后，立即在面上推进全区农村"三变"改革，奋力把"盆景"变成"风景"。

（二）明晰路线图，挂图作战

熟知抓的重点，才能精准发力、持续发力、聚焦聚力。

一是确权登记颁证。按照既定的时间节点，完成全区农村土地承包经营权（汇川区是省级整区推进试点）、试点村集体建设用地使用权确权登记颁证和试点村农村集体土地所有权、宅基地使用权确权登记，完成试点村的山塘、人饮、水闸、水电站等农村小型水利工程产权确权登记颁证，完成试点村农村集体林权确权颁证，完成试点村农村房屋产权登记颁证，全面厘清和明晰农村资源资产权属。建立农村产权价值评估平台、抵押融资担保平台和区级农村产权交易中心、镇级交易所、村级服务站"三位一体"的农村产权流转交易体系，为资源资产量化折股夯实保障基础。

二是开展清资核产。按照既定的时间节点，清理核查试点村集体"三资"（资产、资源、资金），划分资源性、经营性、非经营性、流动性资产及财政投入发展类资金，分类建立管理台账，民主确定集体成员资格和收益分配对象，建立资产管理使用制度，为投资入股做准备。财政投入形成的乡村公路、机耕道、土地整治、厂房大棚、小水利设施、集体房产和机械设备、村集体积累资金等存量资产和财政投入农村的涉农资金，可量化为村集体股金，投入各类农业经营主体享受股份分红权利。

三是选准产业项目。深入调查研究，结合村情实际，挖掘资源优势，确定成长空间大、产业覆盖广、辐射农户多、最具竞争力的特色、观光、休闲、生态农业发展项目，最大限度挖掘经济、生态、社会价值，科学编制产业发展规划，以股权为纽带整合政府、社会、农村资源要素注入产业发展，推广"三变+特色农业""三变+乡村旅游""三变+特色小镇""三变+金融+扶贫"等模式。开展涉农、扶贫资金整合，财政扶贫资金以不低于60%的比例用于支持"三变"改革，量化到贫困户入股，形成的资产权益在贫困户脱贫前归贫困户所有，对其股权科学制定退出机制。

四是确定合作主体。采取外引内联方式，开展项目招商，引进村外新型经营主体，鼓励种养能手和外出务工人员返乡领办农业企业、合作社等经营组织，支持集体经济组织采取组建集体企业、资产租赁、土地流转、股份合作等方式带动农户发展和壮大村集体经济，择优比选确定项目合作对象，签订意向合作协议。新型农业经营主体融资可享受财政贴息、信用评级授信和林权、农村土地承包经营权、农民住房财产权抵押贷款试点等优惠政策。

五是合理分配利益。建立健全新型农业经营主体、村集体、农民群众三方"利益共享、风险共担"的利益联结机制,明晰各方权利和义务,维护利益各方的合法权益。根据项目属性、建设规模、所需要素等,合理确定入股主体、各方所占股比及收益分配、进退管理办法,积极动员村集体和群众将经营性自然资产、自然生态资源和资金、技术等量化折股,做好法律服务。签订"三变"改革项目规范性合同,探索实施贫困农户"优先股",建立健全法人治理机构,有序推动项目实施。

六是着力防控风险。完善农业自然灾害政策性保险、信用担保、财政补贴等风险防范体系,财政支持开发扩大特色农产品价格目标保险等品种。按照股份有限责任制思路,建立企业解散、破产后处理办法,合理设定承包土地经营权流转年限。采用第三方介入等方式,科学评估入股资源资产,避免高估和低估现象发生。探索组建基金额度达 3000 万以上规模的政策性担保机构,设立规模 500 万元的"三变"改革风险补偿金,保障入股农户基本收益不受损失。按"以奖代补"方式对试点效果好的试点村进行奖励,奖补资金按比例量化到村集体、一般农户和贫困农户,统一纳入"三变"改革项目中使用。每年省级下达财政扶贫资金的 60% 倾斜投入贫困村"三变"项目。

(三)夯实责任链,各司其职

汇川区已成立以区委、区政府主要领导任组长,分管领导任副组长,各镇、3 个街道党(工)委主要负责人和区直有关部门负责人为成员的汇川区"三变"改革领导小组,下设办公室在区农牧局。区级有关领导应重点发挥牵总作用,定期召开好"三变"改革联席会议,及时研究解决改革中出现的重大困难和问题;"三变"改革办公室应全力发挥中枢功能,要抓好统筹协调、实施指导、督促检查、评估验收、总结推广等工作;区直有关部门应奋力强化改革保障,围绕自身职能,牵头或配合抓好农村资产资源确权登记颁证、涉农和扶贫项目资金整合及投入、融资担保平台和产权交易体系及风

险防控机制建立、改革经营主体培育、工作督察和绩效考评奖惩、指标统计监测、宣传总结推广、档案管理、效能纪律监察、法律指导服务、产权纠纷调处等工作；镇街是推进辖区"三变"改革的第一责任主体，要强化组织领导和协调配合，种好自己的"责任田"。

三 推动全区"三变"改革落地见效助力脱贫攻坚，应注意把控好几个关键环节，打破知易行难的困局，奋力把美好蓝图变成现实

（一）应厘清政府与市场的边界

"三变"改革的核心是把产业发展作为农村扶贫的主攻方向，路径是让农村群众、新型经营主体、村集体"产业连体、股份连心"，目的主要有三：一是让更多农民增收，确保户户有增收目标、人人有脱贫门路，提升农村群众对改革的获得感，增强贫困人口脱贫致富的信心和能力；二是让更多村集体经济增长，确保村集体资产资源资金保值增值，到2020年全面消除空壳村，更好地发展和改善农村公益事业，增强农村基层组织的凝聚力、战斗力、号召力；三是让更多农村资源增值，通过量化评估入股方式，推动农村闲置或低效利用的资源、资产、资金高效利用，让村集体和农村群众变成股民，分享改革红利，把绿水青山变成金山银山。在推进此项改革工作中，应把稳"更好发挥政府主导作用、切实发挥市场主体作用"这个方向盘，政府各有关部门履行职能不能错位、越位、缺位，应避免走音跑调、剑走偏锋、好心办坏事等现象出现。重点要保障和维护农村居民的土地承包经营权、住房财产权、宅基地使用权、集体收益分配权，不改变农村集体土地使用性质，不突破耕地红线；要体现政府"抓好保障、牵线搭桥"的主导作用，充分尊重新型经营主体、农村居民、村集体意愿，发挥市场对资源配置的决定性作用，不搞行政强迫命令；工作推进既不能急也不能拖，要按照"鼓励创新、包容失败、不断完善"的要求，稳妥审慎地分步推进改革；规

划发展的主导产业应是城市经济的配套与补充，重点发展现代山地特色高效农业，切不可走以破坏资源环境换取经济发展的老路。

（二）应构建利益长效联结机制

共享是五大新发展理念之一，唯有懂得分享才能长效，"三变"改革过程中尤其要注重在新型农业经营主体、村集体、农村群众三者之间科学构建长效的利益联结机制，这样才能体现公平原则，激发各方积极性，消除历史性遗留问题的隐患，推动产业长效发展。这里举一个笔者知悉的负面例子：中心城区城乡接合部的某村曾经是一个一穷二白的村庄，村集体前些年引进1个花卉苗木企业入村发展，所需流转的数十亩土地采取30年长期租赁方式，租金每亩3000元/年，村集体和农户按5:5比例分配收益。最初，农户对此种利益分配方式甚为赞同，因为当时种植每亩土地每年的收益差不多就1500元，农民还要投入劳动力等成本。但近几年，该村相关群众对此种利益分配格局心怀不满，多次到镇村上访，主要原因是：当时的1500元购买力比较高，现在的1500元已经贬值，且土地已经平场修成批发交易场所，无法再恢复，农民希望按现有征占土地赔偿标准，政府或企业进行一次性补偿。究其深层次原因：该村在土地流转过程中采取的此种利益联结机制没有考虑通货膨胀、CPI上涨、租赁期限过长、村集体利益占比过高4个方面问题，最终好心办了坏事，因此今后在推进"三变"改革过程中应对以引以为戒。

（三）应发挥好人的主观能动性

"三变"改革实质性推进落实，需要依靠有关镇街、区直部门各司其职、各负其责、协力推进，推进过程中不可能一帆风顺，必将遇到不少未知的困难和问题。面对困难和问题的态度，是决定此项改革成败的关键。着力激发涉及各方的主观能动性，是值得研究和探讨的重要课题。笔者认为认真落实两项措施至关重要：一是鼓励成功。对成效确实显著的"三变"改革项目试点村，在涉农、扶贫等有关专项资金的安排上，就应该按照"以奖

代补"的方式予以实质性重点倾斜，避免吃大锅饭现象发生。对推进"三变"改革确实有为的新型农业经营主体，就应该大张旗鼓表彰，并在有关项目扶持资金安排上予以倾斜。对推进"三变"改革确实有为的干部，在评先选优、选拔任用等方面就应该将其作为优先考虑的对象，让正能量不断传扬，反之亦然。二是包容失败。信心比黄金更重要。各地镇（街）情不同、发展的条件不同，在大的"三变"改革指导思想和原则下，采取的模式不尽相同，取得的效果也会不同。汇川区"三变"改革采取先普遍试点、再总结推开模式，试点如同彩排，有的地方可能成功，有的地方也可能会失败。对于认真付出了却效果不佳的试点，我们应该有包容的心态，认真分析深层次原因，着力破解制约性"瓶颈"，协力推动其迎难而上、后发赶超，最终有效实现"三变"改革的初衷。

B.25

务川仡佬族苗族自治县构树—肉羊
产业发展实践与探索研究

务川仡佬族苗族自治县委政研室*

摘　要： 2010 年以来，特别是 2015 年中央提出加快供给侧结构性改革
发展战略后，务川县委、县政府立足资源优势，紧紧围绕脱
贫攻坚主线，坚持"中国一流、南方第一"发展目标，高起
点规划、高标准示范、高站位推动，将构树产业与精准扶贫、
生态建设相结合，大力发展以构树—肉羊为主导的现代农业
产业，积极探索建立集构树种植、饲料加工和生态养殖为一
体的"林—料—畜"产业链，初步实现了经济效益、社会效
益、生态效益"三效合一"。

关键词： 构树　肉羊产业　务川县

一　务川构树—肉羊产业发展实践与成效

（一）突出规模发展建生态林

一是观念转变强党政引领。坚持走"生态产业化、产业生态化"之路，

---

* 课题组组长：杨游明，务川自治县委书记；课题组副组长：刘进，务川自治县委副书记；课
题组成员：李炳周，务川自治县委办公室主任；李双双，务川自治县委办公室副主任；林红，
务川自治县县委政研室工作人员。

目前准国内木本饲料领域空白，抢占杂交构树产业发展制高点，让常规种植退下去、特色种植跟上来，通过生态产业发展助推传统产业结构调整，全力把务川打造成为全国构树—肉羊产业示范基地。到 2018 年，全县构树种植面积将达 5 万亩，其中 1000 亩以上示范种植基地 10 个，饲养构树羊 10 万只，年生产饲用构树饲料 20 万吨，实现综合产值 5 亿元以上，带动农户 1 万户，户均收入 1.5 万元以上。二是试验示范促规模种植。按照规模化、标准化、专业化和统一技术规程、统一质量标准、统一构树品牌"三化三统"原则，集中连片打造一批种植水平高、示范作用强、规模效应明显的种植示范基地，以规模化促进产业化、现代化。目前共完成构树示范种植 0.8 万亩，辐射带动种植 1.2 万亩。三是资源整合显生态效益。坚持守好发展和生态两条底线，把绿色发展作为战略选择。在退耕还林、石漠化治理、退牧还草区域种植构树，在给群众带来丰厚经济效益的同时，创造性实现了退耕还林、退耕还草、石漠化治理和生态修复目标，真正将构树—肉羊产业发展成了"既要金山银山，也要绿水青山"的生动实践。

（二）突出链条延伸建新体系

一是"企业 +"健全产业链。坚持"市场牵龙头、龙头带基地、基地连农户"，全力培育壮大龙头企业。先后引进浙江金桑农林科技有限公司、科华生物科技有限公司、江一示范种羊场等多家企业，建成年出苗 4500 万株的大型杂交构树扦插育苗基地和年出苗 1 亿株、集生产科研和试验培训于一体的中国南方杂交构树组培中心，建成标准化羊舍 6.6 万平方米，3000 只"构树羊"的示范养殖场 2 个，400 头"构树猪"的示范养殖场 1 个，300 头"构树牛"的示范养殖场 1 个，初步建立了构树—肉羊产销链。二是"科技 +"延伸产业链。树立"科技 +"发展导向，积极与中国科学院植物研究所、中国农业大学开展技术合作，以构树"二次技术革命"成果转化为突破口，推广运用构树全株发酵技术，研究开发新型木本饲料，努力建成新型饲草饲料体系策源地。目前已建成年生产能力 3 万吨饲用构树粗加工厂 1 个，集实验、育苗、种养、中试加工、体验为一体的杂交构树产业孵化园 1 个，初步形成了以构树培育、生产、加工、销售为一体的"构树+"现代农业产业体系。三是"农户+"整合产业链。全面推行"以大带小、散户抱团、规模结社"的发展模式，不断完善县、乡两级专业合作社管理体制和运行机制，全面整合产业发展合力，提升产业发展组织化程度，切实发挥能人示范和传帮带作用，有效带动构树—肉羊产业持续健康发展，目前已组建专业合作社16个。

（三）突出质量提升创品牌羊

一是强化指导，提升水平。不断完善产业服务体系，推行领导干部联系产业制度，健全县、乡、村防疫网络，派驻畜牧技术干部蹲点服务等，建立养殖户台账和畜牧养殖档案，统一采购防疫药品，变春秋两防为四季防疫，基本形成了统一管理指导、统一防疫治疗、统一饲料配备、统一市场营销的发展格局。二是强化监管，保障品质。强化源头管理，全力构建上下贯通、协调联动的肉羊产品质量安全监管网络，全面推行健康养殖，严格执行场地环境、引种繁育等技术规程，规范饲料、兽药等投入品使用，指导养殖企业建立质量安全检测和管理体系，实现全程监控养殖。三是强化宣传，打造品牌。始终坚持市场导向，集中打造"务川构树羊"和"务川构树饲料"品牌，强势推进肉羊产业裂变式发展。支持企业在淘宝、京东、一号店等国内电商主流平台开展产品宣传活动，扶持大型养殖企业在全国大中城市增设销售网点，立体宣传促销"务川构树羊"和"务川构树饲料"品牌。

（四）突出扶贫导向保真效益

一是健全政策增动力。构建构树—肉羊产业发展政策体系，实行梯次验收、分批兑现，着力提供全方位的政策保障。在构树种植方面，务川县按1000万元/年财政预算用于项目编制、技术培训、贷款贴息和工作奖励等，并给予构树企业在土地流转、人工种植、杂交构树苗、育苗大棚、标准化加工厂房、加工设备、办公用房等方面以一定的政策支持。在构树羊养殖方面，建立了土地、财税、金融、人才等政策支持体系。二是创新模式助共赢。建立龙头企业、专业合作社、村集体与贫困群众利益联结机制，积极推

行"四统三制"("公司＋农户"：由公司统一供苗、统一技术服务、统一生产管理、统一回收，在核定苗木价位后，种苗由公司、政府和农户三方负责。其中建档立卡贫困户自筹部分先由企业赊销，回收时进行抵扣）和"两参三赢"〔"公司＋合作社（村集体）＋农户"，农户（贫困户）以土地、劳力参股，并纳为合作社社员，合作社按"政策共享、风险共担、按股分红"模式运作〕两种发展模式。三是明晰市场重实效。充分利用构树种植技术简单，环境适应能力好，管护成本低、见效快，对贫困户拉动力强的优势，大力发展"构树—肉羊"产业。目前，构树树苗市场平均售价3元/株，每亩土地可种植800株左右，种植一次可连续收割15～20年，且当年投资当年见效，第二年更是进入丰产期，每年可收割3～5茬，年亩产鲜叶及嫩枝5吨左右，每亩收益3000元左右。

二 存在的问题和困难

（一）群众发展意愿不强烈

一亩构树第一年种植综合成本约2300元，比甜高粱、扁穗牛鞭草等普通饲草成本高，尤其是交通信息不畅的偏远地区，种植管理成本投入会更高。且农户第一年投入后，第二年才能进入丰产期收回成本，第三年才能有较好收益，故部分农民群众尤其是贫困户不愿意发展该产业。

（二）配套支持政策不完善

产业发展配套政策不够完善，对于直接操作的农户在构树管护、疫病防疫、市场销售等方面政策和具有基础性、长远性发展作用的产业发展配套政策还不完善，严重影响未来构树—肉羊产业的发展壮大。

（三）产业技术支撑不明显

虽然务川县与中国科学院植物研究所、中国农业大学均有技术合作，但目前仅处于合作初期，如构树饲料配比、构树羊养殖等研究还在探索。同时，部分公司及养殖大户只重视自身的发展，不愿从技术上帮带其他养殖户。乡镇专业畜牧干部不足，技术指导和现场服务难以及时到位，技术服务体系尚未健全，导致产业技术水平有待提高。

（四）产业市场开拓较困难

从品质认证来看，目前国家对杂交构树新树种认证工作还未起步，国内省级以上农业行政主管部门也都还没有对构树饲料配方进行品质认证，以至于随着构树向深加工推进，构树饲料上市将面临缺乏"通行证"的难题。从品牌打造来看，因产业化程度不高，加工流通体系不健全等，多数养殖户仅局限于县内市场销售和外商上门收购，缺乏外部市场开拓精神，致使销售渠道不稳定，难以形成优良的市场品牌。从企业发展来看，务川现有的构树—肉羊企业不优不强，规模小、水平低、市场小、产品单一、结构不合理，且在整个经营过程中各自为政、小打小闹、小富即安现象突出，导致产业规模小，产业链条短，整体增收效益不明显。

三　对策建议

（一）加强机制创新，强化利益联结

一是坚持政府投入与"三变"挂钩。新兴扶贫产业离不开政府的扶持。要充分借鉴运用"三变"改革成功经验，将政府投入的构树—肉羊产业基地建设资金与贫困户、集体经济组织挂钩，属集体与贫困户所有，并打捆转变为贫困户与集体经济组织股金，入股村级集体经济组织。贫困户与村集体经济组织在股份分配上，贫困户占70%、村集体经济组织占30%，集体经济收益部分按60%留存滚动发展，40%用于村民分红。二是坚持公司投入与"订单"挂钩。公司化运作是适应市场经济发展的必然选择。要以"公司＋集体经济组织"推行公司订单认购，村集体经济组织（合作社）与公

司签订收购协议。要以"公司＋基地"入股公司，基地建成后政府停止补助，并交由公司独立经营管理，与村集体经济组织签订承包经营合同或入股分红协议，收益按合同或协议分配。要以"公司＋农户"加快推动农户种植构树，签订收购订单及管护指导合同，政府补助直补种植户，公司主要负责管护指导、生产物资垫付，粗级产品收购及再加工。三是坚持集体投入与"股份"挂钩。在产业发展过程中，村集体经济组织要实行"股份"投入、按股分红，才能保障村集体经济组织利益，让村集体经济组织通过其组建的合作社指导服务群众发展产业，让群众有信得过的"主心骨"和"当家人"。村集体经济组织收益可分为基地按股收益和固定资产入股分红两方面，通过种植管护，农户获取政府投入资金转变为入股基地股份30%的收益，以及将政府投资建设的粗加工厂转变为集体经济组织股份，按49%入股企业，由企业经营村集体经济获取分红。四是坚持群众收益与"绩效"挂钩。发展前期由于群众认可度不高、投入资金不足、缺乏技术等原因，必须由集体经济组织（合作社）统一管护、生产、经营。产业基本定型后，可根据群众意愿承包给贫困群众，并确保有土地流转的贫困户优先承包本户地块，其余由村集体经济组织统筹分包给贫困户分户经营生产，每亩管护费从收益中扣除，直接补偿经营生产户，村集体经济组织（合作社）负责统一销售及总体协调管理。此时，股份分红比例调整可为集体经济组织（合作社）占10%，经营农户占80%，绩效占10%，以保障农户利益及产业持续发展。五是坚持群众风险与"政策"挂钩。充分利用政策的可塑性，做好前期调研，在了解农户的需要和情况的前提下，按照"政府引导、市场运作、自主自愿、协同推进"的原则，以"共同经营"为主要方式，探索建立构树—肉羊政策性目标价格保险，确保在产品市场价格低迷时农户的基本收益和再生产能力，为预防市场风险提供保障，稳定农户发展生产的积极性。

（二）深化对外合作，强化科技支撑

一是加强政校企多元合作。积极主动加强与科研单位、大专院校、龙头企业等技术科研机构合作，以政府购买智力服务方式拓展合作领域的深度和

广度。与各高校及企业对构树饲料加工配比、构树羊饲养、疫病防控等方面开展科学研究，依托遵义院士工作中心建立务川构树—肉羊产业发展实习基地和研究基地，集众家之智助推构树—肉羊产业的发展。二是加强科技和人才开发。全面加强、加深与科研院所纵深合作，建立构树—肉羊产业发展数据库。大力实施"科技人才引进"工程，积极采取引进或招考方式，有计划地充实专业技术人才和科研技术人才队伍。加大技术投入和培训力度，努力培养一大批懂技术、善管理、会经营的本土人才。完善督察考核激励机制，对发展构树—肉羊产业做出贡献的集体、个人要及时给予表彰奖励。

（三）健全产业链条，强化品牌效应

一是更加注重品质认证。打造品牌，首先就必须争取到品质认证。从县级层面来看，务必要加快构树饲料和相关构树产品的研究，尽快拿出相应的研究成果，力求在产品品质认证中有更多的理论依据和实践依据。从市级层面来看，务必要充分利用务川"构树—肉羊生态产业全国试点县"机遇，加大与国务院扶贫办的对接力度，争取国务院扶贫办帮助协调农业部，同步开展构树品质抽验论证试点工作，将构树纳入农业部饲草饲料源目录，加快产业发展步伐。二是更加注重企业引进。坚持把招商引资作为产业发展的中心任务，鼓励各级各部门开展构树—肉羊产业招商引资，重点面向新疆、内蒙古、山西、成渝等重点牧区进行招商引资，精心策划一批以产、加、销为重点，投资额过亿的产业大项目，实现借力发展、借梯发展，切实增强产业发展动力和活力。三是更加注重品牌打造。结合产业特色，以有机食品为抓手，结合仡佬文化元素和地理特征，大力扶持构树羊"三品一标"认证，提升市场美誉度和竞争力。注重品牌维护和产权保护，全力支持养殖专业合作社、企业申请注册商标，保护品牌产权，推动产品走向市场。四是更加注重市场拓展。严格执行农产品运输绿色通道相关政策，以优质构树—肉羊产品为主导，拓展增值能力强、盈利水平高的养殖、加工、物流产业链条，鼓励企业建设全程冷链物流体系，积极发展冷鲜羊肉直销。

权威报告・一手数据・特色资源

皮书数据库
ANNUAL REPORT(YEARBOOK)
DATABASE

当代中国经济与社会发展高端智库平台

所获荣誉

- 2016年，入选"'十三五'国家重点电子出版物出版规划骨干工程"
- 2015年，荣获"搜索中国正能量 点赞2015""创新中国科技创新奖"
- 2013年，荣获"中国出版政府奖・网络出版物奖"提名奖
- 连续多年荣获中国数字出版博览会"数字出版・优秀品牌"奖

成为会员

通过网址www.pishu.com.cn访问皮书数据库网站或下载皮书数据库APP，进行手机号码验证或邮箱验证即可成为皮书数据库会员。

会员福利

- 使用手机号码首次注册的会员，账号自动充值100元体验金，可直接购买和查看数据库内容（仅限PC端）。
- 已注册用户购书后可免费获赠100元皮书数据库充值卡。刮开充值卡涂层获取充值密码，登录并进入"会员中心"—"在线充值"—"充值卡充值"，充值成功后即可购买和查看数据库内容（仅限PC端）。
- 会员福利最终解释权归社会科学文献出版社所有。

数据库服务热线：400-008-6695
数据库服务QQ：2475522410
数据库服务邮箱：database@ssap.cn
图书销售热线：010-59367070/7028
图书服务QQ：1265056568
图书服务邮箱：duzhe@ssap.cn

S 基本子库
SUB DATABASE

中国社会发展数据库（下设 12 个子库）

全面整合国内外中国社会发展研究成果，汇聚独家统计数据、深度分析报告，涉及社会、人口、政治、教育、法律等 12 个领域，为了解中国社会发展动态、跟踪社会核心热点、分析社会发展趋势提供一站式资源搜索和数据分析与挖掘服务。

中国经济发展数据库（下设 12 个子库）

基于"皮书系列"中涉及中国经济发展的研究资料构建，内容涵盖宏观经济、农业经济、工业经济、产业经济等 12 个重点经济领域，为实时掌控经济运行态势、把握经济发展规律、洞察经济形势、进行经济决策提供参考和依据。

中国行业发展数据库（下设 17 个子库）

以中国国民经济行业分类为依据，覆盖金融业、旅游、医疗卫生、交通运输、能源矿产等 100 多个行业，跟踪分析国民经济相关行业市场运行状况和政策导向，汇集行业发展前沿资讯，为投资、从业及各种经济决策提供理论基础和实践指导。

中国区域发展数据库（下设 6 个子库）

对中国特定区域内的经济、社会、文化等领域现状与发展情况进行深度分析和预测，研究层级至县及县以下行政区，涉及地区、区域经济体、城市、农村等不同维度。为地方经济社会宏观态势研究、发展经验研究、案例分析提供数据服务。

中国文化传媒数据库（下设 18 个子库）

汇聚文化传媒领域专家观点、热点资讯，梳理国内外中国文化发展相关学术研究成果、一手统计数据，涵盖文化产业、新闻传播、电影娱乐、文学艺术、群众文化等 18 个重点研究领域。为文化传媒研究提供相关数据、研究报告和综合分析服务。

世界经济与国际关系数据库（下设 6 个子库）

立足"皮书系列"世界经济、国际关系相关学术资源，整合世界经济、国际政治、世界文化与科技、全球性问题、国际组织与国际法、区域研究 6 大领域研究成果，为世界经济与国际关系研究提供全方位数据分析，为决策和形势研判提供参考。

法律声明

　　"皮书系列"（含蓝皮书、绿皮书、黄皮书）之品牌由社会科学文献出版社最早使用并持续至今，现已被中国图书市场所熟知。"皮书系列"的相关商标已在中华人民共和国国家工商行政管理总局商标局注册，如 LOGO（ ）、皮书、Pishu、经济蓝皮书、社会蓝皮书等。"皮书系列"图书的注册商标专用权及封面设计、版式设计的著作权均为社会科学文献出版社所有。未经社会科学文献出版社书面授权许可，任何使用与"皮书系列"图书注册商标、封面设计、版式设计相同或者近似的文字、图形或其组合的行为均系侵权行为。

　　经作者授权，本书的专有出版权及信息网络传播权等为社会科学文献出版社享有。未经社会科学文献出版社书面授权许可，任何就本书内容的复制、发行或以数字形式进行网络传播的行为均系侵权行为。

　　社会科学文献出版社将通过法律途径追究上述侵权行为的法律责任，维护自身合法权益。

　　欢迎社会各界人士对侵犯社会科学文献出版社上述权利的侵权行为进行举报。电话：010-59367121，电子邮箱：fawubu@ssap.cn。

社会科学文献出版社